KB190666

바울이 소유했던 구원의 비전을 재구성하려는 보카치니의 시도에 깊은 존경을 표한다. ⋯ 훌륭한 그리고 꼭 필요한 연구물이다.

데이비드 벤틀리 하트(David Bentley Hart)

가브리엘 보카치니의 영향력 있는 업적으로 인해 오늘날의 신약학 자들은 제2성전기 유대교 안에서 바울을 해석하기에 분주하다. 이제 흥미로운 일은 세부 사항, 즉 전통적인 해석 중에서 어떤 부분을 수용해야 하고 어떤 부분을 수정하거나 폐기해야 하는지를 분류하는 작업에 달려 있다. 보카치니는 이 매혹적인 책에서 본인만의 독창적인 방식을 통해 이 작업을 이루어 냈다. 그의 작업에 따르면 아우구스티누스와 루터는 사도 바울이 신적 은혜에 심취되어 있었다는 점을 바르게 인식했지만, 바울이 고대 유대교의 묵시주의에 뿌리를 두고 있는 분류(사람을 유대인들, 이방인들, 죄인들로 구분하는 분류)를 사용해 논증을 만들었다는 사실은 인지하지 못했다. "유대교 안의 바울"에 관심이 있는 사람이라면 누구나 반드시 이 책을 읽어야 한다.

매튜 노벤슨(Matthew V. Novenson)
에딘버러 대학교(University of Edinburgh)

가브리엘레 보카치니가 바울의 문헌에서 "구원"이라는 주제에 초점을 맞춘 일은, 전통적인 기독교의 신학적 선입견을 겨냥한 일이다. 혹자는 전통적인 유대학과는 관련이 적은 일로 간주할지도 모른다. 그러나 바울을 유대교 안에서 읽는 독법을 지향하는 열정과 결합된 보카치니의 전문성, 곧 제2성전기 유대교의 묵시주의와 에녹계 전통에 대한 그의 전문성은 바울서신에 담긴 '구원'이 기독교 연구 및 유대교 연구와 잠재적으로 관련되어 있을 가능성을 재고하게 만든다. 보카치니가 수행한 연구는 그가 도입부에 쓴 표현에 담겨있는 지혜를 여실히 드러낸다. "[바울을 유대교 안에서 읽는 독법으로 보자면] 바울이 평생 유대인이었고 또한 평생 율법을 준수하는 유대인으로 살았다는 인식이 우리가 진행한 연구의 결론으로 여겨져서는 안 된다. 그것은 오직 출발점일 뿐이다."

마크 나노스(Mark D. Nanos)
캔사스 대학교(University of Kansas)

보카치니는 쉽게 이해할 수 있는 이 책을 통해 바울에 대한 논쟁들을 새롭게 바라볼 수 있는 신선한 관점을 제공한다. 그의 제2성전기 유대교에 대한 폭넓은 지식과 에녹계 전통에 대한 관심은 "유대교 안의 바울"에 대한 오늘날의 논쟁이 마주하고 있는 난관들을 극복하는 데 큰 도움을 준다. 보카치니의 도발적인 견해—바울에게 있어서 그리스도는 **유일한** 구원의 길이 아니고, 또한 (유대인과 이방인을 위한) **두 가지 다른 길 중 하나도** 아니다. 그에게 그리스도는 죄인과 유대인, 그리고 이방인 모두에게 주어진 **세 번째** 길이라는 견해—는 우리에게 새로운 관점을 열어준다. 현명하게도 보카치니는 관념적으로 한쪽으로 치우친 견해를 피하고, 우리가 바울의 사상 안에 담긴 긴장을 인식하도록 돕는다.

외르크 프라이(Jörg Frey)
취리히 대학교(University of Zurich)

서구 학계에서 활발하게 토론되는 저작이 빠르고 유려하게 번역된 것에 기쁘게 생각한다. 에녹세미나를 이끄는 저명한 초기 유대교 연구자, 가브리엘레 보카치니는 단순히 바울 연구에 가담하는 것을 넘어 아주 참신한 학문적 저작을 생산해냈다. 그는 기존의 '유대교 안의 바울' 연구자들이 제안했던 '두 길 해결책' 혹은 '이방인 수신자 이론'에 만족하지 않고, 바울이 지녔던 구원에 대한 비전을 에녹 전통에 비추어 새롭게 재구성한다. 또한 그는 바울이 유대교를 버린 적이 없다고 여기며, 바울을 "새로운 묵시적 유대교 종파에 합류한 옛 바리새인"(104쪽)으로 정의내린다. 보카치니는 바울의 칭의의 개념이 모든 유대인과 이방인을 위한 것이 아니며 또한 전적으로 이방인을 위한 것도 아니었고, 죄인들(유대인들과 이방인들)을 위한 메시지였다고 주장한다. 그리고 칭의는 최후 심판 때에 받을 최종적 구원을 의미하지 않으며, 오히려 심판이 임박했을 때 받는 믿음에 의한 용서라고 주장한다. 우리는 종종 유대인이었던 바울이 유대교를 반대했다고 가정하고, 유대교와 기독교가 완전히 분리된 이후의 관점으로 바울의 서신을 읽는 것에 익숙해져 있다. 보카치니가 주장하는 내용 모두에 동의할 필요는 없지만, 적어도 "바울학도 유대학을 필요로 한다"(75쪽)라는 대명제에는 모두가 공감할 것이라고 확신한다. 이 책을 통해서 바울의 세계관 속에 포함되었던 유대-묵시적 (신학적) 골격이 분명해지고, 또한 바울이 지녔던 '승리자 그리스도'에 대한 비전과 종말론적 선물로서의 '용서'에 대한 새로운 이해가 심화되기를 기대한다. 보카치니가 제시하는 당대의 유대교의 지형도와 초기 기독교의 관계에 대한 논의는 반드시 추가적인 연구가 필요한 분야이다. 한국의 연구자들이 보카치니의 도발적인 문제 제기와 참신한 논의에 충분히 응답하는 학문적 그릇이 되기를 기원한다.

김규섭 교수
아신대학교

유대교와의 연속성을 강조하는 21세기 전후 신약학계의 흐름에 비추어 볼 때, 역사적 예수에 대한 제3의 탐구(The Third Quest)와 그 다음 탐구(The Next Quest)의 핵심인 '유대교 안의 예수'에 이어서, '유대교 안의 바울' 연구가 활발해진 것은 당연한 귀결일 것이다. 유대교 안의 바울 학파 중에서도 급진적인 학자이자 제2성전기 유대 묵시 문헌의 권위자인 미시간 대학교의 교수, 가브리엘 보카치니는 전통적인 구원론과는 달리 에녹서에 근거하여 의로운 유대인(토라), 의로운 이방인(양심), 그리고 죄인(그리스도)을 위한 세 가지 구원의 길을 제시함으로써 우리를 새롭고 활발한 토론의 장으로 초대한다. 최근의 바울 연구, 기독교의 기원과 기독론, 제2성전기 유대교에 관심있는 신학생, 목회자, 학자들이라면 꼭 참고해야 할 중요한 도서이다.

이상일 교수
총신대학교

바울이 예수의 추종자가 된 이후에도 여전히 한 사람의 유대인으로 남아 있었음을 강조한다는 점에서, 보카치니의 바울은 유대교 안의 바울 진영의 핵심 전제와 궤를 같이 한다. 그러나 보카치니의 유대적 바울은 유대인과 이방인을 포함한 인류를 "의인들," "죄인들," 그리고 (하위집단으로서, 회개가 필요하며 그것이 가능한) "다른 자들"로 나누는 에녹적 삼분법을 통해, 바울의 사상이 유대인과 이방인 양쪽 모두를 향해 갖는 함의를 훨씬 더 진지하게 다룬다. 그리스도의 은혜 앞에서 유대인과 이방인의 관계가 평등하게 설정된다는 점을 되풀이한다는 점에서, 보카치니의 바울은 옛 관점과 새 관점 양쪽 모두의 장점을 반향한다. 그러나 보카치니의 자비로운 바울은 보편주의적 기독교에 대한 이념과 이상을 거부하고 1세기 유대적 세계관의 특수성 내에 머무를 것을 강조한다. 그리고 초인간적 악의 세력과 하나님의 우주적 응답을 포함한 묵시적 요소들을 바울 사상의 중심에 위치시킨다는 점에서, 보카치니의 바울은 묵시적 바울 학파의 강조점과 합치한다. 그러나 보카치니의 묵시적 바울은 기독교의 신학적 관심사에 의해 위로부터 구성된 것이 아니라, 실제적인 제2성전기 문헌 읽기로부터 흘러나온다. 묵시 전통 안에 포함되는 에녹계 문헌을 바울의 메시아 사상과 병치하여 진지하게 읽기를 시도한다는 점에서, 보카치니의 바울은 20세기 초의 선구자인 슈바이처가 닦아 놓은 토대 위에 서 있다. 그러나 보카치니의 에녹계 바울은 제2성전기 유대교라는 다채로운 세계에 대한 더 명료한 인식, 유대 묵시 전통이 초기 기독교 사상 형성에 있어서 가지는 중요성에 대한 광범위한 합의(그 중심에 서 있는 학자들 중에 보카치니가 있다), 그리고 바울을 바라보는 다양한 관점들의 부상과 경합이라는 지난 반 세기 이상 동안의 학계의 격변을 반영한다. 에녹계 전통뿐 아니라 공관복음 전통과 바울을 매우 가까이

놓는 방식(바울이 묵시적 예수 운동에 처음 발을 디뎠을 때 전수받은 "바울 이전 전승"을 유추하는 자료로 공관복음을 사용하는 것을 포함하여), 회개와 용서를 이 세 가지 전통을 관통하는 맥으로 보는 것, 칭의와 구원을 날카롭게 구분하는 식으로 기독교 구원론을 재전유하기, 그리고 예수가 "토라와 자연법대로 살지 못한 유대인들과 이방인들에게 주어진 세 번째 구원의 길"이라는 보카치니의 주장은 그 자체로 논쟁적이며 다양한 각도에서의 응답을 요구한다. 이 책을 여는 독자들은 바울에 관한 마지막 말을 발견하는 것이 아니라 하나의 출발점을 발견할 것이다. 바울, 신약성서, 그리고 제2성전기 유대교에 관심이 있는 모든 독자들에게 이 책을 추천한다.

정동현 교수

오스틴 장로교 신학교(Austin Presbyterian Theological Seminary)

가브리엘레 보카치니는 제2성전기 유대교 역사와 문헌에 대한 방대한 지식과 다양성에 대한 날카로운 역사적 감각을 뽐내며 신약성경, 특별히 바울서신과 사도행전을 종횡무진 횡단한다. '유대교 안의 바울'을 전제하고, 여기서 한 걸음 더 나아가 다양한 유대교 전통 중에서 어떤 유대교 전통이 바울을 해석하는 데 가장 적합한지 묻는다. 그에 따르면, 바울은 다른 어떤 전통보다도 『에녹1서』와 같이 묵시사상을 특징으로 하는 에녹계 전통 "안에" 있었고, 그 안에서"부터" 악의 근원과 영향력, 그리고 그에 대응하는 하나님의 자비와 용서에 대한 당시 유대인들의 논쟁에 참여했다. 이러한 해석을 통해, 보카치니는 바울이 의로운 유대인, 의로운 이방인, 죄인인 유대인과 이방인을 위한 세 가지 다른 구원을 길, 즉 (순서대로) 토라, 양심, 그리스도를 제시했다고 대담하게 주장한다. 보카치니는 근본적이면서도 논쟁적인 질문을 독자에게 던지며 강하게 도전하고 있다. 바울은 에녹계 전통 안에서 "만" 존재하는가, 아니면 그 밖에서도, 더 나아가 유대교 밖에서도 숨을 쉬는가? 바울이 다메섹 도상에서 그리스도를 만난 사건의 의미는 무엇인가? 에녹1서 50:1-5은 바울의 구원론의 근원적 뿌리인가? 바울이 제시한 구원의 길은 어디로 나 있는가? 자, 이제 질문은 독자들에게 던져졌으니, 성경을 앞에 펼쳐 두고 이 책과 씨름해 보기를 권한다.

정은찬 박사
더럼대학교(University of Durham)

바울이 전하는 세 가지 구원의 길

가브리엘레 보카치니 지음

이상환 옮김

© 2020 Gabriele Boccaccini

Originally published in English as *Paul's Three Paths to Salvation* by William B. Eerdmans Publishing Company, Grand Rapids, Michigan, U.S.A.

This Korean translation edition © 2023 by HY Publisher, Seoul, Republic of Korea. This Korean edition is published by arrangement of William B. Eerdmans Publishing Company through rMaeng2, Seoul, Republic of Korea. All rights reserved.

이 한국어판의 저작권은 알맹2를 통하여 저작권사와 독점 계약한 도서출판 학영에 있습니다. 저작권법에 의하여 한국 내에서 보호받는 저작물이므로 무단 전재와 무단 복제를 금합니다.

Paul's Three Paths to Salvation

Gabriele Boccaccini

| 목 차 |

· **편집인의 말**

1. 각주와 미주를 각기 다르게 표시하였습니다. 아라비아 숫자는 본래 원서에 있는
   각주이고, 영어 알파벳은 번역자의 역주를 가리킵니다.

역자 서문

    도서출판 학영으로부터 본서의 번역을 요청받았을 때, 많이 놀랐고 또한 기뻤다. 내가 놀랐던 이유는 본서에 담긴 파격적인 내용을 한국 교계에 소개하길 원하는 출판사의 도전 정신 때문이었다. 그리고 내가 기뻤던 이유는 주로 개혁신학에 노출되어 왔던 한국 교계에 본서가 가져올 신선한 충격 때문이었다. 그렇다. 본서는 요즘 신약 학계에서 뜨겁게 논의되는, 그러나 한국 교계에서 거의 언급되지 않는 주제인 **에녹계 전통이 신약성경의 발전에 끼친 영향**을 다룬다.

    오늘날 에녹 학파의 대부로 알려진 저자 가브리엘레 보카치니는 그의 명망(名望)에 걸맞게 제2성전기에 꽃처럼 피어났던 에녹계 전통을 통해 바울의 핵심 사상인 **믿음에 의한 칭의**(稱義)를 재조명한다. 에녹계 전통을 주요 배경지식으로 사용해 논증을 세워나가는 보카치니의 방법론은 제2성전기와 시간적, 공간적, 문화적, 사상적, 그리고 언어적으로 분리된 사람들에 의해 구축됐던 아우구스티누스계 및 루터계 바울 읽기 독법(讀法)들과 사뭇 다른, 하지만 제2성전기 문맥 속에서 충분히 허용 가능한 해석을 낳는다.

　독법에 따라 해석이 달라지고, 해석에 따라 신학이 달라지는 법. 보카치니가 제시한 해석이 타당한 신학으로 발전 및 수용될 수 있을지에 대한 판단은 독자들의 몫이다. 그러나 바울이 속해 있던 제2성전기에 생성된 문헌들을 통해 바울서신에 담겨있는 칭의론에 접근하는 보카치니의 방법론은 반드시 긍정적으로 고려(考慮)되어야 한다. 본서에 자주 등장하는 표현처럼 "바울은 아우구스티누스와 루터의 추종자가 아니라, 제2성전기를 살았던 예수의 추종자"였기 때문이다. 이러한 사실만으로도 본서는 바울신학에, 그리고 주로 개혁신앙에 집중적으로 노출되어 왔던 한국 교계에 유의미한 공헌을 한다고 말할 수 있다.

　하지만 본서는 쉽게 책장을 넘길 수 있는 연구물이 아니다. 분량은 그리 많지 않지만 저자가 언급하는 내용들 중에는 한국 독자들에게 생경한 요소들이 제법 담겨 있기 때문이다. 특히 에녹계 전통과 결부(結付)된 요소들, 이를테면 『에녹1서』와 그것을 구성하는 다섯 개의 문헌들, 묵시적 세계관, 아사엘의 타락, 타락한 감찰자들의 맹세, 거인들과 홍수, 가드리엘의 유혹, 야렛의 시대, 세 종류의 동물들과 거인 종족들, 에녹계 최상위 신의 호칭들 등의 내용이 다수 포함되어 있다. 보카치니는 이러한 요소들을 미주알고주알 풀어서 설명하지 않는다. 심지어 아무런 설명 없이 넘어가는 요소들도 있다. 독자들이 에녹계 전통에 대한 일말(一抹)의 배경지식은 있다고 가정하기 때문이다. 게다가 저자는 오늘날 학자들이 동일한 문헌을 지칭하기 위해 통일성 없이 사용하는 여러가지 표현들을 혼용하는데, 이러한 부분은 에녹계 전통이 생경한 독자들에게 또 하나의 장애물로 작용한다. 그러므로 언급한 장애물들에 대한 기본적인 선지식(先知識)이 없다면 본서를 읽는 중에 자칫 길을 잃을 위험이 있다.

나는 이와 같은 상황을 방지하기 위해 다음과 같은 안전장치를 사용했다.

첫째, 에녹계 요소들이 특별한 설명 없이 등장할 경우 그에 대한 역주를 달았다.

둘째, 같은 문헌을 지칭하는 다른 용어들이 혼용되었을 경우 이들을 하나의 용어로 통일했다.

셋째, 제2성전기 및 그레코-로만 문헌이 각각 처음으로 언급될 때 "『번역』(영역[약어])"의 양식―『에녹1서』(1 Enoch[1 En.])―을 따라 표기했다.

넷째, 저자가 사용한 신학관련 용어들은 출판사의 요청에 따라서 G. 팻지아와 앤서니 J. 페트로타의 『성서학 용어 사전』(IVP, 2021)을 최대한 참고하여 번역했다.

다섯째, 한역 성경으로는 새번역 성경을 주로 사용했다. 또한 문체의 자연스러운 흐름을 위해 저자가 인용한 영역 성경을 한글로 재번역하거나, 새번역에 사용된 하오체와 합쇼체를 적절히 수정하기도 했다.

여섯째, 저자의 의도를 보다 충실히 반영하기 위해 Jesus를 "예수님"이 아닌 "예수"로 번역했다.

일곱째, 문자적 번역보다는 의미적 번역을 시도했다.

하지만 이러한 안전장치가 본서를 완벽한 역서로 재탄생시켰다는 의미는 결코 아니다. 본서의 8장에는 히브리어 문헌을 헬라어로 번역한 역자들의 우려와 겸손이 담긴 『집회서』의 서문(Sirach Prologue[Sir Pro])이 인용되는데 그 내용은 다음과 같다.

> 우리가 성실히 번역했음에도 불구하고 몇 개의 문구들은 불완전하게 번역했을 가능성이 있다. 만약 이와 같은 경우를 만나거든 관대함을 보이라. 왜냐하면 본래 히브리어로 표현된 문장들이 다른 언어로 번역되면 정확하게 동일한 의미를 지니지 않게 되기 때문이다. 이 책뿐만 아니라 토라 그 자체, 예언서들, 그리고 나머지 책들도 원서로 읽으면 번역서와 적지 않은 차이를 발견하게 된다(Sir Pro 15-26).

『집회서』의 서문에 언급된 번역의 한계는 비단 히브리어와 헬라어의 관계에만 국한되지 않는다. 영어와 한글의 관계에서도 번역의 한계는 동일하게 발생하는데, 이는 본서도 번역의 한계를 초월하지 못했다는 의미이기도 하다. 그러므로 행여나 역자가 원문을 성실히 번역했음에도 불구하고 불완전하게 번역된 문구들을 발견한다면 관대함을 보여주기를 당부한다.

끝으로 본서가 한국 교계의 신학적 지평선을 넓히고, 바울신학을 사랑하는 신학도들에게 새로운 변증(辨證) 혹은 반증(反證)의 논지들을 생성하도록 돕는 도구가 되기를 진심으로 바라며 여기에서 펜을 놓는다.

이상환

서문

기독교 역사상 예수를 제외하고 그 누구도 바울보다 기독교 전통에 더 중요한 영향을 끼친 사람이 없다는 사실은 굳이 언급할 필요가 없다. 모든 기독교의 교의 및 조직신학은 바울의 서신들로부터 직접 만들어지거나 혹은 서신들을 통해 파생되었다. 하지만 기독교 역사상 그 누구도 바울보다 더 심각하게 더 통탄스럽게 허위적인 진술을 받은 사람도 없다. 그것도 추종자들로 여겨지는 자들로부터 말이다. 이러한 현상이 발생하는 이유 중 일부는 바울이 자주 애매모호한 방식으로 본인의 생각을 표현했기 때문이다. 그의 가장 열성적인 독자들조차도 흔쾌히 인정하듯이 바울은 부주의한 작가였다. 그의 글쓰기 방식은 대부분 느닷없고, 단편적이다. 구문적으로는 산만하여 제멋대로 널브러져 있다고 표현할 수도 있다. 물론 바울의 산문에 매우 실제적이고 때로는 강렬하기까지 한 수사법이 사용되었다는 점 역시 사실이다. 그의 수사법은 문학적 교양이나 변증적 정밀함보다는 열심과 열정에서 나왔다고 봐야 한다. 그렇기에 때로 독자들은 바울이 제기하는 주장의 명료함과 치밀함보다는 그의 글 속에 담겨있는 강렬한 목소리에 끌린다. 그러나 바울의 후예를 괴롭히는 더 큰 배경은 바로 문맥—문화적, 종교적, 언어적, 철학적 문맥—의 상실에 있다. 바울은 페르시아와 그리스의 지적(智的) 세상으로부터 많은 영향을 받았던 셈계 및 그레코-로만 유대교의 맥락과, 아직 후대의 랍비 전통으로 완전히 발전하지 않은 유대교의 맥락에 충실한 1세기 유대인으로서 글을 남겼다.

바울은 뚜렷이 유대적이고 만연히 헬레니즘적이지만 동시에 묵시적[A], 메시아적, 형이상학적, 예언적 범주들 속에서 사유했다. 그리고 그가 성장한 제2성전기[B] 유대교는 오늘날 많은 사람들이 인식하는 것보다 훨씬 더 종교적으로 다양하게 세분화되어 있었다. 하지만 아우구스티누스의 기독교 사상에 따른 "바울계 통합"(Pauline synthesis)이 온전히 자리를 잡아감에 따라, 이후 바울을 읽는 독자들은 특정한 기독교적 맥락—바울이 알았던 지적이고 영적인 세상은 사라지고, 아우구스티누스 당시에 활동하고 있던 유대교 학파들에 대한 이해도 거의 없었던 세상의 맥락—속에 살게 되었다.

특히 바울에 대한 올바른 독법을 어렵게 만드는 모든 장애물들 위에 언어의 장벽이라는 또 하나의 장애물이 추가된 서방 기독교는 문제가 더욱 심각했다. 예컨대, 기독교 역사상 가장 위대한 사상가 중 한 사람이자, 라틴 교부들의 거장, 그리고 신학 역사상 바울에 대해 최초로 "조직적" 해석을 시도한 아우구스티누스는 정작 1세기의 묵시적 유대교(apocalyptic Judaism)에 대한 무지, 천사론과 마귀론을 다루는 제2성전기 "노아계(Noachian)" 문서들ᶜ에 대한 무지, 사도 바울의 현실적 비전을 구성하고 있는 그 외 수많은 필수적 요소들에 대한 무지, 그리고 그리스어를 읽지 못하는 무지로 인해 바울의 세계와 분리되었다. 결국 아우구스티누스는 모든 천재성을 소유하고 있었음에도 불구하고 실존한 적이 없는 바울을 만들어 내다시피 했으며, 그러한 바울을 후대의 서구 기독교인들에게 물려주었다. 특히 아우구스티누스의 후기 작품들을 보면, 그는 하나님과의 관계 속에서 인간을 "정의롭게"(just) 또는 "의롭게"(righteous) 만드는 요소는 할례나 음식법과 같은 제의적 준수가 아니라는 바울의 주장을 (악의는 없었지만 그럼에도 불구하고 처참하게) 취해 이를 전혀 다른 주장으로 변질시켰다. 사람은 그 어떤 "행위들"(works, 도덕적으로 의로운 일들도 포함)이나 "행동들"(deeds)을 통해서도 하나님을 기쁘시게 해드릴 수 없다는 주장으로 말이다. 또한 아우구스티누스는 인류에 대한 바울의 묘사, 곧 날때부터 죄와 사망의 노예로 태어난 가족이라는 묘사를 완전히 거짓된 담론, 즉 인류의 유전된 죄를 하나의 "정죄된 덩어리(massa damnata)"로 보는 담론과 상당 부분 교차점을 갖게 만들었다. 그리고 아우구스티누스가 바울이 가진 "칭의"와 "구원" 개념들을 불법적으로 융합시킨 최초의 신학자이건 아니건 간에, 그는 그 둘을 하나로 합친 신학자들 중 가장 영향력 있는 신학자임이 분명하다. "인류는 그들의 행위에 따라 하나님께 심판을 받는다"는 바울의 아주 명백한 가르침을 "하나님께서는 공로 없이 순전한 은혜로 선택받은 영혼들에게 심판의 날 당신의 공로를 입히신다"는 다분히 의도적이고 파악하기 어려운 가르침으로 바꾸어버린 책임이 (기독교 역사상 다른 어떤 신학자보다도) 아우구스티누스에게 있다.[D]

이것이 바로 대부분의 세기(世紀) 동안 서구 기독교 사상을 지배해 왔던—교회의 권위자들과 신학자들에 의해 흔쾌히 받아들여졌든 부분적으로 거부되었든 간에—바울이다. 이 바울은 아키텐의 프로스페르(Prosper of Aquitaine)와 루스페의 풀젠티우스(Fulgentius Ruspensis), 그리고 (더 논쟁적이고 극단적인 표현으로) 고트샬크(Gottschalk)의 바울이기도 하다. 또한 루터, 칼빈, 얀센, 바로크 토미스트(baroque Thomists) 등이 이해했던 근대 초기의 바울이기도 하다. 그리고 가장 비극적이게도 유대교를 지속적으로 폄하하고 희화화하는 일부 기독교인들의 바울이기도 하다. 서신서를 쓴 (진짜) 바울은 정작 복음을 긍정적인 메시지, 즉 이방인들과 언약의 참된 자녀들을 가로막는 담을 허물어 모든 사람들로 하여금 하나님의 용서를 받고 의롭게 살도록 하는 메시지로 봤던 반면, 앞서 언급한 허구의 바울(mythological Paul)은 유대교의 "율법주의"(legalism)와 "행위의 의"(works righteousness)를 거부했다. 이러한 이미지를 크게 개선시킨 현대의 "수정주의자"(revisionist)들이 취하는 바울서신 독법들—가장 획기적인 독법은 아마도 E. P. 샌더스(Sanders)가 제시한 독법—조차도 여전히 율법과 복음 사이의 "대립"(antithesis)으로 환원되는 측면들을 일부 보존하려는 경향이 있다. 바울을 유대교의 문화적 맥락과 유대교의 신학적 관용구(idiom)

속에 더욱 확고히 위치시키고자 노력하는 학자들조차도 후기 선지자들과 더 후대의 랍비 전통의 혼합으로 만들어진 1세기의 유대교에 대한 기독교적 이미지—예수가 빠진 개신교의 일종—를 만들어내려는 경향, 그리고 제2성전기의 묵시적 사상들과 모든 "이국적" 영향들(페르시아, 그리스 및 그 밖의 영향들)을 제거하려는 경향이 있다.

어떤 의미에서 보면 이러한 모습은 오늘날의 서구 기독교인들이 지향하는 방향과 매우 흡사하다. 예를 들어, 교회에 정기적으로 출석하고 NIV성경을 소유하고 있는 장로교인과 같은 평범한 기독교인들에게, 사도 바울이 어떠한 복음을 전했는지 물어보라. 그들의 답변은 일반적으로 다음과 같은 예측 가능한 레퍼토리를 따른다. 원죄(original sin)의 죄책을 짊어지고 영원한 지옥에 갈 운명의 인간들은 선행을 통해 자신들을 구원할 수 없고 또한 하나님께서 받으시기에 합당한 상태로 자신들을 변화시킬 수도 없다. 그러나 자비로우신 하나님께서는 당신의 영원한 아들로 하여금 인간들의 죗값을 담당하도록 그를 세상에 보내셨다. 이제 그리스도의 의(義)가 믿음이 있는 모든 자들에게 은혜롭게 전가(imputed) 혹은 분여(imparted)되었다. 그와 동시에 이 신실한 단체는 구원이란 무상의 선물을 주기 위해 하나님께서 주권적으로 택하신 사람들, 곧 하나님께서 당신의 불가해(不可解)한 모략에 따라 장점들이나 단점들을 앞서 고려하지 않으시고 택하신 사람들로만 구성되고, 나머지 사람들은 영원한 고통을 당하게 된다는 주장을 펼친다. 일부 세부 사항들은 다를 수 있지만 기본적인 레퍼토리는 동일하다. 물론 위에 언급된 레퍼토리에 사용된 표현들 중 일부는 바울이 사용했던 용어들을 연상시킨다는 사실은 인정한다. 적어도 특정한 전통의 번역들을 통해 걸러진 것이긴 하지만 말이다. 하지만 대부분은 그저 상상의 산물일 뿐이다. 레퍼토리에 사용된 일부 표현들은 바울이 쓴 글에는 담겨 있지 않은 후기 기독교의 신앙적 요소들을 전제로 한다. 이를테면, 인간은 하나님께서 보시기에 지옥에 가야만 하는 죄인으로 태어난다는 개념, 구원을 위해 선행들이 필요하지 않다는 개념 등은 오해를 일으키는 번역들(의 역사)로부터 비롯되었다. 또한 의식을 가진 채로 고통이 있는 영원한 지옥에 갈 수도 있다는 개념 등도 신약성경 전체가 가르치는 내용을 오해한 후, 그 오해에 근거하여 만들어진 내용을 바울의 가르침이라고 상상한 것이다. 무엇보다도 로마서에 대한 오독(특히 9-11장)의 긴 역사는 실제 바울이 살았던 (개념적) 세상과 전혀 맞지 않는 신학적 내용들이 마치 진짜 바울의 관심사였다는 듯한 인상을 만들어냈다. 이제 진짜 바울은 기독교의 기억 속 그 어디에도 존재하지 않는다고 봐도 무방할 정도이다.

나는 이 책을 통해 바울이 가졌던 구원의 비전을 재구성하려는 가브리엘레 보카치니(Gabriele Boccaccini)의 시도에 깊은 존경을 표한다. 아마도 이 책이 바울학계에 끼친 가장 중요한 공헌은 권위있는 종교개혁(Reformation)이 수용한 독법으로부터 바울의 언어, 곧 그의 의(義)와 은혜의 언어를 구출한 일이라고 생각한다. 바울이 "의" 혹은 "정의"라는 문제를 다룬 것은 기정사실이다. 바울은 그가 πίστις(피스티스)라고 부르는 것—"믿음"(faith), "신뢰"(trust), 심지어 "충성"(fidelity)—을 통해서만 "의" 혹은 "정의"가 인간에게 주어질 수 있다고 주장한다. 그러나 그 미덕은 분명 하나님을 향한 순종과 타인에 대한 사랑의 행위로 (대부분) 구성되거나 혹은 그것들을 필연적으로 수반한다. 그리고 바울의 주장에 따르면, 하나님 앞에서 이루어지는 개인의 거룩함에 어떠한 기여도 하지 않는 유일한 ἔργα(에르가), 곧 "행위들"은 모세의 율법이 규정한 순전히 의례적인(ritual) 준수일 뿐이다. 더욱이 바울에게 있어서 가장 중요한 부분은 그리스도 안에서 유대들인과 이방인들의 구분이 무효화되었고, 이제 율법을 지킬 수 있든 없든 상관없이 모든 사람들에게 구원의 문이 동등하게 열렸다는 점이다. 그렇지만 결국 유대인들과 이방인들 모두에게 "의"라는 참된 용어가 동등하게 확립되고 나면, 그들은 모두 하나님의 공의의 보좌 앞에 서서 그들이 행했거나 행하지 않은 일들에 따라 심판을 받을 것이다.

하지만 내가 보카치니의 책에서 가장 경탄을 금치 못하는 부분은 그가 구원에 대한 바울의 더 큰 서술, 곧 타락한 우주를 지배하는 해로운 영적 대리자들을 무찌르는 그리스도의 승리에 대한 서사시에 중점을 둔다는 것이다. 적어도 내가 바울의 친서(親書)[E] 안에서—그리고 바울이 썼다고 보기에는 다소 의심스러운 에베소서와 골로새서도 함께 활용하여[F]—바울의 실제 가르침들을 요약하라는 요청을 받는다면, 나는 바울이 가장 큰 무게를 두는 가르침은 죄와 의가 아니라 타락한 천사들을 타도(打倒)하는 것이라고 말할 것 같다. 어쨌든 나는 신학계에서 그토록 자주 거부되었던 주제, 다시 말해 영적인 주제(타락한 천사들)에 관심을 부여하기 위해 보카치니가 그리스도의 승리에 대한 서사시에서 시작하는 것이 옳다고 본다. 내 판단에 의하면 바울신학의 본질은 훨씬 더 기이하고 또한 대부분의 기독교인들이 생각할 수 있는 범위보다 훨씬 더 광대하게 전개된다. 바울에 따르면 우리는 빠르게 지나가고 있는 한 세계의 시대(one world-age)의 마지막 때를 살아가고 있다. 바울은 이 시대와 근본적으로 다른 다음 시대의 여명을 모든 차원—하늘과 땅의 차원, 그리고 육신과 영혼의 차원—에서 기다리고 있다. 바울이 전하는 구원의 이야기에 따르면 온 우주의 운명이 위험에 처해있고, 그 이야기의 중심에는 침략, 정복, 약탈, 승리의 위대한 드라마가 펼쳐지고 있다. 이와 같은 서사시 속에서 바울은 피조물이 죽음(Death)의 지배를 받고 있다고 보았다. 인간들도 스스로 범한 죄로 인해 그리고 "천사적" 혹은 "마귀적" 대리인들의 악한 통치로 인해 죽음의 지배를 받고 있다. 그러한 영적 대리인들은 공중에서 땅을 다스리고 또한 땅 아래에 있는 영들을 종들로 사로잡고 있다. 그 대리인들—이 아르콘들(Archons), 바울이 높은 곳에 있는 왕좌들(Thrones)과 권세들(Powers)과 지배자들(Dominations)과 악한 영적 세력들(Sprirual Force of Evil)이라고 부르는 천사적 존재들과 원소(elemental)의 영들—은 열방의 신들로 "본성상 신들"이 아니다.[G] 심지어 (갈라디아서가 암시하듯이) 이스라엘을 감찰하는 천사들의 수도 많았을 것이다. 이러한 영적 권세들은 완전히 타락했거나 적어도 반항적이거나 결핍이 있는 세상의 관리인들일 수 있다. 그들은 율법을 이행하기에 부족한 입법자들로서 (어떤 경우이든 간에) 우리와 하나님 사이에 난처하게 자리잡고 있다. 그러나 그리스도는 음부(Hades)에 내려갔다가 하늘을 통해 다시 올라감으로 인간을 하나님의 사랑으로부터 갈라놓는 위와 아래의 모든 권세들(Powers)을 무찔렀다. 이제 현재의 우주적 세계가 완성되는 일만 남았다. 그리스도는 다시 나타날 것이다. 이번에는 모든 우주적 권세들을 자신에게 복종시키는—문자적으로는 그들을 자신의 "아래"에 적절하게 "배열"시키는—우주의 정복자로서, 온전한 영광 중에 그 모습을 드러낼 것이다. 그 후에는 다시 찾은 왕국에 포함된 모든 것을 하늘에 계신 아버지께 넘겨드릴 것이다. 그러면 우주는 더 이상 사악하거나 혹은 무능한 영적 중개자들(intermediaries)을 통해서가 아니라, 하나님에 의해 직접 통치를 받을 것이다. 피조세계가 하나님의 나라로, 신성한 영광으로 가득 찬 모습으로 변화될 때 도래할 새로운 시대는 "육적인 몸"—"영혼이 들어있는" 혹은 "동물적인" 삶의 방식—이 결코 죽음이 닿을 수 없는 "영적인 몸"으로 대체되는 시대, "육"이 아닌 "영"의 시대가 될 것이다.

하지만 이러한 내용을 두고 더 이상 내 생각을 자유롭게 확장해서는 안 될 것 같다. 이 책은 내가 쓴 책이 아니기 때문이다. 보카치니가 바울의 천사론과 마귀론을 담은 자료들과 그러한 개념들의 중요성, 그리고 바울의 총체적인 우주적 비전을 다루는 부분은 정말로 탁월하다. 그러므로 "나는 보카치니의 논증을 침해하고 싶지 않다"고 서문에 밝히는 것만으로 충분할 것 같다. 보카치니가 바울의 메시아 사상(messianism)을 다루는 부분 역시 탁월하다. 하지만 나는 이 부분에 대해서도 말을 아낄 것이다.

다만 보카치니가 나중에 더 구체적으로 다뤄주거나 추가적인 정보를 제공해 주기를 바라는 마음으로 한 가지만 덧붙이겠다. 보카치니의 바울에 대한 견해, 곧 하나님께서 유대인과 이방인 모두를 "의롭게 된" 상태에 두시는 용서의 행위(칭의)가 그들에 대한 최종적인 판결이 아직 아니며, 궁극적으로는 모든 사람들이 자신의 행위에 따라 심판을 받게 된다는 견해는 상당히 정확하다. 그러나 이 종말적 신원(입증)과 정죄의 문제에 대한 바울의 언어에는 악명 높을 정도의 모호함도 담겨 있다. 물론 바울은 결코 거듭나지 않은 영혼들을 기다리고 있는 영원한 고통의 지옥에 대해 말하지 않는다. 오히려 그가 악인들의 최종적 운명을 언급하는 많은 부분을 보면 지나가는 세계와 함께 버림받은 자들도 함께 멸망한다고 암시하는 것처럼 보인다. 하지만 (자주는 아니지만) 때로 또 다른 부분(예를 들어 로마서 5:18이나 고린도전서 15:22)들을 보면, 모든 인간들이 궁극적으로 구원을 받는다는 식으로 말하기도 한다. 그리고 이와 동일한 모호성이 신약 전체에 걸쳐 지속적으로 나타난다. 바울이 구원받은 피조물이나 구원받은 인류의 궁극적인 상태에 대해 하나의 정확한 개념만을 소유하고 있었는지는 불분명하다. 고린도전서 3:14-15에 사용된 "누구든지"라는 표현을 문자적으로, 즉 그 대명사가 제안하듯이 광활한 범위를 의미하는 표현으로 받아들여야 할지 의문이다. 이와 같은 애매모호함은 바울이 생각하는 은혜의 작동 방식들에 관한 의문을 일으키는데, 이에 대해 보카치니가 더욱 자세히 다뤄주기를 바란다. 바울이 우리가 각자의 행위에 따라 심판을 받게 된다고 주장하기는 하지만, 첫 칭의의 은혜(initial grace of justification)에는 단순히 유대인들과 이방인들에게 "새로운 시작"을 제공해준다는 의미를 훨씬 더 뛰어넘는 차원에 대한 암시가 포함되어 있는 듯하다. 심지어 그 최종적 차별 행위(의인과 비의인을 가르는 심판을 의미 – 역주)안에서조차, 앞서 언급했던 구절들은 그와 같은 은혜가 정죄까지도 구원으로 바꾸어 궁극적으로 "자비가 심판을 이길 수 있다"(여기서 한 저자, 곧 논쟁적인 요소가 담긴 "바울계" 신학 관점을 가진 저자를 인용하자면)고 말하는 것처럼 보인다(하트가 언급하는 "한 저자"는 야고보를 의미한다. 야고보서 2:13["자비는 심판을 이깁니다"]를 참고하라 – 역주). 바울의 글에 등장하는 "보편주의적" 페리코페[H]들을 어떻게 생각하든지 간에, 위에 제시된 문제는 무엇이 칭의와 구원을 구별하는지 그리고 무엇이 그것들을 연합시키는지에 대한 우리의 이해를 어렵게 만든다.

물론 앞서 내가 말했다시피 이러한 질문은 다음 기회에 던져야 할 질문이다. 보카치니의 이 책은 훌륭하고 또 꼭 필요한 책이다. 이 책이 출판되었을 때 내가 참여하게 되어서, 샴페인 병을 여는 특권을 누리게 되어서 참으로 영광스럽게 생각한다.

데이비드 벤틀리 하트 (David Bentley Hart)

머리말

바울은 불신자들을 정죄하는 재앙의 선지자가 아니라, 모든 사람들이 구원받기를 원하시는 자비로우신 하나님의 전령자(傳令者)였다. 사도 바울은 최후의 심판이 임박한 시기에 의인들(유대인들과 이방인들 모두)에게 하나님의 공의를 선포하고, 회개하는 죄인들(유대인들과 이방인들 모두)에게 하나님의 용서를 선포함으로써 전령자의 임무를 완수했다.

바울을 제2성전기의 유대인이자 신적(神的) 자비의 전달자로 소개하는 일이 역설적으로 들릴 수도 있다. 그는 유대교(Judaism)의 파괴자요, 유대교와 별개의 종교인 기독교의 창시자, 곧 행위의 "구(舊)"종교를 대체한 은혜의 "신(新)"종교의 수호자가 아니었던가? 또한 스스로가 죄인임을 인정하지 않고 예수 그리스도를 구주로 믿지 않는 모든 사람들을 지옥의 자식들로 정죄했던 사람이 아니었던가?

제2성전기 유대교의 전문가인 나는 위에 언급한 식의 접근 방식, 즉 바울을 새로운 신앙의 창발자(創發者)요, 최고봉 신학자로 만들 뿐만 아니라 유대교의 배교자요, 불신자들을 단죄하는 편협함의 아버지로 만드는 접근 방식에 불만을 느낀다. 반대로 바울의 진짜 모습은 거의 저항할 수 없을 정도로 나를 끌어당겼고 매료시켰다. 바울이 유대교를 기독교로 대체한 사람이라고 소개되면 소개될수록, 나에게 바울은 점점 더 그가 속한 시대를 살았던 유대인─흔히 기독교가 탈출해야 할 감옥처럼 여겨지는 유대교 안에서 정작 온전히 편안한 삶을 살았던 유대인─으로 여겨졌다. 또한 바울의 가르침이 증오와 편협함을 정당화하는 근거로 사용되면 사용될수록, 나에게 바울은 점점 더 포용과 보편적 구원의 모델을 제시한 사람으로 여겨졌다.

나는 1980년대 이후로 줄곧 바울을 그리스 철학보다 에녹계 전통(the tradition of Enoch)[A]에 더욱 친숙한 사람으로, 요한복음보다 공관복음과 사도행전에 더욱 가까운 묵시적 유대인으로 여겼다. 바울이 고민했던 문제들, 이를테면 악의 기원, 죄 용서, 이방인의 합류와 같은 문제들은 곧 그가 살던 시대의 문제였다. 바울이 제시한 보다 "독창적인" 답변들조차 제2성전기 유대교의 다양성과 양립할 수 있었다. 바울의 답변들을 동시대 다른 유대인 저자들의 답변들과 비교해 봐도, 그의 답변들이 특별히 더 대담하거나 논쟁적인 여지가 있다고 보이지 않기 때문이다.

결국 바울은 내가 가르쳤던 학부 과정과 대학원 과정에서 반복해서 다뤄지는 주제가 되었다. 그리고 내가 2014년과 2016년, 로마에서 조직한 두 개의 국제적 회의가 연구하는 초점이 되었다. 최근에 나는 암스테르담과 브라티슬라바에서 열린 바울 관련 컨퍼런스들과 로마에서 열린 기독교인들과 유대인들의 국제 회의(Meeting of the International Council of Christians and Jews)에 연사로 초청되기도 했다. 그리고 덴버에서 열린 2018년 SBL 회의에서 가졌던 마크 나노스(Mark Nanos)와의 패널 토론은 나에게 동시대의 학자들―바울의 유대성(Jewishness)과 그가 제2성전기 유대교의 발전에 이바지한 역할을 회복하기 위해 헌신하고 있는 학자들―과 여러 생각을 교류할 기회를 주었다.

나는 2014년에 로마에서 열린 한 회의에서 논문을 발표했다. 그 후에 카를로스 A. 세고비아(Carlos A. Segovia)와 함께 편집한 책을 통해 그 논문을 출판했고,[1] 바울에 대한 내 비전을 처음으로 종합하여 제안했다. 내 연구의 한계는 "믿음에 의한 칭의"라는 바울의 메시지가 모든 사람들(유대인들과 이방인들 모두)에게 무차별적으로 전달되지 않았고, 전적으로 이방인들에게만 전달되지도 않았으며, 오히려 많은 사람들, 자세히 말해서 죄인들(유대인들과 이방인들 모두)에게 전달되었다는 점을 인식하면서 시작되었다. 결국 나는 예수와 바울의 메시지를 이해하려면 『비유의 책』(Book of the Parables of Enoch)[B]에 등장하는 내용,

---

1   "The Three Paths to Salvation of Paul the Jew," in Gabriele Boccaccini and Carlos A. Segovia, eds., *Paul the Jew: Rereading the Apostle as a Figure of Second Temple Judaism* (Minneapolis: Fortress, 2016), 1–19.

특히 마지막 때에 회개하는 죄인들에게 주어지는 용서의 가능성을 논하는 내용을 필수적으로 알아야 한다고 판단했다.

바울의 설교와 그의 원독자들이 속해 있던 묵시적 맥락을 되찾자 갑자기 모든 것들이 명확히 보이기 시작했다. 바울이 더 이상 이질성 속에 홀로 서 있지 않았다. 그는 에녹계 전통에서 시작된 후 공관복음 전통(Synoptic tradition)으로 이어진 묵시적 담론의 연속선상에 위치해 있었다. 바울이 말한 "믿음에 의한 칭의"는 최후의 심판 때 받을 "믿음에 의한 구원"이 아니라, 각 사람의 행위에 따라 이루어질 최후의 심판이 임박할 때 받을 "믿음에 의한 용서"였다.[c] 바울은 재앙의 선지자가 아니었다. 그는 죄인들을 위한 자비로우신 하나님의 전령자였다.

수 세기 동안 유대학과 신약학, 정경과 비(非)정경, 유대교와 기독교를 갈라 놓았던 벽이 마침내 허물어지기 시작한 지금, 우리는 집(유대교)으로 귀환한 바울을 축하해야 한다. 그러나 사실 바울은 결코 그 집을 버렸던 적이 없기 때문에, 그는 돌아온 탕자가 아니라 가족의 합법적 구성원으로서 환대를 받아야 한다. 또한 우리가 기독교라고 부르는 종교로 장차 발전하게 될 유대교의 묵시적 그리고 메시아적 집단을 설립하는데 끼친 바울의 역할을 경시하지 않으면서 그의 귀환을 축하해야 한다. 그렇다. 우리는 더 이상 바울의 기독교성(Christianness)을 주장하기 위해, 그를 유대교에서 분리시킬 필요가 없다. 또한 바울의 유대성(Jewishness)을 확인하기 위해 그를 기독교에서 분리시킬 필요가 없다. 바울은 제2성전기의 유대인이자 초기 예수 운동의 지도자였다.

이 책을 구성하는 데 영감을 준 친구들과 동료들, 이름을 언급하고 감사를 표해야 할 사람들이 무척이나 많다. 나는 2001년부터 에녹 세미나(Enoch Seminar)를 통해 제2성전기 유대교와 기독교의 기원을 다루는 영역에서 가장 저명한 전문가들과 대화를 나눌 수 있었다. 토리노 대학교(University of Turin)의 내 은사(恩師)이신 파올로 사치(Paolo Sacchi)와 에녹 세미나의 부국장들인 켈리 코블렌츠 바우치(Kelley Coblentz Bautch)와 로렌 스투켄브루크(Loren Stuckenbruck)는 나의 가장 친한 친구들이다. 그들은 내가 그들과의 우정에 얼마나 감사하는지 그리고 그들의 학문에 얼마나 큰 빚을 지고 있는지 안다. 그들 중 많은 친구들이 최근 내 60번째 생일을 기념하는 논문집[2]에 논문을 기고하여 나를 놀라게 했다. 나는 그들의 선물에 진심으로 감사한다.

나는 또 다른 소중한 사람들, 비록 지금은 세상을 떠났지만 그들의 삶과 가르침은 여전히 내 기억 속에 생생하게 남아 있는 사람들을 기억하고 싶다. 그들은 하난 에셀(Hanan Eshel), 프란체스코 아도르노(Francesco Adorno), 얀 알베르토 소긴(Jan Alberto Soggin), 알랜 F. 시갈(Alan F. Segal), 카를로 마리아 마르티니(Carlo Maria Martini), 클라라 크라우스 레기아니(Clara Kraus Reggiani), 제이콥 뉴스너(Jacob Neusner), 루이스 펠드맨(Louis Feldman), 지오바니 가르비니(Giovanni Garbini), 필립 R. 데이

---

2 *Wisdom Poured Out Like Water: Studies on Jewish and Christian Antiquity in Honor of Gabriele Boccaccini,* ed. J. Harold Ellens, et al. (Berlin: de Gruyter, 2018).

비스(Philip R. Davies), J. 헤롤드 엘렌스(J. Harold Ellens), 레아 세스티에리 (Lea Sestieri), 클라우스 코흐(Klaus Koch), 게자 제라비츠(Geza Xeravitz), 그리고 래리 허타도(Larry Hurtado)이다. 또한 내 마음 속에 항상 존재하는 특별한 사람들로는 부모님, 월터(Walter)와 마리아 애들레이드(Maria Adelaide), 장인과 장모, 디노(Dino)와 마놀라(Manola), 조부모인 아다 (Ada), 카밀로(Camillo)와 엘레나(Elena), 고모인 지나(Gina)와 린다(Linda), 삼촌과 이모인 발레리오(Valerio)와 마리사(Marisa), 윌마(Wilma)와 에지오(Ezio), 그리고 사촌 필리포(Filippo)가 있다. 그들은 내가 살아있는 한 언제나 나와 함께 할 것이다. 아울러 이 자리에 반드시 언급해야만 하는 특별한 친구들도 있다. 나는 1990년대 초부터 재능이 있는 학생들을 미시건(Michigan)에서 만나는 축복을 누렸다. 그들은 J. 해롤드 엘렌스(J. Harold Ellens), 필립 무노아(Philip Munoa), 에이프릴 디코닉 (April DeConick), 찰스 기셴(Charles Gieschen), 마크 킨저(Mark Kinzer), 린 알콧 코겔(Lynne Alcott Kogel), 로날드 루아크(Ronald Ruark), 제이슨 폰 에렌크로크(Jason von Ehrenkrook), 제임스 와델(James Waddell), 아이작 올리버 (Isaac Oliver), 제이슨 주라프스키(Jason Zurawski), 데보라 포저(Deborah Forger), 로드니 카루더스(Rodney Caruthers), 그리고 조슈아 스캇(Joshua Scott)이다. 우리는 잊을 수 없는 배움의 순간들을 함께 공유했다. 또한 우리가 전 세계로 흩어져 있는 현실이 결코 막을 수 없는 아이디어 공동체를 만들었다. 나는 그들 모두에게, 특히 통찰력 있는 조언을 나눠주었던 아이작 올리버와 이 책에 실린 주제에 대해 토론할 수 있는 기회를 제공한 로날드 루아크에게 감사의 마음을 표한다.

이 책이 헌정된 내 아내 알로마 바르디(Aloma Bardi)의 끊임없는 사랑과 지원이 없었다면 나는 아무것도 이룰 수 없었을 것이다. 우리는 함께 40년을 행복하게 보냈고 결혼의 기쁨과 학문적 연구의 기쁨을 나누었다. 우리는 이보다 더 큰 기대와 행복을 안고 앞으로 맞이할 남은 인생을 기대한다.

가브리엘레 보카치니(Gabriele Boccaccini)

제1장

유대인 바울과 기독교인 바울

증오를 증오하는자, 바울

종교적인 편협함이 기승을 부리는 시대, 유대인들, 기독교인들, 그리고 이슬람교인들은 유일신교(monotheistic religion)가 본질적으로 편협하거나 배타적이지 않고, 실제로는 선량한 사람들에게 영감을 주고 또 그들을 평화와 공존으로 연합시키는 능력이 있음을 증명하도록 요구받고 있다. 하지만 오랜 시간 동안 지속되는 종교적 분쟁은 유일신교가 언제나 그러한 기능만을 수행해왔던 것은 아님을 보여준다. 폭력의 희생자이자 가해자라는 개인적인 경험에 의해 그러한 문제를 인식하게 된 아브라함의 자손들은 스스로를 검증하고 본인들의 종교적 전통과 신념 속에 숨어있는 악과 원망과 편협함의 뿌리들을 마주해야 하는 상황이다.[1]

---

1   J. Harold Ellens, ed., *The Destructive Power of Religion: Violence in Judaism,*

종교 간의 대화와 상호 존중으로 나아가는 과업에 있어 다소(Tarsus)의 바울은 조력자라기보다는 오히려 방해자에 더 가깝다는 점을 인정하는 것은 지적(智的) 정직성의 문제일 뿐이다. 유대인으로 태어나 기독교인이 된 바울은 개종과 가르침—모든 불신자(혹은 다른 종교를 믿는 자)들이 본인처럼 개종하고 기독교의 메시아에게 복종하지 않으면 멸망한다는 가르침—을 통해 그의 존재감을 드러냈다. 유죄로 판단되는 불신앙으로 인해 정죄를 받은 사람들 중에는 바울의 동료 유대인들도 있다. 그들도 한때는 하나님께 선택된 백성이었으나 그리스도 안에 있는 새 언약이 모세와 맺은 옛 언약을 대체하고 불필요하게 만들었기 때문에, 이제 그들은 모든 존엄성을 박탈당하고 말았다. 이것이 바로 우리가 흔히 듣는 이야기이다.

그러나 바울은 그의 서신에서 증오의 언어를 단 한 번도 사용한 적이 없다. 그는 "사람들에게 그들이 죄인이며 구원이 필요하다는 점을 먼저 설득시키려는 현대 근본주의 전술을 따르지도 않았다."[2] 바울이 전한 설교의 중심에는 포용과 구원의 메시지, 다시 말해 그리스도 안에서 계시된 하나님의 은혜의 복음, 곧 세상에 주어진 "화해의 말씀"(고후 5:19)이 있었다. 하지만 바울의 선한 의도를 인정한다고 해서 그의 메시지가 야기한 악의적인 결과나, 혹은 기독교인들과 비기독교인들 사이에 만들어진 허물 수 없는 편협함의 벽으로부

Christianity, and Islam, 4 vols. (Santa Barbara, CA: Praeger, 2004).

2   E. P. Sanders, *Paul and Palestinian Judaism: A Comparison of Patterns of Religion* (London: SCM, 1977), 444. [= 『바울과 팔레스타인 유대교』, 알맹e, 2018].

터 그가 면책되지는 않는다. 모든 사람(유대인들과 이방인들, 남성들과 여성들, 자유인들과 종들)은 (기독교로) 초대받고 환영받지만, 개종자를 위한 구원의 길은 오직 하나, 그리스도뿐이다.

그렇다면 우리는 '증오를 만들어낸 은혜의 메시지'와 '배제를 만들어낸 포용의 메시지'라는 역설을 받아들여야 하는가? 바울을 부정하고, 마치 프리드리히 니체가 "증오의 천재"("genius of hatred")라고 바울을 비난한 것처럼[3] 그를 편협함의 대명사로 폭로해야 하는가? 아니면 좀 더 동시대적인 표현을 사용하여 "인종차별주의자, 배외주의적 얼간이"[4] 정도로 불러야 하나? 우리는 증오자를 증오해야 하는 것일까? 혹은 대상이 바울임에도 **불구하고** 그저 그를 잊어버리고 보다 관용적인 길을 택해야 하는 것일까? 그것도 아니면 바울이 전한 진정한 메시지를 회복하고, 현대인들이 던지는 맹렬한 비평을 통해 검증하며, 그의 메시지가 편협함으로 고착된 케케묵은 전통으로부터 건짐받을 수 있는지를 새로운 마음가짐으로 지켜봐야 할까?

---

3   니체의 말에 따르면 바울은 "증오의 관점으로 보든, 증오의 무자비한 논리로 보든 관계 없이 증오의 천재"이다. John J. Gager, *Reinventing Paul* (Oxford: Oxford University Press, 2000), 9; and Jörg Salaquarda, "Dionysius versus the Crucified One: Nietzsche's Understanding of the Apostle Paul," in *Studies in Nietzsche and the Judaeo–Christian Tradition*, ed. James C. O'Flaherty, et al. (Chapel Hill: University of North Carolina Press, 1985), 100–29을 보라.

4   E. Randolph Richards, *Paul Behaving Badly: Was the Apostle a Racist, Chauvinist Jerk?* (Downers Grove, IL: InterVarsity Press, 2016) [= 『바울과 편견』, 성서유니온, 2017]; Karen Armstrong, *St. Paul: The Apostle We Love to Hate* (Boston: New Harvest, Houghton Mifflin Harcourt, 2015).

유대교에 반대하는 자, 바울

1세기 유대교의 맥락에서 볼 때, 바울이란 존재는 가장 수수께끼 같고 이해하기 힘든 인물 중 한명이다. 바울의 주변에는 여전히 신비의 후광이 맴돌고 있기 때문에(고대 금기[禁忌]의 저주가 아니라면), 그의 경험을 명확하게 이해하는 데는 늘 어려움이 따른다. 베드로후서가 이미 경고했듯이 바울서신에는 "알기 어려운 것이 더러 있어서, 무식하거나 믿음이 굳세지 못한 사람은, 다른 성경을 잘못 해석하듯이 그것을 잘못 해석해서, 마침내 스스로 파멸에 이르고 말 것"(벧후 3:16)이다. 돌이켜보면 그 구절은 경고라기보다 예언에 가깝다.

바울은 초기 기독교의 첫 번째 조직신학자라는 거창한 명성에서부터, 토라와 이스라엘 민족에 맞선 해로운 논쟁의 초석, 편견의 전조, 그리고 편협, 차별, 유대인 대학살 사건이라는 비극의 토대를 조장했다는 의심에 이르기까지 다양한 측면에서 다루어진다.

그가 기독교와 유대교를 분리했다는 이유로 수 세기 동안 기독교인들에게는 숭상을, 유대인들에게는 비난을 받아왔다는 점은 쉽게 간과할 수 없는 지점이다. "유대인과 기독교인 사이에 그보다 더 적대감을 조성한 사람은 지금까지 없었다. … 바울은 오랫동안 유대교와 유대인을 향한 기독교인들의 증오의 원천으로 여겨졌다. [그는] 유대교인이라는 옛 삶을 등지고 초기 기독교의 반(反)유대주의를 지지하는 대변인이 되었다."[5] 기독교인들에게 바울은 유대교의 (악함이 아니라면) 덧없음과 약함을 드러내고 비난하는 개종자, 즉 신

---

5   Gager, *Reinventing Paul*, 3–4.

학적 거인으로 여겨졌지만, 반대로 유대인들에게는 조상들의 신앙을 조롱하고 기독교적 반유대주의의 창시자로 변질된 반역자로 여겨졌다.[6]

전통적인 관점에 따르면, 행위의 (나쁜) 종교인 유대교는 은혜의 (좋은) 종교인 기독교에 반대되는 종교였다. 바울 사상의 많은 측면들은 유대교에 뿌리를 내리고 있을지 모르나 결국 바울은 유대교의 많은 결점들로 인해 그 종교를 거부했다.[7]

바울은 유대교 안에 들어있는 율법주의(legalism)와 특수주의(particularism)를 특별히 잘못된 두 개의 요소로 봤다. 페르디난트 빌헬름 베버(Ferdinand Wilhelm Weber)와 빌헬름 부세트(Wilhelm Bousset)[8]의 연구물에 영향을 받아 유대교에 대한 지식을 형성했던 20세기 초 신약성서학자들은 앞에서 언급한 바와 같이 생각할 수 밖에 없었다. 그들의 주장에 따르면 바울은 기독교의 은혜를 확증하기 위해 유대교를 율법주의 종교라고 비난해야 했다. 즉, 믿음은 행위를 거부해야만 빛날 수 있었다. 아울러 바울의 보편주의적 계획을 주장하기 위해, 유대교의 특수주의에 맞서 싸워야 했다. 곧 바울의 가르침은 종교적

---

6   Magnus Zetterholm, *Approaches to Paul: A Student's Guide to Recent Scholarship* (Minneapolis: Fortress, 2009).

7   Henry St. John Thackeray, *The Relation of St. Paul to Contemporary Jewish Thought* (London: Macmillan, 1900).

8   Ferdinand Wilhelm Weber, *System der altsynagogalen palästinischen Theologie aus Targum, Midrasch und Talmud* (Leipzig: Dörffling & Franke, 1880); and Wilhelm Bousset, *Die Religion des Judentums im neutestamentlichen Zeitalter* (Berlin: Reuther & Reichard, 1903).

특수주의에서 종교적 보편주의로의 결정적인 전환을 의미했다.

초기 유대인 해석자들은 바울 사상에 다량의 유대적 요소가 포함되어 있다는 사실을 의아해했다. 하지만 그럼에도 불구하고 바울이 토라를 거부하고 유대인들과 이방인들의 차이를 폐지했다고 보는 기독교의 의견—유대인의 관점으로 볼 때 바울을 배반자이자 변절자로 만드는 의견—을 대부분 수용했다.[9]

19세기 말부터 유대인 학자들과 기독교 학자들이 함께 참여했던 작업, 즉 예수의 유대성을 재발견하는 작업은 그러한 고랑을 더욱 깊게 파는데 기여했다. 선생 예수의 모습이 유대교의 정신과 관행에 부합된다는 점이 증명되면 될수록, 그의 가장 유명한 제자(바울)는 점점 더 분열적인 사람, 즉 유대교와 양립할 수 없는 종교의 창시자로 여겨졌다. 리차드 루벤스타인(Richard Rubenstein)은 『내 형제 바울』(*My Brother Paul* [1972])에서 "예수는 좋아요, 바울은 싫어요!"("Jesus, yes; Paul, never!")라는 표현을 통해 바울을 대하는 유대인들의 태도를 요약했다.[10] 이미 10세기에 카라이트 지도자 야쿠브 알 키르키사니(Yaqub al Qirqisani)는 그가 진정한 기독교의 창시자로 봤던 바울과 예수를 적대적 구도, 즉 부당하게 학대를 받은 유대교 교사와 그의 불

---

9 Nancy Fuchs-Kreimer, *The "Essential Heresy": Paul's View of the Law according to Jewish Writers, 1886–1986* (PhD diss., Temple University, 1990); Stefan Meissner, *Heimholung des Ketzers. Studies zur jüdischen Auseinandersetzung mit Paulus* (Tübingen: Mohr Siebeck, 1996).

10 Richard L. Rubenstein, *My Brother Paul* (New York: Harper & Row, 1972), 114.

제1장 유대인 바울과 기독교인 바울 47

충실한 제자의 구도로 이해했다.[11] 이러한 생각은 1980년대, 하이엄 맥코비(Hyam Maccoby)에 의해 타당한 학술적 주장으로 제시될 정도로 여전히 유대인 사회에서 인기를 끌고 있다.[12]

전통적 바울에 대한 초기 비판

하지만 바울을 그와 같이 이해하는 방식에는 석연치 않은 부분이 있다. 초기 예수 운동의 지도자들 중에서 반대자들을 향해 자신의 유대성을 가장 강하게 주장했던 자가 바로 바울이었기 때문이다("그들이 히브리 사람입니까? 나도 그렇습니다. 그들이 이스라엘 사람입니까? 나도 그렇습니다. 그들이 아브라함의 후손입니까? 나도 그렇습니다"[고후 11:22]). 그는 신적 약속들의 불변성을 옹호하기도 했고("하나님께서 자기 백성을 버리신 것은 아닙니까? 그럴 수 없습니다"[롬 11:1]), 새로운 열성적 이방인 개종자들의 면전에 대고 이스라엘의 특권을 가장 노골적으로 되풀이 해주기도 했다("돌 올리브 나무인 … 그대는 본래의 가지들을 향하여 우쭐대지 말아야 합니다. 비록 그대가 우쭐댈지라도, 그대가 뿌리를 지탱하는 것이 아니라, 뿌리가 그대를 지탱한다는 것을 명심해야 합니다"[롬 11:17-18]).

그 결과, 바울에 대한 전통적 관점은 비판을 피해왔던 적이 없다. 20세기 초, 솔로몬 셰히터(Solomon Schechter)와 클로드 G. 몬테피오레(Claude G. Montefiore)처럼 랍비 유대교[A]와 신약을 모두 전공한 유대

---

11   Bruno Chiesa and Wilfrid Lockwood, *Ya'qub al–Qirqisani on Jewish Sects and Christianity* (Frankfurt am Main: Peter Lang, 1984).

12   Hyam Maccoby, *The Mythmaker: Paul and the Invention of Christianity* (London: Weidenfeld & Nicolson, 1986).

인들은 베버나 부세트 같은 기독교 학자들의 주장—율법주의와 세상을 향한 증오가 유대교의 주요한 (그리고 변함없는) 특징이라는 주장—이 잘못되었다는 점을 연구를 통해 재차 주장했다.[13] 몬테피오레에 따르면 바울은, 비록 본인이 유대교라고 알고 있던 종교에 대해 내렸던 비판은 옳았을 수 있지만, 주류 (랍비) 유대교에 대해서는 오직 제한적이고 왜곡된 지식만을 소유했던 헬레니즘계 유대인(Hellenistic Jew)[B]이었을 뿐이었다.

윌리엄 브레데(William Brede)와 알버트 슈바이처(Albert Schweitzer)는 바울의 유대성을 회복하기 위해 다른 방법을 택했다.[14] 이들은 바울과 헬레니즘 사이에 연속성이 거의 없다고 판단했다. 이러한 견해에 따르면, 바울은 "자신이 따르는 그리스도께서 세상에 군림하는 악의 세력들(악한 영들도 포함)을 물리치고 만물의 새로운 시작을 선언할 것을 기대했던" 묵시적 유대인이었다.[15] 몬테피오레와 슈바이처

---

13 Solomon Schechter, *Aspects of Rabbinic Theology* (New York: Macmillan, 1909); Claude G. Montefiore, *Judaism and St. Paul: Two Essays* (London: Max Goschen, 1914).

14 William Wrede, *Paulus* (Halle: Gebauer-Schwetschke, 1904; 2nd ed. [Tübingen: Mohr Siebeck, 1907]; ET: *Paul*, trans. Edward Lummis [London: Philip Green, 1907]); Albert Schweitzer, *Geschichte der Paulinischen Forschung* (Tübingen: Mohr Siebeck, 1911; ET: *Paul and His Interpreters: A Critical History*, trans. William Montgomery [London: Adam and Charles Black, 1912]); and *Die Mystik des Apostels Paulus* (Tübingen: Mohr Siebeck, 1930; ET: *The Mysticism of Paul the Apostle*, trans. William Montgomery [London: Adam and Charles Black, 1931]).

15 Wrede, *Paul*, 153.

는 많은 동료들의 편견(과 반유대주의)을 거침없이 비난했고, 1921년 미국의 조지 풋 무어(George Foot Moore)와 1936년 영국의 제임스 파케스(James Parkes)도 동일한 운동에 합류했다.[16] 그러나 대화의 조건을 바꿔 달라는 저들의 요구에 그 누구도 회신하지 않았다. 반유대주의가 창궐하는 시대, 기독교의 반유대주의는 유대교에 대한 대중의 편견을 부추겼고, 그것을 동력원으로 삼았다. 바울의 유대성, 유대교의 가치, 초기 기독교가 제2성전기 유대교 문화와 종교에 진 빚을 강조하는 사람들의 목소리는 언제나 고립되었다. 당시 바울학자들과 제2성전기 전문가들은 예수 시대의 유대교를 *Spätjudentum*("후기 유대교"), 곧 성경이 예언한 영적 절정기 후에 찾아온 종교적 쇠퇴기로 묘사하는데 완전히 일치했기 때문에 결국 같은 선상에 있었던 것이다.[17] 1939년과 1945년 사이에 발터 그룬드만(Walter Grundmann)이 지휘한 "독일 교회의 생활에 미친 유대교의 영향 근절 연구소"(The Institute for the Study and Eradication of Jewish Influence on German Church Life[18])는 오늘날에는 반유대주의의 일탈적 행동 정도로 치부될 수 있겠지만, 그 당시에는 나치 독일의 울타리 밖에 있는 많은 사람들에게 존경

---

16 George F. Moore, "Christian Writers on Judaism," *Harvard Theological Review* 14 (1921): 197–254; James Parkes, *Jesus, Paul, and the Jews* (London: Student Christian Movement Press, 1936).

17 Alfred Bertholet, *Das religionsgeschichtliche Problem des Spätjudentums* (Tübingen: Mohr Siebeck, 1909).

18 *Institut zur Erforschung und Beseitigung des jüdischen Einflusses auf das deutsche kirchliche Leben.*

받는 신학적 사업이었다.[19]

바울에 대한 새 관점

전쟁과 유대인 대학살 사건(Holocaust)은 기독교인들로 하여금 그
들이 유대인과 유대교와 어떤 관계를 맺고 있는지 재고하도록 만들
었다. 예수의 유대성은 즉시 쥘 이삭(Jules Isaac)의 연구와 젤리스베르
크에서 규정된 유대-기독교 의제에서 논의의 중심이 되었다.[20] 동시
에, 사해 두루마리의 재발견은 제2성전기 유대교의 전문가들을 새
로운 길, 즉 과거의 정형화된 길과는 매우 다른 생동적이고 다양한
길로 인도했다.[C]

(놀랍게도) 초기의 바울학계는 그러한 변화에 영향을 받지 않았다.
유대교의 율법주의와 특수주의에 대한 케케묵은 개념은 1950년대
에도 자주 반복되었다.

1951년에 출판된 루돌프 불트만(Rudolf Bultmann)의 『신약성경신
학』(*Theologie des Neuen Testaments*)의 영어 번역판도 은혜와 율법의 기본
적인 대립 구도를 반복했다.

> 바울과 유대교의 대립에는 단지 의(義)의 현(present) 실재성에 대한
> 바울의 주장뿐 아니라, 그보다 더 핵심적인 논제, 곧 하나님의 무죄

---

19   Susannah Heschel, *The Aryan Jesus: Christian Theologians and the Bible in
     Nazi Germany* (Princeton, NJ: Princeton University Press, 2008).

20   Jules Isaac, *Jésus et Israël* (Paris: Michel, 1948).

판결이 어떤 조건과 결부되어 있는지에 대한 논제까지 포함한다. 유대인들은 당연히 그 조건을 율법을 지키는 일, 즉 율법에 규정된 "행위들"(works)을 완수하는 일이라고 여긴다. 바울의 주장은 율법의 부정적인 측면을 먼저 고려하며 상반된 방향으로 나아간다: **율법의 행위 없이**(without works of the Law). ⋯ 바울의 주장이 포함하는 부정적 측면은 홀로서는 논쟁이 아니다. 그 옆에 다음과 같은 긍정적인 진술들이 지탱하고 있기 때문이다: **믿음에 의해서, 혹은 믿음으로부터**(by, or from, faith).[21]

그리고 최근에 발생한 유대인 대학살 사건의 비극에 대한 일말의 고려도 없이, 윌리엄 바클레이(William Barclay)는 유대인들에 대한 세상의 증오는 단지 세상에 대한 유대인들의 증오를 반영할 뿐이라는 전통적인 고정 관념을 재확언했다. "기독교는 하나의 거대한 문제에서 시작되었다. 기독교의 메시지는 분명 모든 인류를 위한 것이다. ⋯ 그러나 기독교가 유대교의 요람에서 발생했다는 사실은 변하지 않는다. 인간적으로 말하자면, 온 세상을 위한 그 어떤 메시지도 이보다 더 불행한 요람을 가질 수는 없을 것이다. 유대인들은 이중적 증오에 연루되어 있었다. 세상은 유대인들을 증오했고, 유대인들도 세상을 증오했다."[22]

---

21 Rudolf Bultmann, *Theology of the New Testament*, vol. 1 (New York: Scribner, 1951), 279–80. 원서에 있는 강조 표시.

22 William Barclay, *The Mind of Paul* (London: Collins, 1958), 9.

20세기의 가장 존경받고 영향력 있던 두 신학자들, 불트만과 바클레이의 연구는, 베버와 부세트의 연구가 보여준 바울에 대한 전통적 해석이 제2차 세계 대전이 끝난 후에도 꽤 오랜 기간 동안 지속되었음을 보여준다. 1950년대의 유대인 학자들의 태도 역시 전쟁 전의 분위기로부터 크게 벗어나지 않았다. 그들도 바울이 유대교와 갈등이 있었다는 사실에 대해 의문을 던지지 않았다. 새뮤얼 샌드멜(Samuel Sandmel)에게 있어서 논쟁의 출발점은 "바울이 개종 전에 당면했던 율법에 대한 개인적 어려움이었지, 개종 후에 발생했던 어려움이 아니었다."[23] 샌드멜이 자신을 변호하기 위해 할 수 있었던 유일한 말은 바울은 "스스로 유대교를 저버리고 있다는 사실을 전혀 알지 못했다"[24]는 주장이었다. 그의 의견에 따르면 바울은 랍비 유대교를 형편없이 대변했는데, 그 이유는 그 자신이 헬레니즘에 영향을 받은 유대인으로서 유대교에 대한 제한된 지식만을 소유했기 때문이었다.

심지어 사해 문서들의 발견도 바울 연구에 미미한 영향만을 끼쳤다. 1958년 데이비드 플러서(David Flusser)는 바울 이전의 전통이 바울에게 쿰란계 요소들을 전달해 주었을 가능성에 대해 제안했다.[25]

---

23 Samuel Sandmel, *The Genius of Paul* (New York: Farrar, Straus & Cudahy, 1958), 28.

24 Sandmel, *The Genius of Paul*, 21.

25 David Flusser, "The Dead Sea Sect and Pre-Pauline Christianity," in *Aspects of the Dead Sea Scrolls*, ed. Chaim Rabin and Yigael Yadin (Jerusalem: Hebrew University Press, 1958), 215-66.

제롬 머피-오코너(Jerome Murphy-O'Connor)가 1960년대 말에 편집한 바울과 쿰란에 대한 총서는 이 문제를 보다 구체적으로 탐구하기도 했다.[26] 그러나 사해 두루마리가 바울신학의 핵심적 요소에 영향을 주었다거나 빛을 밝힐 수 있을 가능성에 대해서는 고려조차 되지 않았다.

그러던 중 윌리엄 D. 데이비스(William D. Davies)의 『바울과 랍비 유대교』(*Paul and Rabbinic Judaism* [1948])와 함께 다른 종류의 해석이 나오기 시작했다. 유대교와 기독교 학자들이 주장했던 기존의 공통된 의견과는 달리, 데이비스는 바울을 그의 동료 유대인들과 다름없는 랍비 유대인으로 봤다. 단, 메시아가 이미 예수 안에 들어왔다는 바울의 믿음을 제외한다면 말이다.[27] 이런 노선을 따라 첫 번째 변화의 조짐이 1963년 크리스터 스텐달(Krister Stendahl)의 중요한 아티클인 「사도 바울과 서양의 자기 성찰적 양심」("The Apostle Paul and the Introspective Conscience of the West")과 함께 찾아왔다. 스텐달은 바울에 대한 전통적인 기독교의 관점은 바울 본인의 가르침보다 오히려 기독교 신학 안에 존재하는 문제들과 더 많은 관련이 있다고 지적했다. 즉, 바울의 주된 관심사는 인간의 본성적 약함이 아니라 이방인의 구원이었다는 주장이었다.[28]

---

26   Jerome Murphy-O'Connor, ed., *Paul and Qumran: Studies in New Testament Exegesis* (London: Chapman, 1968).

27   William D. Davies, *Paul and Rabbinic Judaism: Some Rabbinic Elements in Pauline Theology* (London: SPCK, 1948).

28   Krister Stendahl, "Paul and the Introspective Conscience of the West," *HTR* 56

1977년이 되어서야 비로소 "바울에 대한 새 관점"(New Perspective on Paul)이 E. P. 샌더스(Sanders)의 책 『바울과 팔레스타인 유대교』(*Paul and Palestinian Judaism*)을 통해 구체화되기 시작했다. 이 책은 거의 하룻밤 사이에 바울 연구에 새로운 시대를 연 획기적인 연구물이자 전환점이 되었다.

샌더스는 제2성전기 유대교와 랍비 유대교를 연구함에 있어 다양성을 추구하려는 학계적 추세에 상당히 보수적인 입장을 보였다. 유대교와 기독교를 여전히 획일적으로 정의되고 비교될 수 있는 두 개의 다른 종교적 체계로 봤던 것이다.

그럼에도 샌더스의 책은 바울 연구 분야에 신선한 혁명처럼 여겨졌다. 샌더스의 책은 루터계 전통이 지지해온 전통적인 반유대주의적 해석에 성공적으로 도전장을 던졌고, 동시에 **오직 은혜**(*sola gratia*)와 **오직 믿음**(*sola fides*)이라는 루터계 해석의 원칙을 재확언했다. 바울을 유대교의 율법주의에 대항하는 완강한 비판가로 만들어 버린 개념—은혜와 율법이 서로 급진적으로 반대된다는 개념—은 1세기 문맥에서 나온 사상이 아니라 16세기 종교개혁 때 기독교를 분리시킨 논쟁에 대한 시대착오적인 반영이 되었다. 기독교 신학자들은 더 이상 기독교를 지지하기 위해 유대교를 폄하할 필요가 없어졌다. 유대교 역시 **오직 은혜**에 기반한 종교였기 때문이다. 유대교는 "언약적 율법주의"(covenantal nomism), 즉 율법을 인류에게 주어진 구원의 선물로 보되 행위가 구원을 벌기 위한(to earn) 수단이 아니라 하

(1963): 199-215. [= 『유대인과 이방인 사이에 있는 바울』, 감은사, 2021]

나님의 은혜로 세워진 신적 언약 안에 머물기 위한(to remain) 조건으로 작용한다고 봤다. 그러므로 바울은 은혜와 율법을 이해하는 데 있어 온전히 유대인이었다. 바울이 유대교 안에서 발견한 잘못된 요소 혹은 문제는 단순히 "유대교는 기독교가 아니었다"[29]는 점이었다. 그리스도의 새 언약은 이제 모든 인류를 포용하고 모세의 옛 언약을 대체했다. 그리고 여기에는 유대적 민족중심주의(ethnocentrism)와 우월주의에 반대하는 **오직 믿음**을 통해 유대인들과 이방인들이 모두 동일시된다는 의미까지 포함되어 있다.

"루터계" 바울의 몰락과 함께 바울 사상이 흠 없이 일관된 사유라고 가정했던 신화도 무너지기 시작했다. 샌더스는 바울 사상의 통일성에 대해 다음과 같은 견해를 되풀이 했다. "나는 바울 사상에서 주요한 신학적 '발전'이 있었다는 그 어떠한 흔적도 찾을 수 없다. … 바울 사상의 비조직적 성격과 형식적 차이에도 불구하고, 그는 일관적으로 생각하는 사람이었다."[30] 그러나 샌더스는 바울을 조직신학자로 이해해서는 안 된다고 지적했다. 바울은 평범한 사람들, 곧 구체적인 질문과 현실적인 문제에 봉착한 사람들로 구성된 공동체를 상대했던 설교자요 성직자였다. 샌더스가 짧고 굵게 표현했듯이 바울은 해결책이 문제보다 더 중요했던 사람이었다. 바울은 이방인들이 신앙과 열정을 가지고 기독교로 개종하는 모습을 목격했다. 그의 신학적 노력은 그러한 사건을 회고적으로 정당화하려는

---

29 Sanders, *Paul and Palestinian Judaism*, 552.

30 Sanders, *Paul and Palestinian Judaism*, 432-33.

것이었다. 바울의 논증은 이방인들을 기독교 공동체에 들여보내기 위한 이론적 전제가 아니었고, 오히려 하나님의 자비로운 행위로 인해 발생한 그 사건(이방인들의 합류)을 정당화하려는 시도였다. 비록 그의 논증은 다소 혼란스럽고 신학적으로 온전히 일관되지는 않지만 말이다.

이러한 사고의 흐름을 따라 일부 학자들과 신학자들은 보다 급진적인 행보를 취했다. 바울신학에 역설적 특징—비조직성, 우발적인 문제와 상황과의 연계성, 그로 인해 발생하는 상당한 불일치성—이 있음을 주장했던 것이다. 만약 그렇다면 심지어 "사도들의 추종자들조차도 바울이 정말 무엇을 말하고자 했는지에 대해 합의를 볼 수 없었을 수 있다. … [그러므로] 이를 해결할 수 있는 방법은 오직 한 가지이다. 모순과 긴장감을 바울신학의 한결같은 특징으로 받아들이는 것이다."[31]

새 관점은 유대교 역시 은혜에 바탕을 둔 부끄럽지 않은 종교로 간주되어야 한다고 주장함으로써, 전통적인 (루터계) 바울 읽기의 가장 잘못된 측면을 없애기 위해 최선을 다했다.[32] 새 관점은 바울 사상이 유대적 구조로 세워져 있다는 사실을 효과적으로 재발견함으로써, 바울 사상에 가정되어 있는 일관성보다 바울 사상의 실용적이고 목회적인 측면을 부각시켰다.[33] 그러나 바울을 유대교의 비평가

---

31 Heikki Räisänen, *Paul and the Law* (Tübingen: Mohr Siebeck, 1983), 3, 10.

32 Sidney G. Hall, *Christian Anti–Semitism and Paul's Theology* (Minneapolis: Fortress, 1993).

33 Ben Witherington, *The Paul Quest: The Renewed Search for the Jew of Tarsus*

요 하나님과 인류의 관계의 개선을 위한 새로운 대체주의 모델의 옹호자로 보는 관점에는 반기를 들지 않았다. "그리스도 예수 안"에 있는 하나님의 은혜는 "둘을 자기 안에서 하나의 새 사람으로 만들어서"(엡 2:13-15) 유대인과 이방인을 위해 유대교의 언약을 대체했다. 바울은 유대교의 일부 단체나 유대교의 부수적 사상이나 관습, 또는 "바르게 종교적이 되는 수단"과 갈등을 빚었던 것이 아니라, 그가 적대시했던 유대교 그 자체와 갈등을 빚었다. "바울이 유대교를 비판했던 이유는 유대교 사상에 포함된 언약의 중요성에 대한 무지 때문도 아니요, 후기 유대교에 나타나는 언약 개념의 소멸 때문도 아니다. 사실 바울은 유대교의 언약이 구원에 영향을 끼칠 수 있다는 개념을 명확하게 부인함으로써 유대교의 근간을 의식적으로 거부했다. … 바울은 유대교 뿌리의 근원, 곧 예정, 언약, 그리고 율법에 반대하여 … 논쟁했던 것이다."[34]

샌더스를 이어 제임스 던(James Dunn)과 N. T. 라이트(N. T. Wright)도 바울의 보편주의와 유대교의 특수주의의 차이점을 강조했다. 만약 바울이 그가 속했던 "이전" 종교의 일부 요소들을 잘못 이해했다면, 그래서 유감스럽게도 반유대주의적 태도를 조장했던 것이라면, 현대 기독교인들은 이런 사실을 인정하고 보상해야만 한다. 그러나 바울은 유대인의 표준적 견해—율법을 수용하고 따르는 일은 혜택을 누리는 신분의 징표이자 조건이고(제임스 던), 민족적, 인종적, 영토

(Downers Grove, IL: InterVarsity Press, 1998).

34 Sanders, *Paul and Palestinian Judaism*, 551-52. 원서에 강조 표시 있음.

적 정체성과 할례, 안식일 준수, 음식물 금기법와 같은 경계 표시의 행위를 향한 유대적 지지(N. T. 라이트)라는 견해—에 반대했다.[35] 바울의 관점에 따르면 예수는 모든 인류에게 있어서 항상 구원의 유일무이(唯一無二)한 길이다.

구원에 이르는 두 가지 길?

샌더스가 제시한 "언약적 율법주의"라는 개념은 수십 년 동안 신약학자들의 바울 연구와 제2성전기 유대교에 대한 이해를 지배해 왔는데, 그 영향력은 베버와 부세트이 이전 세대들의 유대교 개념을 형성했던 것 못지않게 대단했다.

그러나 모든 학자들이 샌더스에게 설득된 것은 아니었다. 일부 학자들은 그가 유대교와 기독교를 화해시키려는 관대한 시도를 위해 지나치게 멀리 갔다고 평가했다. 그들은 오히려 스티븐 웨스터홀름(Stephen Westerholm)처럼 바울과 유대교 사이의 불연속적 요소들을 강조하려 했다. 전통적인 아우구스티누스계 독법과 루터계 독법에서 보다 명백하게 선을 넘는 반유대주의적 요소를 제거했을 때, 그 개정된 독법은 역사적 바울에서 그리 멀리 떨어져 있지 않게 된다는 것이었다.[36]

---

35 John J. Collins, *The Invention of Judaism: Torah and Jewish Identity from Deuteronomy to Paul* (Oakland: University of California Press, 2017), 161.

36 Stephen Westerholm, *Perspectives Old and New on Paul: The "Lutheran" Paul and His Critics* (Grand Rapids: Eerdmans, 2004); Westerholm, *Justification Reconsidered: Rethinking a Pauline Theme* (Grand Rapids: Eerdmans, 2013).

또 다른 학자들은 샌더스가 바울의 유대성을 재발견하는데 있어서 충분히 멀리 가지 않았다고 판단했다. 그들은 바울이 평생 랍비 유대교인이었다는 데이비스의 견해에 동의했고, 바울의 관심사는 개인의 구원("개인의 양심에 미치는 [율법의] 효력")이 아니라 "교회 안과 하나님의 계획 안에서 이방인들이 차지하는 위치"라는 크리스터 스텐달의 주장에 더욱 설득되었다.[37]

샌더스는 여전히 바울과 팔레스타인 유대교 사이에 급진적인 대립이 존재한다고 봤다. 그러나 로이드 개스턴(Lloyd Gaston), 스탠리 스토워스(Stanley Stowers), 존 G. 게이저(John G. Gager)[38]와 같은 학자들은 바울의 종교 유형이 팔레스타인 유대교라고 알려진 그 어떤 유형들과도 기본적으로 다르지 않다고 이해했다. 오히려 바울을 평생의 유대인으로—"바울은 결코 유대교를 떠난 적이 없고, 유대교와 율법을 부인한 적도 없으며, 예수의 관점에서 이스라엘의 구원을 상상한 적도 없다"—보았다.[39] 이러한 관점에 의하면, 바울은 유대인들이 예수 그리스도를 통해 구원에 이르는 길을 찾기를 기대하지 않았다. 율법에 대한 그의 모든 언급은 오직 이방인과만 관련되어 있었다. "바울에게 있어서 이스라엘의 구원은 의심의 여지가 없었다. 그가 가르쳤고 설교했던 내용들은 이방인들을 위한 특별한 길, 즉

---

37 Stendahl, "Paul and the Introspective Conscience of the West," 204.

38 Lloyd Gaston, *Paul and the Torah* (Vancouver: University of British Columbia Press, 1987); Stanley K. Stowers, *A Rereading of Romans: Justice, Jews, and Gentiles* (New Haven: Yale University Press, 1994); Gager, *Reinventing Paul*.

39 Gager, *Reinventing Paul*, x.

존더벡(*Sonderweg*, '특별한 방법')이었다."[40] 우리가 바울이 역사적으로 속해 있던 유대적 환경에 그를 재배치시킨다면 "두 가지 기본적인 사실을 마주하게 된다. 하나는 이스라엘과 율법의 거룩함(유대교)을 향한 하나님의 흔들림 없는 헌신이고, 또 다른 하나는 예수 그리스도를 통한 이방인들의 구원이다."[41]

아마도 최근 몇 년 동안 마크 나노스(Mark Nanos)보다 더 많은 열정, 명확성, 일관성을 가지고 이런 주장을 지지한 학자도 없을 것이다. 그의 견해에 따르면 바울은 "토라를 준수하는 유대인, 즉 유대교에 속한 유대인 ⋯ 으로서, 그리스도의 추종자들을 위해 토라가 정의한 유대교적 삶의 방식을 실천하고 장려했다."[42] 메시아가 도래했다는 믿음은 유대교를 "폐지"하지 않았다. 그 반대로 "바울의 유대교"는 종교적 실천과 믿음 안에서 유대인들의 존재를 재확인시켜줌과 동시에, 예수를 믿는 사람들에게 "열국을 향해 화해를 선언하는 대사(大使)와 같은"[43] 새로운 역할을 부여했다. "비유대인들을 유대교 안으로 데려오는 일"이야 말로 유대교에 속한 메시아적 집단인 예수 운동의 핵심 사역이었다. 비유대인들이 유대인(즉, 개종자ᴾ들)이 되기를 기대받지 않았다. 그들은 있는 모습 그대로 환영을 받았다. 예수를 통해 구원의 문들이 그들(비유대인)에게도 열렸다는 메시

---

40 Gager, *Reinventing Paul*, 146.

41 Gager, *Reinventing Paul*, 152.

42 Mark Nanos, *Reading Paul within Judaism* (Eugene, OR: Cascade Books, 2017), xiii.

43 Nanos, *Reading Paul within Judaism*, 168.

지가 곧 복음이었기 때문이다.[44]

고맙게도 나노스의 리더십으로 인해 오늘날 새로운 패러다임이 열렸다. 그 패러다임은 "유대교 안의 바울"(Paul-within-Judaism)이란 관점으로 바울의 유대성을 온전히 재발견하는 과제를 목표로 한다. 역설적이게도 바울 시대의 기독교는 아직 유대교와 분리된 종교로 존재하지 않았기 때문에 "바울은 기독교인이 아니었다."[45] 예수 운동은 유대교적 메시아 운동에 지나지 않았다. 그러므로 바울을 제2성전기 유대인으로, 그의 신학을 제2성전기 유대교의 한 형태로 여기는 것이 마땅하다.

나노스에 따르면 바울서신은 "할라카[E]적 양식의 변형이 아닌 수사학적 전략"을 나타낸다.[46] 나노스는 개스턴과 스토워스가 주장한 요점,[47] 즉 율법에 대한 바울의 진술은 유대인이 아니라 율법을 실천하거나 실천하기를 원하는 이방인들을 향한다는 요점에 동의한다. "문자적으로 무법 상태인 많은 이방인들의 영혼을 최대한 빨리 구하는 일이 문제의 쟁점이었다."[48] 바울을 반유대주의적으로 이해하는 독법은 바울의 수사법을 잘못 해석한 결과였다. 바울의 표현이

---

44 Nanos, *Reading Paul within Judaism*, 127-54.

45 Pamela Eisenbaum, *Paul Was Not a Christian: The Original Message of a Misunderstood Apostle* (New York: HarperOne, 2009).

46 Nanos, *Reading Paul within Judaism*, 26.

47 Gaston, *Paul and the Torah*, 5; Stowers, *A Rereading of Romans*, 21.

48 Stefan Larsson, "Just an Ordinary Jew: A Case Why Paul Should Be Studied within Jewish Studies," *Nordisk Judaistik / Scandinavian Jewish Studies* 29.2 (2018): 9.

속해 있던 본래의 유대적 맥락에 대한 기억이, 이방인 기독교 안에서 잊혀지면서 그러한 오독이 발생하기 시작했다. "바울이 실제로 분명히 밝히고 싶어했던 부분은 이방인 신자들이 그들의 유대교 형제들과 어깨를 나란히하는 동등한 위치였지만, 바울의 수사법은 전통적으로 유대교에 대한 거부로 해석되었다."[49]

그 어떤 접근 방식이라 할지라도 그 타당성이 현시대에 끼칠 수 있는 신학적 의미까지도 신속히 평가받는 연구 분야에서, 두 개의 언약과 두 개의 다른 "방법 혹은 길, 즉 그리스도를 통한 이방인의 구원과 율법을 통한 이스라엘의 구원"[50]이라는 개념은 학문적 영역을 넘어 빠르게 현대 신학의 논쟁으로 이어졌다. 그 개념은 두 자매 종교를 연결하고 유대인을 향한 기독교 선교의 모든 노력에 대한 타당성을 제거하는 손쉬운 방법으로 인식되어, 유대-기독교 진영에서 인기를 끌었다. 하지만 동시에 일부 기독교 기관들—공식적으로 대화에 참여하고 위에 언급한 종류의 해석이 함의하는 바가 바울과 천주교-개신교 관계를 이해하는데 어떤 영향을 줄 수 있는지를 우려하는 기독교 기관들—을 당황하게 만들기도 했다. 2015년 교황청 기독교인 일치 촉진 평의회(Pontifical Council for Promoting Christian Unity)는 "그리스도는 이방인 외에 유대인의 구원자도 되시기 때문에 두 가지 구원의 길은 있을 수 없다"는 해석이 기독교의 관점이라는 것을

---

49   Larsson, "Just an Ordinary Jew," 7.

50   Gager, *Reinventing Paul*, 59.

재확인하기 위해 진술을 공표해야 할 필요성을 느꼈다.[51]

　그러나 순전히 역사적인 관점으로 볼 때, 두 방향 해결책(two-way solution)의 목적이 바울을 편협하다는 비난으로부터 "회생"시키기 위함이라면, 그가 유대인들을 제외한 모든 자들에게 편협했다는 사실을 발견하는 것은 별로 진전이 없는 해결책임을 알아야 한다.[52] 어쩌면 두 언약 해결책(two covenant solution)은 "바울을 반유대주의 혐의로부터 해방시키고, 그를 현대 기독교인들로부터 구출하려는 감동적인 시도"일지 모른다.[53] 그런데 만약 그렇다면 무슬림이나 타종교인들, 혹은 비종교인들은 어떡하나? 만약 오직 예수를 통해서만 이방인에게 구원이 임한다면, (인류의 압도적 수를 구성하는) 이방인들은 예수를 믿지 않는 한 유죄판결을 받은 자로 남아있게 된다. 설령 토라를 지킨다는 이유로 불신자 집단에서 유대인들을 제외시킨다고 할지라도, 과연 이것이 바울이 선포하고자 했던 메시지, 즉 예수가 이방인을 위한 유일무이한 구원의 길이라는 메시지라고 확신할 수 있을

51　"그리스도께서 만유의 구원자라는 것은 교회의 신조이다. 그러므로 그리스도는 이방인 외에 유대인의 구원자도 되시기 때문에 두 가지 구원의 방법은 있을 수 없다. 여기에서 우리는 하나님의 사역의 신비함에 직면하게 된다. 그것은 유대인을 개종시키기 위한 선교적 노력이 아니라, 우리 모두가 연합하게 될 그때를 주께서 가져오실 것이라는 기대에 대한 문제이다." 2015년 12월 15일, 교황청 기독교인 일치 촉진 평의회 문서.

52　Kimberly Ambrose, *Paul among Jews: Rehabilitating Paul* (Eugene, OR: Wipf and Stock, 2015).

53　Daniel Boyarin, *A Radical Jew: Paul and the Politics of Identity* (Berkeley: University of California Press, 1994), 42.

까? 만약 그렇다면, 바울은 반유대주의자가 아니라 종교적 편협함의 대명사로 남게 될 것이다.

바울과 제2성전기 유대교

나는 기독교와 랍비 유대교를, 이스라엘의 고대 종교로부터 평행하게 뻗어 나온 (그리고 동일하게 정당한) 종교로 이해하는 제2성전기 전문가이다. 나는 바울을 제2성전기 유대교의 독특한 운동, 곧 (바울로부터 한참 이후에) 다른 종교로 점진적으로 분리·발전한 운동의 지도자로 본다.

나는 바울을 유대교와 기독교의 분수령으로 만드는 전통적인 루터계 접근 방식에 불만을 느낀다. 나는 이미 1991년 『중기 유대교』(*Middle Judaism*)를 통해 "바울은 유대교에 속해 있다"는 관점을 표명했고, "특정주의적" 유대교에서 출현한 "보편주의적" 기독교라는 생각을 "기독교 신학 전통의 가장 고약한 고정 관념 중 하나"라고 비판했다.[54]

나는 "유대교 안의 바울"이란 관점을 온전히 지지한다. "바울은

---

54 저자들이 모두 유대인이라는 이유로 신약성경이 보다 더 유대적이 되는 것이 아니다. 심지어 바울도 유대교에 속한다. 그가 언급하는 사상들 (원죄 이론이나 믿음을 통한 구원 등과 같은 가장 이질적으로 보이는 사상들조차도) 1세기의 유대적 문화와 종교적 유산들의 구성 요소이다. … 물론 신약성경에는 추가적인 논쟁이 들어있기는 하지만 그런 것조차도 당시의 유대교 안에 속한 논쟁이다." Gabriele Boccaccini, *Middle Judaism: Jewish Thought, 300 BCE to 200 CE* (Minneapolis: Fortress, 1991), 215.

고대의 그 어떤 유대인에 못지 않게 유대인이었다."[55] 그리고 나는 깊은 확신으로 파멜라 아이젠바움(Pamela Eisenbaum)의 외침을 지지하는 마크 나노스의 말에 동의한다. "바울은 의심의 여지없이, 인종적으로, 문화적으로, 종교적으로, 도덕적으로, 그리고 신학적으로, 뼛속까지 유대인이었다."[56] 바울이 유대인이 아니었다면 도대체 누구였단 말인가? 바울은 유대인 부모에게서 태어난 유대인이었고, 할례를 받았다. 그리고 그의 서신에 들어있는 그 어떤 내용도 바울이 배교자가 되었다(거나 혹은 그가 스스로를 그렇게 생각했다)는 개념을 뒷받침하(거나 제안하)지 않는다.

그리고 역사가인 나는 두 길 해결책(two-path solution)에 완전히 설득되지 않았다. 바울서신에는 풀기 어려운 해석학적 난제들이 있는데, 이런 난제들을 단순히 "수사학적 전략" 정도로 보고 넘어가기 위해서는 복잡하고 억지스런 해석이 필요하다. 내가 다니엘 보야린(Daniel Boyarin)과 존 콜린스(John Collins)와 같은 제2성전기 전문가들과 공유하고 있는 회의(懷疑)는 이보다 더 깊은 이유에서 발생했다.[57] 두 길 해결책 이론은 기독교 기원 분야를 다루는 현대 연구의 결과와 모순된다. 예수 운동은 유대교 안에서 태어났고, 그 운동에 가담한 많은 유대인들은 (바울을 포함하여) 유대인으로 구원을 찾는 중에 예수 운동에 가담하는 선택을 내렸다. 그들은 예수를 메시아로 믿었고,

---

55 Zetterholm, *Approaches to Paul*, 1.

56 Eisenbaum, *Paul Was Not a Christian*, 9.

57 Boyarin, *A Radical Jew*, 42; Collins, *The Invention of Judaism*, 172-73.

개인적인 이유, 즉 이방인의 합류와는 완전히 별개의 이유로 세례를 받았다. 이방인 선교라는 개념이 생기기도 전에 말이다.

유대인 바울

오늘날 우리가 유대인 예수나 유대인 바울에 대해 말할 수 있게 된 것은 1세기 유대교에 대한 우리의 이해가 지난 수십 년 사이에 극적으로 변한 덕분이다. 1913년 로버트 헨리 찰스(Robert Henry Charles)는 『구약성경의 외경과 위경』(The Apocrypha and Pseudepigrapha of the Old Testament)이란 그의 모음집 서문에서, 제2성전기 유대교를 "많은 분파가 있는 교회"로 표현했다. 당시 그와 같은 주장은 규범적 유대교(normative Judaism)와 정통 기독교(orthodox Christianity)의 고성(高聲)에 묻혀버렸던 즉, 보잘것 없이 고립된 목소리일 뿐이었다.[58] 하지만 오늘날에는 더 이상 그렇지 않다. 지난 50년 동안 학자들의 연구는 고대 유대교의 다양성에 대해 견고한 사례를 구축했다. 사해 문서와 소위 구약성경의 외경과 위경은 창의적이고 역동적인 시대와 생동감 있고 다원적인 환경, 즉, 매우 다른 표현들이 유대교 안에 공존했던 환경을 보여준다. 바로 여기에 초기 기독교 운동도 포함된다.

제이콥 뉴스너(Jacob Neusner)가 1980년대에 고안한 유대교들(Judaisms)이라는 표현(과 기독교들[Christianities]이라는 동반적 표현)은 널리 받아들여지지 않았다. 하지만 현대의 모든 전문가들은 제2성전기 유대교

---

58 Robert Henry Charles, ed., The Apocrypha and Pseudepigrapha of the Old Testament (Oxford: Clarendon, 1913).

(와 기독교)의 다양성을 묘사하기 위해 복수형 표현을 사용해야할 필요성을 느끼고 있다. 한때 신학적 단일체로 묘사되었던 세계가 이제는 다채롭고 활기찬 세계, 즉 기독교와 랍비 유대교가 다양한 경쟁적 표현들로 등장한 세계로 묘사되고 있는 셈이다.[59]

이제 자명한 현실이 우리의 눈앞에 펼쳐졌다. 역사상 유대교나 기독교가 단일적 종교의 형태를 띄었던 적은 단 한순간도 없다. 제2성전기의 유대교도 마찬가지다. 그 유대교도 분파들 간의 대화와 경쟁을 통해 다양한 사고의 흐름들로 나뉘어져 있었다. 오늘날 우리는 정통 유대교, 보수 유대교, 개혁 유대교, 동방 정교회, 천주교, 개신교에 대해 이야기하지만, 이러한 현대적 분파들이 나타나기도 전에 이미 다른 분파들이 역사의 흐름 속에 존재했었다. 즉, 어제와 같은 오늘일 뿐이다.

이러한 틀 안에서 보자면, 바울이 평생 유대인이었고 또한 율법을 준수하는 유대인으로 살았다는 인식은 우리가 진행한 연구의 결론으로 받아들여 질 수 없다. 그것은 오직 출발점일 뿐이다. 바울의 유대성을 인정하는 일이 그 자체로 중요하기는 하지만 그렇게 큰

---

59 나는 단수(유대교의 종류들와 기독교의 종류들) 혹은 복수(유대교들 혹은 기독교들) 사용에 대한 의미론적 논의는 다소 무의미하다고 판단한다. "유대교들"이라 부르든 "유대교의 다른 종류들"이라 부르든 본질은 변하지 않는다. 예수가 살았던 시대와 미찬가지로 오늘날에도 유대교를 이해하는 방법은 하나가 아니라 대화나 경쟁(또는 유대교들)을 통해 이해하는 다양한 방법들이 있다. 그리고 예수 운동이 등장했을 때, 바로 그 다양함들이 새로운 운동에 반영되어 다른 형태의 기독교를 (혹은 기독교들을) 생성시켰다고 판단한다.

의미가 있는 일도 아니라는 말이다. 예수의 경우처럼, 문제의 본질은 바울이 유대인이었는지 아니었는지가 아니라, 어떤 종류의 유대인이었는지를 찾는 일이다. 제2성전기 유대교의 다양한 세계 속에는 유대인이 될 수 있는 여러가지 방법들이 있었다. 그러므로 바울에게 "단지 평범한 한 유대인"[60]이란 딱지를 붙이는 행위는 자극을 불러올 수는 있겠지만, 제2성전기에 평범한 유대인이라는 개념은 존재하지 않았기 때문에 결정적인 해결책이 될 수 없다.

이 책에 있는 내 발언들이 바울의 유대성에 초점을 맞추고 있기 때문에, 그 발언들이 암시하지 않는 바가 무엇인지 명확히 선을 긋는 작업은 몇 가지 일반적인 오해를 피하기 위한 전제로서 중요할 것 같다.

1. 바울의 유대성을 되찾기 위해 그가 다른 유대인들과 같은 유대인이었다는 점과 독창적인 사상가가 아니었다는 점을 입증할 필요가 없다. 동시대의 다른 유대인들에게 적용하지 않는 색다른 기준을 바울에게 적용하지 않는 일은 중요하다. 바울에게서 다른 유대인 작가들과 비평행적인 사상이 발견될 경우, 그것을 바울이 비유대적임을 나타내는 증거로 봐야 한다는 주장은, 오직 독창적이지 않은 제2성전기의 사상가들만 유대인으로 간주되어야 한다는 역설로 귀결된다. 이와 같은 주장대로라면 필론[F], 요세푸스, 힐렐[G], 의(義)의 교사[H]를 포함하여 시대가 던진 평범한 질문에 독창적인 답을 제시했던 모든

---

60   Larsson, "Just an Ordinary Jew."

유대인들도 유대인이 될 수 없다. 왜 바울만 독창적인 생각을 발전시켰다는 이유로 비유대적이라거나 더 이상 유대인이 아니라는 평가를 받아야 하나? 바울로부터 유대적 혹은 비유대적 (혹은 기독교적) 생각을 분리시킨다는 생각 자체가 말이 되지 않는다. 바울의 전통적인 생각도 유대인 바울로서의 생각이었고, 그의 독창적인 생각도 유대인 바울로서의 생각이었다. 바울은 유대인 사상가였고, 그의 모든 사상들도 (심지어 가장 전통적이 않은 사상들조차도) 유대적이었다.

2. 바울의 유대성을 찾기 위해 그가 제2성전기 유대교는 물론 초기 예수 운동에서조차 매우 논란이 되는 인물이었다는 사실을 경시할 필요가 없다. 그 논란, 즉 바울 운동의 안팎에 있었던 논란의 원인을 기독교를 유대교로부터 분리시키고자 했던 바울의 완강한 결심으로 보려는 전통적 해석은, 제2성전기 유대교 사상의 다양성을 고려하지 않는 사유(思惟)로부터 만들어졌다. 획일적인 유대교와 그와 동등하게 획일적인 기독교 간의 대립은 결코 존재하지 않았다. 매우 다양한 각양각색의 유대교, 다시 말해 자체적으로 내부 요소들이 매우 다양했던 예수 운동까지도 포함했던 유대교가 있었을 뿐이다.

3. 바울의 유대성을 되찾기 위해 바울이 동료 유대인들과 공통분모가 없었다는 점과 그의 사명은 오직 이방인의 합류였음을 증명할 필요가 없다. 바울의 모든 신학적 담론들을 이방인의 합류로 한정하는 행위는 유대인 바울을 다시 한번 유대교의 귀퉁이에 가둬버리고, 그

의 신학이 제2성전기 유대사상의 넓은 맥락 속에서 함의하고 있는 다채로운 의미들을 무색하게 만든다. 다니엘 보야린이 그의 바울 연구를 통해 상기시켰듯이, 유대인이 본인의 종교적 전통을 위해 혹은 유대교의 다른 경쟁적 형태에 대항해, 급진적인 자기 비판을 표현할 때조차도 유대인은 평생 유대인이었다.[61]

이렇게 방법론적 전제를 명확히 함으로써 바울을 단순히 유대교와 연결시키는 독법이나 혹은 유대적 배경에 반대하는 독법을 넘어, 그를 유대교의 필수적 일부로 바라보는 독법이 가능해졌다. 파멜라 아이젠바움이 바르게 인지했듯이, "만약 로마의 백부장이 바울이 쓴 로마서를 가로채 읽었다면, 그것이 유대적인 편지였음을 곧바로 인지했을 것이다. … 게다가 동시대의 유대인들도 바울서신을 유대적으로 여겼을 것이다."[62] 첨언하자면, 만약 예수 운동이 자율 종교로 발전하지 않았다면, 오늘날의 우리도 그와 동일한 방식으로—독창적이고 독특한 주장을 펼쳤음에도 불구하고 유대성이 조금도 의심받지 않았던 의(義)의 교사, 필론, 힐렐과 같은 제2성전기의 유대인 작가들을 읽는 방식으로—바울을 읽었을 것이다. 바울을 "변두리의 유대인"이나 "변칙적 유대인"으로 특정할 필요는 없다.[63]

---

61 Boyarin, *A Radical Jew.*
62 Eisenbaum, *Paul Was Not a Christian,* 7-8.
63 Calvin J. Roetzel, *Paul: A Jew on the Margins* (Louisville: Westminster John Knox, 2003); Michael F. Bird, *An Anomalous Jew: Paul among Jews, Greeks, and Romans* (Grand Rapids: Eerdmans, 2016). [= 『혁신적 신학자 바울』, 새물

우리가 필론, 의(義)의 교사, 힐렐이 유대인들이며, 동시에 제2성전기 유대교의 독특한 분파를 대변하는 사람들이라고 주장할 수 있다면, 바울 역시도 그렇게 볼 수 있다.

물론 현대의 바울 독법은 후대에 이루어진 발전들을 경시해서는 안 된다. 하지만 역사적이고 시대착오적이지 않은 독법은 우리로 하여금 기독교인 바울이 에세네인 의(義)의 교사나 바리새인 힐렐이나 헬레니즘계 유대인 필론이 살았던 시대와 동일한 시대를 살았다는 사실을 기억하도록 촉구한다. 그렇다. 바울이라는 인물이 이제 그가 속해 있었던 실제의 역사적 맥락 속으로 재배치되어야할 시간이 된 것이다.

이러한 방향으로 우리를 이끌고 있는 분명한 조짐들이 보인다. 제2성전기 유대교에 대한 최근의 사전들, 예를 들어 『초기 유대교의 사전』(Eerdmans Dictionary of Early Judaism)이나 『제2성전기 유대교 백과사전』(T&T Clark Encyclopedia of Second Temple Judaism)은 바울에 관한 필수적인 연구 논문들을 수록하고 있다.[64] 또한 쿰란 혹은 필론에 대한 연구도 포함하고 있다. 『에녹4서: 제2성전기 유대교의 온라인 백과사전』(4 Enoch: The Online Encyclopedia of Second Temple Judaism)에도 바울에 관

결플러스, 2019]

64   John J. Collins and Daniel C. Harlow, eds., *The Eerdmans Dictionary of Early Judaism* (Grand Rapids: Eerdmans, 2010); Loren T. Stuckenbruck and Daniel M. Gurtner, eds., *T&T Clark Encyclopedia of Second Temple Judaism* (London: T&T Clark, 2019).

한 연구가 포함되어 있다.[65] 불과 몇 년 전만 해도 이와 같은 포괄적인 움직임은 상상할 수조차 없었다. 이러한 동향은 오늘날 국제적으로 관찰되고 있는 것처럼, 초기 예수 운동을 1세기 유대교로 재전유(再專有)하려는 움직임과 그 맥을 같이 한다.[66]

이 책의 목적은 "유대교 안의 바울"이라는 관점의 패러다임을 바울에 대한 대화의 결론이 아니라 시작점으로 온전히 수용하는 것이다. 이러한 접근법이 지니고 있는 가능성은 이제 조금씩 드러나기 시작했다. 그 가능성이 내포하고 있는 기념비적인 의미를 온전히 이해하려면 여전히 갈 길이 멀지만 말이다.

나는 "우리는 억지스런 해석을 통해 바울을 모순과 비일관성으로부터 반드시 구출하려는 유혹을 떨쳐버려야 한다"는 게이저의 주장에 동의한다.[67] 바울의 담론이 비일관적이라고 평가하기 전에 혹은 그것이 현대적 범주를 일탈한다는 이유로 정상화하려고 시도하기 전에, 우리는 담론이 만들어진 시대적 상황 속에서 담론의 내적 논리와 일관성을 이해하기 위해 총력을 기울여야 한다. 진짜 바울의 모습은 그가 쓴 일곱 개의 친서(親書) 속에서 복구되어야 한다. 하

---

65 Gabriele Boccaccini, ed., *4 Enoch: The Online Encyclopedia of Second Temple Judaism*, www.4enoch.org.

66 에녹 세미나는 "유대인 바울"이라는 주제로 두 번의 국제적 모임을 가졌다. See Gabriele Boccaccini and Carlos A. Segovia, eds., *Paul the Jew: Rereading the Apostle as a Figure of Second Temple Judaism* (Minneapolis: Fortress, 2016); Isaac W. Oliver and Gabriele Boccaccini, eds., *The Early Reception of Paul the Second Temple Jew* (London: Bloomsbury T&T Clark, 2018).

67 Gager, *Reinventing Paul*, 11.

지만 바울의 친서들을 동시대에 존재했던 모든 유대교의 문서들로부터 완전히 고립시킨 채 읽어서는 안 된다. 오히려 동시대의 총체적 문학의 맥락 속에서 그것들을 읽어야 한다.

우선 후대에 만들어진 범주를 바울에게 덮어 씌우지 않은 채 그와 제2성전기의 환경을 확고히 연결하려는 시도가 필요하다. 그리고 1세기 유대교의 맥락 속에서 예수의 추종자가 된다는 의미가 무엇인지를 더 구체적으로 이해해야 한다. 이 두 가지 작업을 시행하기 위해서는 바울이 그의 독특한 사고의 체제를 구축한 제2성전기 유대교를 정적이거나 혹은 적대적인 배경에서 보면 안 된다. 주변의 여기저기에서 구할 수 있는 요소들을 이것저것 모두 취한 채 갑자기 툭 튀어나오는 운동 따위는 역사상 한 번도 존재하지 않았다. 새롭고 독특한 형태의 유대교가 이전의 체제들로부터 변형되어 역동적으로 나타났었는데, 바울의 유대교도 그런 움직임으로부터 예외가 아니다. 그러므로 먼저 바울신학을 정의하는 것으로 분석을 시작한 후, 거기에서부터 유대교로 거슬러 올라가며 바울을 이해하는 방법은 틀렸다. 바울과 초기 예수 운동의 다른 지도자들, 그리고 그들 이전에 예수 자신이 물려받고 답하기를 추구했던 질문들을 발견하려면 바울보다 선행했고, 바울로 이어졌던 제2성전기 유대교의 생생한 지적(智的) 역사로부터 우리의 연구가 시작되어야 한다.

유대인 바울을 제2성전기 유대교의 다양한 세계 속에 적절히 위치시키려면 신약 학자들과 제2성전기 학자들 사이에 더욱 긴밀한 의사소통이 필요하다. 방금 언급한 두 학문은 지금까지 서로 너무 멀리 떨어져 있었고 또한 서로의 목소리를 듣지 못했다. 바울 전문가들이 모여 자기들끼리만 바울을 논하고, 제2성전기 전문가들이 바울에 대한 어떤 논의에도 참여하지 못한다면, 제대로 된 연구들이 이루어지지 못할 것이다. 유대학(Judaic studies)이 바울학(Pauline studies)을 필요로 하는 것 못지않게 "바울학도 유대학을 필요로 한다."[68] 바울 연구의 진실성과 미래는 무엇보다도 이 간극을 줄이는 데 달려있다.

기독교인 바울

일단 바울을 유대인들 사이에 있는 유대인이자 제2성전기의 다양한 유대적 목소리들 사이에서 한 목소리를 냈던 사람으로 여기며 유대교와 재연결을 하게 되면, 바울이 현재 우리가 기독교라고 부르는 종교와 어떻게 연결되는지에 대한 문제가 남게 된다. 일단 4세기나 오늘날의 기독교적 기준으로 미루어 보자면, 바울은 분명 기독교인은 아니었다.

하지만 "예수는 기독교의 창시자가 아니었고, 바울은 제2인자가 아니었다"[69]는 표현은 너무 지나치다. 예수와 바울이 1세기 (로마의 지배를 받던) 팔레스타인 지역의 유대교 맥락에 속해있다는 주장은, 그들이 후기 기독교의 역사와 무관했다는 의미가 아니다. 또한 예수

---

68 Alan F. Segal, *Paul the Convert: The Apostolate and Apostacy of Saul the Pharisee* (New Haven: Yale University Press, 1990), xiv-xvi; Larsson, "Just an Ordinary Jew," 14.

69 Gager, *Reinventing Paul*, vii.

와 바울을 유대학 속에서 연구해야 한다는 주장이 그들을 더 이상 신약학과 초기 기독교학계 속에서 연구할 수 없음을 의미하지도 않는다.

현재 유대교와 기독교는 대칭적 관계에 놓여 있다. 그 둘은 두 개의 다른 종교이다. 기독교는 유대교가 아니고, 기독교인은 유대교인이 아니다. 그러나 바울이 살던 시대에는 상황이 극적으로 달랐다. 기독교와 유대교는 비대칭적 관계에 놓여 있었다. 예수 운동은 별개의 집단으로 이미 존재하고 있었으나, 아직 기독교는 유대교에서 벗어난 독자적 종교로서 존재하지 않았다. 예루살렘 지역의 공동체가 바울에게 상기시켰듯이, 대부분의 예수 추종자들은 유대인들이었다. "형제여, 당신이 보는 대로, 유대 사람 가운데는 믿는 사람이 수만 명이나 되는데, 그들은 모두 율법에 열성적인 사람들입니다"(행 21:20). 예수 운동은 유대교 내에서 메시아적 그리고 묵시적 운동으로 태어났다. 그러므로 예수 운동은 제2성전기 유대교의 한 변종이었던 셈이다.[70]

1세기에 유대인이 된다는 의미는 유대교의 획일적 모델을 따른다는 의미가 아니었다. 오히려 과거로부터 전수된 범주들이 창조적으로 활용되고, 그 범주들에 새로운 (때로는 예상치 못했던) 발전을 가져오는 일반적인 논의에 끝없이 참여한다는 의미였다. 또한 기독교인

---

70 Gabriele Boccaccini, "What Is Judaism?: Perspectives from Second Temple Jewish Studies." In *Religion or Ethnicity?: Jewish Identities in Evolution*, ed. Zvi Y. Gitelman (New Brunswick: Rutgers University Press, 2009), 24-37.

이 된다는 의미 역시 그와 같은 논의에 참여한다는 의미였다. 예수 운동은 1세기의 이질적인 단체도 아니었고, 유대교 전통의 사생아도 아니었다.[71]

예수 추종자들과 유대인들의 관계는 시간이 지남에 따라 더욱 악화되었는데, 이런 현상은 예수 추종자들이 스스로를 독특한 유대인 집단으로 보지 않고, 하나님의 뜻을 신실하게 따르는 유일한 유대인 집단으로 보기 시작하면서부터 발생했다. 요한복음이 완성될 즈음, 예수 운동의 많은 부분들이 예수 운동만을 유대교의 유일한 합법적 집단으로 간주하는 종파의 모습으로 바뀌었다.[72] 하지만 기독교는 유대교의 뿌리로부터 "결코 갈라서지 않았다."[73] 예수 운동은 유대교를 부정하는 과정이 아니라 유대교 안에서 점진적으로 극단화되는 과정을 통해 후기의 다른 유대교 집단들로부터 분리되었다.

예수나 바울 그 누구에게도 기독교와 유대교의 분리에 대한 개인적인 책임을 물을 수 없다. 그들에게는 분열을 조장할 만한 그 어떤 의도도 없었다. 바울은 예수 추종자들과 예수를 믿지 않는 유대

71 Alan F. Segal, *Rebecca's Children: Judaism and Christianity in the Roman World* (Cambridge: Harvard University Press, 1986).

72 Adele Reinhartz, *Cast Out of the Covenant: Jews and Anti–Judaism in the Gospel of John* (Lanham: Lexington Books–Fortress Academic, 2018).

73 Adam H. Becker, and Annette Yoshiko Reed, eds., *The Ways That Never Parted: Jews and Christians in Late Antiquity and the Early Middle Ages* (Tübingen: Mohr Siebeck, 2003).

인들의 분열(바울이 "이스라엘 사람들 가운데서 일부가 완고해진 대로 있으리라는 것"으로 이해한 부분)을 고통스럽지만 일시적인 현상으로 이해했다. 궁극적으로 "온 이스라엘이 구원을 받을 예정"이기 때문이었다(롬 11:25-26). 그렇다고 해서 바울과 예수가 완전히 결백하다는 의미는 아니다. 그들은 유대교 안에서 "행로의 분할"("Parting of the ways"), 즉 유대교를 기독교와 랍비 유대교로 분리시키는 극단화 과정을 촉발하는데 큰 역할을 했다.

유대교에서 완전히 분리된 전통적 기독교인 바울을 기독교에서 완전히 분리된 유대교인 바울로 바꿔 이해한다고 해서 문제가 해결되지는 않는다. 유대교인 바울을 기독교인 바울과 대립시켜서는 안 된다. 진짜 바울은 전적으로 유대교에만 속했거나 오로지 기독교에만 속해 있지 않았다. 그는 오히려 제2성전기 유대교의 다양성 안에 포함되어 있었다. 그것도 그 다양성을 구성하는 가장 급진적이고 독특한 요소들 중에 하나로 말이다. 즉, 제2성전기의 유대인 바울은 예수를 따르는 1세기의 유대인이었다.

제2성전기의 다양한 세계 속에서 예수의 추종자가 되는 일은 바울이 유대인으로 삶을 영위하는 방식이었다. 그러나 그 방식은 궁극적으로 기독교가 분리되고 자율적인 종교로 탄생하는 토대를 마련하는, 유대교 내부의 극단화 과정에 기여했다. 제2성전기의 유대인 바울은 통시적으로는 기독교 역사에, 공시적으로는 유대교 역사에 속해 있다. 그러므로 기독교인 바울과 유대교인 바울은 하나요, 같은 존재이다.

결론

본 연구는 바울신학의 복잡다양한 문제들을 모두 다루지 않는다. 또한 수없이 많은 저명한 학자들이 바울의 삶과 사상 연구에 기여한 중요한 공헌들을 모두 논하지도 않는다. 본 연구는 바울이라는 인물을 제2성전기 유대교의 중요한 인물들 중 한 명—그가 초기 예수 운동과 그 독특한 유대교 신학의 발전에 기여했음에도 불구하고가 아니라 기여했기 때문에—으로 읽는 독법에 대해 몇 가지 논평을 제안할 것을 목표로 한 지성사적 연구이다. 수세기 동안 바울의 말 한마디 한마디를 세밀하고 끝없이 해부하는 연구 분야를 다루기 때문에, 바울을 제2성전기의 유대인이요, 예수를 추종하는 1세기의 유대인으로 묘사하려는 핵심 목표가 흐려지지 않도록 참고 문헌은 필수적인 자료들로 국한시켰다. 그리고 주제에 대한 분석은 나와 동일한 목적에 헌신하고 있는 국제적 전문가들과의 대화를 통해 이루어졌다.

지난 수십 년간 이루어진 모든 논의는 한 가지 기초적인 질문에 집중된 듯 보인다. 바울은 그리스도 안의 구원이란 메시지를 모든 사람(유대인들과 이방인들)이 받도록 의도한 것인가, 아니면 이방인들만 받도록 의도한 것인가? 전통적인 견해에 따르면 바울은 먼저 유대인에게, 그 다음에 이방인에게 보냄을 받은 구원의 메시지의 전달자였다(이것은 새 관점이 급진적으로 변형시키지 않은 해석이다). "유대교 안의 바울"(Paul-within-Judaism) 관점은 바울의 메시지를 받는 대상을 단순히 이방인들에 국한시켰다. 수신자 목록에서 유대인들을 제외시킴으로 바울의 메시지를 구성하는 내용에는 크게 손을 대지 않았던 셈이다.

하지만 나는 그들과 다른 방향을 취하고, 현대 바울 연구에서 공유되고 있는 몇 가지 가정들에 질문을 던짐으로 현재의 냉담한 상태를 극복하길 원한다. 바울과 예수의 첫 번째 추종자들이 제공하려 했던 것은 무엇이었을까? 그리스도 안의 구원인가 용서인가? 누가 그 메시지의 의도된 수신자였나? 모든 인류들(유대인들과 이방인들)인가, 아니면 단지 이스라엘 집과 열방에 있는 "잃어버린 양들"(즉, 죄인들)인가? 다른 말로 묻자면, (바울을 포함한) 예수의 첫 번째 추종자들이 전했던 복음은 도대체 무엇인가? 예수를 믿는 자들(유대인들과 이방인들)에게 주어지는 믿음에 의한 구원인가, 아니면 예수를 믿는 죄인들(유대인들과 이방인들)에게 주어지는 믿음에 의한 용서인가? 아니면 바울의 메시지는 믿는 않는 자들을 향한 멸망의 메시지였는가, 혹은 죄인들(유대인들과 이방인들)을 향한 구출의 메시지, 즉 "모든 자들이 구원을 받게 하는"[74] 메시지였는가?

제2성전기 유대교의 맥락은 이러한 질문들에 대해 어떤 이야기와 답을 들려줄까? 바울은 분명 제2성전기 유대인이요, 예수의 추종자였다. 그는 또한 유대교 사상가였고 유대교 개혁 운동―가장 급진적인 측면들조차도 1세기 유대교의 다양성 안에 포함되어 있던 운동―의 핵심 주창자였다. 우리가 후대의 신학적 구조와 우려

---

74 David Bentley Hart, *That All Shall Be Saved: Heaven, Hell, and Universal Salvation* (New Haven: Yale University Press, 2019).

들을 고대의 자료에 덮어 씌우는 행위를 멈추고, 유대교인 바울을 기독교인 바울과 대조하는 행위를 멈춘다면, 유대인 바울은 우리가 앞에 언급했던 질문들을 보다 잘 이해할 수 있도록 도와줄지 모른다. 예수 운동이 무엇에 관한 움직임이었는지, 그리고 그 운동이 점차 극단화되어 결국 분리되고 자율적인 종교가 되기 전에 유대교의 다른 형태로 등장한 이유가 무엇인지에 대해서 말이다.

Chapter 2

Paul the Convert Who Never Converted

개종한 적이 없는 개종자, 바울

PAUL'S THREE PATHS TO SALVATION

제2장

개종한 적이 없는 개종자, 바울

개종자, 바울

바울에 대한 전통적인 해석을 지지하는 주요 근거들 중 하나는 "바울과 그가 속한 공동체들을 유대교가 아닌 다른 종교로 보는 인식이다."[1] 이러한 인식은 여전히 새관점의 중심에 놓여 있다. N. T. 라이트(Wright)의 표현에 따르면, "유대인이라는 신분은 더 이상 바울의 근본적 정체성이 아니었다."[2] 바울이 유대인 태생임을 부인했다는 의미가 아니라, 그가 기독교로 개종함으로 유대교(Judaism)의 타당성을 부인했다는 의미이다. 후대 기독교의 관점에 의하면, 바울의 개종은 궁극적으로 "[그를] … 구(舊)유대인, 심지어는 반(反)유대인

---

1   Mark Nanos, *Reading Paul within Judaism* (Eugene, OR: Cascade Books, 2017), 15.

2   N. T. Wright, *Paul and the Faithfulness of God* (Minneapolis: Fortress, 2013), 1436. [=『바울과 하나님의 신실하심』, CH북스, 2015]

으로 변화시켰다. 진정한 이방 기독교의 창시자로 말이다."[3]

유대인 바울에 대한 논의는 그 어떤 것이라 할지라도 반드시 바울의 (가정된) 개종에 대한 올바른 이해를 기초로 시작되어야 한다. 바울서신과 사도행전은 바울이 예수 운동에 가담하기 전에 유대인으로 지냈던 삶에 대한 중요한 정보를 제공한다.

바울은 로마 길리기아의 수도인 다소의 토박이요, 시민으로서 디아스포라에 살았다(행 9:11; 21:39; 22:3). 사도행전에 등장하는 바울은 자신에게 로마법의 혜택과 보호를 제공하는 신분, 즉 로마 시민권이 있음을 줄곧 자랑했다(행 16:22). 그리고 아버지로부터 그 시민권을 물려받았다고 주장하기도 했다("나는 나면서부터입니다"[행 22:28]).

유대인 가정에서 태어나 자란 바울은 어린 시절부터 지역에 있는 유대인 공동체의 일원으로서 토라를 읽는 법을 배웠을 것이다. 그리고 히브리어/아람어와 그리스어를 유창하게 구사했을 것이 틀림없다. 바울의 글들을 통해 추정해 보자면—비록 이 부분에 관한 고대 자료의 구체적인 언급은 없지만—바울은 그리스의 수사학 교육도 배웠을 가능성도 있다.

바울이 "베냐민 지파"(롬 11:1; 빌 3:5) 출신의 유대인이라는 점은 의심의 여지가 없다. 하지만 가장 유의미한 문제는 유대인이 될 수 있는 다양한 방법이 있었던 제2성전기의 유대교 속에서 바울은 과연 어떤 종류의 유대인이었는지에 대한 부분이다. 고대 자료들은 이

---

3   Paula Fredriksen, *Paul: The Pagans' Apostle* (New Haven: Yale University Press, 2017), xii. [= 『바울, 이교도의 사도』, 도서출판 학영, 2022]

부분에서도 반박할 수 없는 답을 제공한다. 바울이 예루살렘에서 얼마동안 가말리엘의 문하생으로 지냈다는 사도행전의 주장(행 23:6; 26:5)처럼, 바울은 자신을 "바리새인"(빌 3:5)으로 부른다. "나는 유대 사람입니다. 나는 길리기아의 다소에서 태어나서, 이 도시 예루살렘에서 자랐고, 가말리엘 선생의 문하에서 우리 조상의 율법의 엄격한 방식을 따라 교육을 받았습니다. 그래서 나는 오늘날 여러분 모두가 그러하신 것과 같이, 하나님께 열성적인 사람이었습니다"(행 22:3). 빌립보서는 바울이 예수 운동에 가담하기 전에 어떤 종류의 삶을 살았는지에 대한 이력서를 보여준다. 바울은 본인에 대해 이렇게 말했다. "나는 난 지 여드레만에 할례를 받았고, 이스라엘 민족 가운데서도 베냐민 지파요, 히브리 사람 가운데서도 히브리 사람이요, 율법으로는 바리새파 사람이요, 열성으로는 교회를 박해한 사람이요, 율법의 의로는 흠 잡힐 데가 없는 사람이었습니다"(빌 3:4-6).

사도행전은 불쑥 바울을 교회의 적으로 소개하는데(행 8:1-3), 거기서 바울의 이미지는 최초 순교자인 스데반의 이미지와 극적인 대조를 이룬다. 바울은 스데반을 죽이는 일을 "마땅하게" 여겼고 초기 예수 운동가들을 괴롭혔다. 바울은 헬레니즘계 유대인들을 "유대 지방과 사마리아 지방으로 흩어지게" 한 "예루살렘 교회" 핍박 사건에 관여했다(행 8:1).

바울은 자신이 쓴 서신들(특히 갈라디아서)에서 그가 "개종" 전에 예수 운동가들을 향해 보였던 핍박 행위들을 공개적으로 언급한다. "내가 전에 유대교에 있을 적에 한 행위가 어떠하였는가를, 여러분이 이미 들은 줄 압니다. 나는 하나님의 교회를 몹시 박해하였고, 또 아주 없애버리려고 하였습니다"(갈 1:13). 자신이 감행한 핍박이 "열심"에서 비롯되었다는 주장(갈 1:14; 빌 3:6)은 바리새인 바울이 비느하스 혹은 맛다디아(마카비의 아버지)가 배교자들을 상대로 보여줬던 격렬한 투쟁에 매료되었음을 시사하는 듯 하다. 동기가 무엇이든지 간에 바울은 대제사장들, 즉 사두개인들과 힘을 합쳐 예수 운동의 가장 급진적 구성원들을 핍박하는 운동에 합류했다.

하지만 바울이 참여한 핍박 운동은 예수 운동에 가담한 모든 구성원들을 박해의 대상으로 삼지는 않았다. 사도행전 7장에 따르면 오직 예루살렘 성전과 토라 준수에 대한 급진적인 견해를 주장했다는 혐의를 받은 헬레니즘계 정당(스데반이 이끌었던 정당)만이 핍박 운동의 대상이었다. 우리는 그러한 기록에 주목해야 한다. 곧 예수 운동에 참여한 "히브리인들"은 면제되었다는 의미다. 사도행전은 예수의 사후(死後)에 가말리엘이 사두개인들의 진노로부터 사도들을 지켜내는데 결정적인 역할을 했다고 말한다(행 5:34-39). 그러나 헬레니즘계 유대인들을 향한 바리새인들의 태도에 대해서는 침묵하고 있다. 사도들이 헬레니즘계 유대인들이 아니라 히브리인들이었기 때문에, 바울도 자신의 스승인 가말리엘의 태도와 완전히 대조적인 행동을 취하지는 않았을 것이다.

바울은 예수 추종자들의 행방을 조사하기 위해 다마스쿠스(다메섹)로 향했다. 그런데 바울이 그곳으로 이동하는 중에 예수 운동에 대한 그의 태도를 극적으로 변화시킨 사건이 발생했다(갈 1:13-17. 행

9:1-19; 22:4-16; 26:9-18 참고). 바울은 그 사건을 가리켜 "예수 그리스도의 나타나심[계시]"(갈 1:12)이라고 말한다. 사도행전은 동일한 사건을 이렇게 표현한다. "사울이 길을 가다가, 다마스쿠스 가까이에 이르렀을 때에, 갑자기 하늘에서 환한 빛이 그를 둘러 비추었다. 그는 땅에 엎어졌다. 그리고 그는 '사울아, 사울아, 네가 왜 나를 핍박하느냐?' 하는 음성을 들었다"(행 9:3-4).

바울을 전통적으로 해석하는 입장에 의하면, "다마스쿠스로 가는 길의 개종"은, 마치 세실리 스펜서-스미스 필리모어(Cecily Spencer-Smith Phillimore)가 1927년과 1930년에 바울의 다마스쿠스 사건 전후의 삶을 묘사하는 두 소설에 각각 붙인 제목처럼, 바울을 "유대인 바울"과 "기독교인 바울"로 나누는 분수령이었다.[4] 바로 그 순간, 바울은 유대교를 버리고 기적적으로 기독교로 개종했다는 것이다. 그는 유대교의 율법주의와 특수주의를 거부했고, 기독교의 보편적 사상을 받아들였다는 것이다.[5] 이는 곧 유대인 바울은 옛 삶의 악함을 버림으로 기독교인 바울이 되었다는 의미이다.

---

4   Cecily Spencer-Smith Phillimore, *Paul the Jew* (London: Hodder and Stoughton, 1927); and *Paul the Christian* (London: Hodder and Stoughton, 1930).

5   Ferdinand Christian Baur, *Paulus der Apostel Jesu Christi: sein Leben und Wirken, seine Briefe und seine Lehre* (Stuttgart: Becher & Müller, 1845; 2nd rev. ed. by Eduard Zeller, 1866-67).

이방인 개종자

개종, 즉 개인의 종교적, 인종적 정체성을 과감히 버리는 경험으로 볼 수 있는 개종은 고대에 잘 알려져 있었다. 개종자의 경험에 포함되는 흥분과 절망, 손실과 이득으로 뒤섞인 혼합적인 감정은 『요셉과 아스낫』(*Joseph and Asenath*[Jos. Asen.]), 필론과 요세푸스의 글, 그레코-로만 문학, 아풀레이우스(Apuleius)의 소설, 『황금 당나귀』(*Asinus aureus*) 등에도 나타난다. 존 게이저(John Gager)와 파울라 프레드릭슨(Paula Fredriksen)은 인종적 경계에 의해 정의되는 고대 사회에서 발생하는 개종은 "단순히 신앙 고백 차원에서 원칙이나 교리를 바꾸는 문제"를 훨씬 더 뛰어넘는 사건임을 각각 보여줬다.[6] 개종이란 개인적으로 충격적인 경험—과거의 삶, 가문의 평판, 그리고 사회적 고리들로부터 완전히 분리되는, 정체성의 확실한 변화를 동반하는 경험—이었는데, 특히 남성 개종자들은 의무적으로 요구되는 할례 의식에 의해 몸에 그 흔적이 남겨졌다. 개종이란 유대인들에게는 "낯선 자"를 새로운 가족 구성원으로 영입하는 사건을 의미했던 반면, 개종자들의 가족에게는 가족의 구성원을 배교자이자 배신자로 낙인찍는 사건을 의미했다. 이방인들도 이러한 부분을 잘 알고 있었다. "기분이 상한 애국적 이교도들은 개종자들이 가족들과 조상의 관습들

---

6   Stefan Larsson, "Just an Ordinary Jew: A Case Why Paul Should Be Studied within Jewish Studies," *Nordisk Judaistik / Scandinavian Jewish Studies* 29.2 (2018): 7; cf. John J. Gager, *Reinventing Paul* (Oxford: Oxford University Press, 2000), 24; and Fredriksen, *Paul: The Pagans' Apostle*, 8–31. [= 『바울, 이교도의 사도』, 도서출판 학영, 2022]

과 신(神)들에게 등을 돌렸다고 불평했다."[7] 타키투스(Tacitus)는 개종자들을 향해 오직 경멸만을 느꼈는데, 그 이유는 그들이 배우는 첫 번째 가르침은 "신들을 무시하고, 조국을 버리며, 부모와 자녀와 형제들을 대수롭지 않게 여기는 것"(Hist. 5.5.1-2)이었기 때문이다.

『요셉과 아스낫』[A]은 남녀를 불문하고 위에 언급한 현상이 개종자들에게 나타나리라고 예측되었음을 보여준다.[8] 아스낫은 회심의 경이로운 광분 속에서 벅찬 참회의 과정을 밟았다.

> 아스낫은 금과 은으로 만들어진 그녀의 수많은 신들을 모은 후 작은 조각들로 쪼갰다. 그리고 그 조각들을 가난하고 궁핍한 자들을 위해 창문 밖으로 내어 던졌다. 본인의 만찬을 비롯하여 살찐 짐승들과 생선과 고기, 그리고 신들의 제물들과 그들의 전제를 위한 포도주 그릇을 모두 취해 개들의 먹잇감이 되도록 창문 밖으로 던지기도 했다. 그 후에는 재를 가져다 바닥에 쏟았다. 베옷을 허리에 칭칭 감은 아스낫은 머리카락을 쥐어 뜯은 후 재를 뒤집어 썼다(요셉과 아스낫 10:13-16).

아스낫은 이렇게 가족과 연결된 모든 고리들을 완전히 끊어냈다. 이제 그녀가 믿고 기댈 수 있는 존재는 오직 하나, 이스라엘의

---

7   Fredriksen, *Paul: The Pagans' Apostle*, 68. [= 『바울, 이교도의 사도』, 도서출판 학영, 2022]

8   Jill Hicks-Keeton, *Arguing with Aseneth: Gentile Access to Israel's Living God in Jewish Antiquity* (Oxford: Oxford University Press, 2018).

하나님뿐이었다. "제 아버지와 어머니는 저를 부인하였습니다. 제가 그들의 신들을 파괴하고 산산조각 냈기 때문입니다. 오, 나의 주인이시여, 당신 외에는 다른 희망이 없습니다. 당신께서는 고아들의 아버지시요, 핍박을 받는 자들의 대변자시요, 억압을 받는 자들의 도움이십니다"(요셉과 아스낫 12:11).

자국민에게 분개를 산 개종자들은 새 가족으로 쉽게 받아들여지지 않았다. 『요셉과 아스낫』의 후반부가 보여주듯이, 야곱의 일부 아들들은 그녀를 변호한 반면 요셉의 두 형제인 단과 갓은 파라오와 함께 아스낫을 적대하는 음모를 꾸몄다. 이러한 논란을 피하기 위해 후대의 유대교 전통은 아스낫을 유대인의 혈통, 즉 디나의 딸로 둔갑시켜 버림으로써 난제를 해결하려 했다(요나단 타르굼의 창세기 41:45; 46:20; 48:9; 랍비 엘리에제르의 피르케[Pirke of Rabbi Eliezer] 38:1).

필론도 동일한 편견들에 직면해야만 했다. 그는 개종자들을 고아와 과부에 비교했다. 개종자들에게는 고아와 과부처럼, 남다른 관심과 보살핌이 필요했는데, 그 이유는 "그들이 조국과 자신들을 형성한 민족의 전통을 버렸기"(세부 규정에 대하여[Spec.] 1.309) 때문이었다. 필론은 독자들에게 개종자들은 모세의 율법에 따라 유대인으로 태어난 사람들과 동등한 규범적 신분으로 이스라엘 민족에 합류되었다는 점을 상기시켰다(레 18:26; 19:33-34; 민 15:14-16).

모세는 비슷한 특징과 성향을 지닌 모든 사람들을 받아들인다. 저들이 처음부터 그렇게 태어났든, 혹은 행동의 변화를 통해 더 괜찮은 사람이 되어 예전보다 높은 위치에 올랐든 상관없이 말이다. … 모세는 두 번째 부류의 사람들을, 하나님을 경외하는 새로운 체제로 넘어왔고, 다른 민족들의 놀라운 발명들을 무시하는 방법을 배우며, 순결한 진리에 매달린다는 사실을 토대로, 개종자라고 부른다. 개종한 자들에게는 동등한 지위와 명예가 주어지고, 또한 유대인 토박이들에게 내려진 특혜와 동등한 특혜들이 허락되었기 때문에, 모세는 진리에 의해 존귀하게 된 자들(유대인 토박이들)에게 개종자들을 정중함 및 특별한 우정과 넘치는 선량함으로 대하기를 권한다. 이것은 합당한 권함이 아닌가? 모세가 말하는 바는 이것이다. "선의와 거룩을 위해 본인들의 고국과 친구들과 관계를 떠난 저들을 도시, 집, 친구가 결핍된 상태로 놔두어서는 안 된다. 개종자들을 위해 항상 준비되어 있는 도피처가 있어야 한다. 가장 효과적인 매력과 가장 끊을 수 없는 선의의 유대감은 오직 한 하나님을 향한 서로의 공경이기 때문이다"(세부 규정에 대하여 1.51–52).

비록 고대의 유대 문서가 이방인들의 개종에 대해 공개적으로 장려하지는 않아도[9] 개종을 말리지는 않았다. 특히 외국인 거주자들, 배우자들, 종들의 경우에는 실용적인 목적 차원에서 더욱 그리했다. 실제로 **개종자**(proselyte)라는 용어는 유대인의 장례 비문과 문학 자료에 자주 등장한다("안디옥 출신의 이방 사람으로서 유대교에 개종한 사람인 니골라"를 언급하는 행 6:5을 참고하라). 요세푸스는 안디옥의 유대인들을 언급

---

9   Martin Goodman, *Mission and Conversion* (Oxford: Clarendon, 1994), 60–90.

하면서 그들이 "많은 수로 번성했을 뿐만 아니라 … 수많은 그리스인 영구 개종자들을 만들어 냄으로, 저들을 일종의 자신들의 몸의 일부가 되도록 했다"(유대전쟁사 7.45)고 말했다.

유대인 배교자들

고대의 자료들은 유대인으로 개종한 비유대인들에 대한 사례들 외에도 이방인으로 개종한 유대인들에 대한 사례들도 보여준다. "할례의 자국을 제거하고 거룩한 언약을 저버린 자들. 그들은 이방인들에 합류했다"(마카비1서 1:15).

배교에 대한 반복적 비난들은 제2성전기 유대교의 내부 논쟁들 중 하나였다. 하지만 그런 비난들이 개인들과 집단들의 의지나 자의식을 언제나 반영하는 것은 아니었다. 오히려 종교적 혹은 정치적 경쟁자들을 향한 경멸만을 전달하는 경우도 있었다. 두 가지 두드러진 예로 종교적 반대자들을 향한 쿰란 공동체의 독설과 다른 유대인들을 향한 복음서들을 꼽을 수 있다. 유대인 반란군은 로마의 편에 붙은 자들에게 "배반자"라는 딱지를 붙였는데, 요세푸스가 갈릴리 원정 기간 동안 잠시 적이었던 그의 옛 로마 친구들과 다시 합류한 후 그들에게 동일한 비난을 돌려주었다.[10] 필론은 극단적 풍유(諷諭)/우의(寓意)론자들이 율법의 관행을 무효화시킨다는 이유로 너무 지나치게 행동한다고 판단했다. "율법을 지성으로 감지할 수

---

10   Pierre Vidal-Naquet, *Flavius Josèphe; ou, Du bon usage de la trahison* (Paris: Éditions de Minuit, 1977).

있는 사물들의 상징으로 보고 율법의 어떤 부분은 지나칠 정도로 세심히 연구하는 반면, 다른 부분은 소홀하게 다루는 일부 사람들이 있다"(아브라함의 이주에 대하여 89).

그러나 그들은 배교자들이 아니었다. 오히려 율법의 "의미"를 수용함으로 유대교를 버리려 하지 않았던 자들이었다. 그들의 목적은 필론이 공유했고 장려했던 율법에 접근하는 방식이 궁극적인 결과를 낳도록 추진함으로 유대인의 율법을 해석하는 일이었다. "할례를 받는 행위는 정녕 쾌락과 모든 정욕을 제거하고, 불경건한 자만심을 버리는 행위를 묘사한다"(아브라함의 이주에 대하여 92).

그러나 특정 사례들에 의하면 일부 유대인들은 유대 민족이라는 정체성을 정말로 포기하려 했던 것처럼 보인다. 예컨대 로마가 아르메니아 왕국의 통치자들로 삼았던 헤롯 대왕의 아들 알렉산더의 후손들은 "탄생 직후에 유대교를 버리고 그리스인들의 종교로 개종하였다"(요세푸스, 유대고대사 18.141). 그들(혹은 가족)의 결정은 기회주의적인 이유에 기인한 것으로, 로마의 행정부 내에서 직업을 얻기 위한 수단이었다. 필론은 『모세의 생애에 대하여』(Moses)에서 사회적 성공을 위해서 모세와 다른 양상을 보이는 사람들을 비판했다. "친척들과 친구들을 간과하고, 자신들을 태어나게 했고 또한 성장시켰던 율법을 어기는 자들. 이들은 이방 땅에 거주하고, 그곳에서 수용된 관습들을 거리낌없이 받아들임으로 더 이상 자신들의 고대 관습들 중 하나도 기억하지 못한다. 이들은 이런 방식으로 본국의 비난할 이유가 없는 유속(遺俗)을 뒤집어 엎는다"(모세의 생애에 대하여 1.30-31).

필론의 조카이자 유다와 이집트의 유대인 총독이었던 티베리우스 줄리어스 알렉산더(Tiberius Julius Alexander)도 비슷한 행보를 보였던 듯 하다. 요세푸스는 그가 "조상의 관습들을 지키지 않았다"고 말한다(유대고대사. 20.100). 하지만 티베리우스는 한 평생 동료 유대인들과 우호적인 관계를 유지했고, 헤롯 아그립바 왕 2세 및 버니게와 긴밀한 관계를 맺음으로 유대인들의 문제에 지속적으로 관여했다. 이보다 더 이해하기 어려운 부분은 요세푸스가 『유대전쟁사』 7권에서 언급한 안티오쿠스(Antiochus)의 동기이다. "안티오쿠스는 유대 민족 중 하나였고 안디옥에서 유대인들의 총독으로 있었던 그의 아버지로 인해 크게 존경받았다"(유대전쟁사 7.47). 안티오쿠스는 유대 전쟁이 시작되자 다가오는 재앙으로부터 자신의 목숨을 구하기 위해 동족을 비난하는 자가 되었을 것이다. "자신이 개종했다는 사실과 유대적 전통에 증오심를 품고 있다는 점을 보여주기 위해 그(안티오쿠스)는 그리스인들의 방식을 따라 제사를 드렸다"(유대전쟁사 7.50). 이는 유대인이 되는 대안적 방법 하나를 장려하는 데 목적을 둔 사람의 행동이 아니라, 자신이 더 이상 유대인이 아니라는 점을 보여주기 원하는 사람의 행동이었다.

유대교 안의 한 움직임

바울이 살던 시대, 유대교에 가입한 이방인 태생의 개종자와 유대교를 버린 유대인 태생의 배교자가 실제로 존재했었다. 그러나 바울이 경험한 다마스쿠스 사건은 결코 배교가 아니었다. 바울은

"스스로 유대교를 저버리고 있다는 점을 전혀 알지 못했다"는 새뮤얼 샌드멜의 주장처럼, 바울의 경험은 그리 간단하게 말할 수 있는 문제가 아니다.[11] 바울이 예수 운동으로 "개종"하면서 유대교를 버렸다는 주장은 명백히 시대착오적이다. 핀차스 라피데(Pinchas Lapide)는 단 하나의 문장으로 적나라한 진실을 밝히며 그러한 주장을 기각시켰다. "그 당시에 기독교는 없었기 때문에 바울은 기독교인이 된 것이 아니다."[12]

1세기의 예수 운동은 유대교의 메시아적 운동이었지 유대교와 분리된 운동이 아니었다. 유대인으로 태어나 자란 바울은 그의 "개종" 이후에도 여전히 유대인으로 남아 있었다. 그의 종교, 인종, 문화적 정체성에 있어서 변화된 부분은 아무것도 없었다. "그들이 히브리 사람입니까? 나도 그렇습니다. 그들이 이스라엘 사람입니까? 나도 그렇습니다. 그들이 아브라함의 후손입니까? 나도 그렇습니다"(고후 11:22).

그러므로 바울을 논하는데 있어 종교의 이동을 말하는 것은 "완전히 부적절"[13]하고 "오해의 소지가 있는 행위"[14]이다. 마우로 페시

---

11 Samuel Sandmel, *The Genius of Paul* (New York: Farrar, Straus & Cudahy, 1958), 21.

12 Pinchas Lapide and Peter Stuhlmacher, *Paul: Rabbi and Apostle* (Minneapolis: Augsburg, 1984), 47.

13 Lloyd Gaston, *Paul and the Torah* (Vancouver: University of British Columbia Press, 1987), 6.

14 Gager, *Reinventing Paul*, 24.

(Mauro Pesce)가 바르게 관찰했듯이 "바울은 결코 개종하지 않았다. …
그는 그리스어 메타노이아(metanoia)나 동사 메타노에인(metanoein)^{B}을
사용하여 자신의 변화된 삶을 정의한 적이 결코 없었다. … 바울은
배교자가 아니었다. … 바울은 그의 삶을 변화시킨 계시의 경험을
그의 유대적 경험의 내부적인 한 사건으로 해석했다. … 그가 받은
계시는 그의 유대적 정체성을 약화시키지 않았고 심지어 그것을 폐
지하거나 위기에 빠뜨리지도 않았다. 바울은 한평생 유대인으로만
살았다."[15] 그러므로 바울을 논하는데 있어 개종에 관련된 표현들은
완전히 버려져야 한다.

그러므로 학자들은 바울의 경험을 설명할 수 있는 대체적 모델
을 찾기 위해서 그의 경험을 다른 범주들과 연결시키려고 했다. "종
교적 전통 안에서의 개종이라는 모델은 다른 모델보다도 더 적절하
다"[16]고 본 게이저의 뒤를 이은 나노스는 유대교 안에서의 선택에
대해 말한다. "예수를 메시아로 믿는 일과 동일한 신념을 지닌 다른
유대인들과 제휴하는 일은 유대인 집단들 사이에서의 선택을 수반
한다. 그러나 그 선택은 유대교 안에서 이루어진 선택이었기 때문
에 유대적 삶의 방식을 떠남을 의미하지 않는다."[17] 바울의 경험은
기독교와 유대교의 갈림길에서 일어났던 사건이 아니라, 제2성전기
유대교의 다양성 속에서 발생했던 사건으로 이해해야 한다.

---

15 Mauro Pesce, *Le due fasi della predicazione di Paolo. Dall'evangelizzazione
    alla guida delle comunità* (Bologna: Dehoniane, 1994), 13-32. 저자 번역.

16 Gager, *Reinventing Paul*, 25.

17 Nanos, *Reading Paul within Judaism*, 32.

개종이 아닌 부르심

오늘날의 일부 학자들은 바울은 "개종한 것이 아니라 부르심을 받았다"[18]는 스텐달의 표현을 선호한다. 파멜라 아이젠바움의 말에 따르면 바울은 "히브리 선지자들에 의해 예언되었던 독특한 사명을 완수하기 위해 하나님의 부르심을 받은" 유대인이었다. 그리고 그 사명은 유일신, 즉 이스라엘의 하나님에 대한 지식을 세상의 모든 민족들에게 전파하는 일이었다.[19]

"바울은 본인이 개종된 핵심적인 이유를 이방인들을 위한 사명으로 이해했다"[20]는 개념은 단지 현대 학자들의 추론이 아니다. 바울은 갈라디아서를 통해 이방인 선교가 자신의 개종에 핵심적인 역할을 했다고 주장했다. "그러나 나를 모태로부터 따로 세우시고 은혜로 불러 주신 [하나님께서], 그 아들을 이방 사람에게 전하게 하시려고, 그를 나에게 기꺼이 나타내 보이셨습니다"(갈 1:15-16). 바울은 이방인들을 위한 사도라는 본인의 사명을 신적 부르심으로 이해했던 것이다(롬 1:1-6; 11:13).

사도행전에도 이방인들을 향한 바울의 (다가올) 사명에 중요한 비중을 두는 내러티브가 담겨있다. 바로 예수가 직접 "환상 가운데서" 바울을 아나니아에게 소개하는 장면이다. "그는 내 이름을 이방 사

---

18 Krister Stendahl, *Paul among the Jews and Gentiles* (Minneapolis: Fortress, 1976). [= 『유대인과 이방인 사이에 있는 바울』, 감은사, 2021]

19 Pamela Eisenbaum, *Paul Was Not a Christian: The Original Message of a Misunderstood Apostle* (New York: HarperOne, 2009), 3.

20 Gager, *Reinventing Paul*, 27.

람들과 임금들과 이스라엘 자손들 앞에 가지고 갈, 내가 택한 내 그릇이다"(행 9:10-15).

하지만 바울의 삶(과 그의 종교적 신념)에 이방인들을 위한 사명을 제외하고는 아무런 변화가 일어나지 않았다는 주장에도 역시 오해의 소지가 있다.

첫째로, 기독교가 유대교와 분리된 종교로 아직 존재하지 않았다는 표현은 옳지만, 예수 운동은 유대교 안의 독특한 집단으로서 이미 존재하고 있었다. 그 어떤 경우에서도 이 부분에 관련된 내용을 축소시켜서는 안된다. 자신의 경험을 (예언적) "부르심"이라기 보다는 (묵시적) "나타나심[계시]"(갈 1:12)으로 표현한 바울은 예수 운동의 급진성에 대해 언급했다. 즉, 바울은 유대교를 버린 것이 아니라 유대교 안의 한 집단에서 다른 집단으로 옮겨간 것이다.

오늘날에도 개혁주의 유대인이 초정통파 유대인이 되거나 혹은 그 반대가 발생할 경우, 많은 사람들이 그런 현상을 개종의 측면에서 표현하려는 유혹을 받는다. 개종이라는 표현이 확실히 적절치 않음에도 불구하고 말이다. 이처럼 바울의 개종은 다른 종교로의 개종이 아니라 유대교 안에서의 이동이었다. 그렇다고 해도 그 이동이 개종보다 덜 극적인 경험이라고 말할 수는 없다. 바울의 이동은 그의 모든 삶과 세계관을 재조정했고, 유대교에 대한 그의 이해를 변화시켰기 때문이다. 그의 이동은 유대인이 되는 것이 무엇인지에 대한 급진적인 재평가를 의미하기도 했다. "나는 내게 이로웠던 것은 무엇이든지 그리스도 때문에 해로운 것으로 여기게 되었습니다. 그뿐만 아니라, 내 주 예수 그리스도를 아는 지식이 가장 고귀하므로, 나는 그 밖의 모든 것을 해로 여깁니다. 나는 그리스도 때문에 모든 것을 잃었고, 그 모든 것을 오물로 여깁니다"(빌 3:7-8).

둘째, 바울은 예수의 메시지가 이방인들에게만 허용된 전유물로 이해하지 않았다. 오히려 유대인들에게 먼저 전해진 후 그 다음에 이방인들에게 주어진 동일한 메시지로 이해했다. "도리어 그들은, 베드로가 할례받은 사람에게 복음을 전하는 일을 맡은 것과 같이, 내가 할례받지 않은 사람에게 복음을 전하는 일을 맡은 것을 알게 되었습니다. 그들은, 베드로에게는 할례받은 사람에게 복음을 전하게 하시려고 사도직을 주신 분이, 나에게는 할례받지 않은 사람에게 복음을 전하게 하시려고 사도직을 주셨다는 사실을 깨달았습니다"(갈 2:7-8).

이러한 바울의 모습은 사도행전의 내러티브—바울이 이방인들과 왕들 앞에서, 그리고 이스라엘 민족들 앞에서 설교하는 모습을 담고 있는 내러티브—와 일치한다(행 9:15). 바울은 (예수가 직접 아나니아와 다마스쿠스의 예수 추종자들에게 처음으로 알렸던[행 9:1-19]) 자신의 개종에 대한 이야기를 사도행전에서 두 번이나 일관되게 반복한다. 먼저는 예루살렘에 있는 이스라엘 민족들에게 (아람어로) 알렸고 ("형제들과 아버지들"[행 22:1-16]), 그 다음에는 가이사랴에 있는 아그립바 왕 2세와 버니게와 로마의 총독 베스도에게 알렸다(행 26:9-18).

사도행전에 따르면 바울의 첫 번째 사명은 그의 동료 유대인들을 향했다. "그런 다음에 그는 곧 여러 회당에서 예수가 하나님의 아들이심을 선포하였다." 여기에는 그 어떤 이방인들도 개입되지 않았다. 바울은 "예수가 그리스도이심을 증명하면서, 다마스쿠스에 사는 유대 사람들을 당황하게 하였다"(행 9:20-22).

사도행전과 갈라디아서를 보면 바울이 부르심을 받았던 때로부터 이방인을 위한 그의 사역이 시작되기까지 많은 세월이 흘렀음을 알 수 있다. 바울이 다마스쿠스로 가는 길에서 받았던 계시는 그를 즉시 이방인의 사도로 만들지 않았고 우선 예수의 추종자로 만들었다.

분명 제2성전기 유대교는 많은 집단들로 나뉘어져 있었다. 새로운 운동에 가담한 많은 초기의 (유대인) 구성원들은 자신들이 자라났고 어느 정도 가깝게 연결되어 있던 다른 유대인 집단들에서 옮겨왔다. 우리는 사도행전을 통해 예수 운동의 구성원들이 이전 소속에 따라 식별되는 경향을 살펴볼 수 있다.

히브리인들과 대조되는 헬레니즘계 유대인들(스데반과 그의 동료들과 같은 자들)은 헬레니즘계 유대인 공동체에서 왔다(행 6:1-6). 사도행전은 세례를 받은 이방인들이 구원을 받으려면 반드시 "할례를 받고 모세의 율법을 지켜야 한다"는 주장을 예루살렘 공의회에서 피력한 예수 추종자들을 "바리새파"에 속한 자들로 정의한다(행 15:5). 흥미롭게도 바울은 이 무리들 중에 있지 않고 저들의 가장 격렬한 반대자들 가운데 있었다(행 15:12).

바울서신들과 사도행전에 의하면 바울은 (특히 부활 교리를 논하는데 있어) 자신을 바리새인으로 언급했다. 헨리 새커리(Henry Thackeray)를 시작으로 현대 신학자들은 바울신학에 나타나는 다수의 "바리새주의적" 요소들을 강조해 왔다.[21] 그러나 바울은 "예수 그리스도의 계시"를 받은 이후로 바리새주의 운동과 함께 하지 않고 예수 운동과 함께 했다. 바울은 예수 운동에 동조하는 바리새인으로 남아 있지 않았다. 그는 새로운 운동에 합류했고, 그 운동의 지도자들 중 하나가 되었다. 예수 운동에 합류하자마자 그는 옛 바리새인이 되었던 것이다. 그러나 옛 바리새인이 되었다고 해서 바울이 바리새인이 믿는 모든 교리들을 부인했다는 의미는 아니다. 특히 종말, 메시아의 도래, 죽은 자의 부활, 최후의 심판 등과 같은 종말적 사상들은 바울 사상의 중심에 항상 남아 있었다.

바울의 옛 바리새인 됨이 그를 옛 유대인으로 만들지도 않았다. 바울에게는 반유대주의(anti-Judaism)가 없다. 바울이 반유대인이었다고 말하는 것은 마르틴 루터가 반기독교인이었다고 말하는 것과 같다. 루터는 교황을 적그리스도로 지칭할 정도로 반가톨릭적이었음에도 불구하고 반기독교인은 아니었다. 루터는 로마 가톨릭에 반대했지 기독교에 반대하지 않았다. 그는 개신교를 기독교의 대체 종교로 보지 않았고, 기독교의 최고봉이자 진정한 형태로 보았다.

이처럼 다른 유대인 집단을 향한 논란이 존재한다고 해서, 그 논란이 바울을 옛 유대인이나 반유대주의자로 만들지는 않는다. 바울의 기독교는 유대교의 한 형태였고, 그의 서신들은 제2성전기의 문

---

21 Henry St. John Thackeray, *The Relation of St. Paul to Contemporary Jewish Thought* (London: Macmillan, 1900).

서들이었다. 바울은 유대교를 거부하지 않았다. 그는 단지 유대교 안의 다른 집단들이 고수하는 경쟁적 형태들을 반대했을 뿐이다. 바울은 예수 운동을 유대교의 대체 종교로 보지 않았다. 대신 유대교의 최고봉이자 진정한 형태로 보았다.

그러므로 바울을 유대교의 변질자나 원수로 볼 수 없다. 게다가 그의 기독교인 정체성과 유대인 정체성이 각각 자신의 옳음을 주장하기 위해 내면에서 충돌을 일으키는 조현병 환자도 아니었다. 바울의 기독교는 바울의 유대교, 즉 그의 유대교(Judaism) 사상이었다. 하나님께서 "자기 백성을 버리신 것"일지 모른다는 생각은 바울의 마음에 떠오르지 않았다(롬 11:1). 바울은 유대교의 사생아가 아니라 유대인 형제자매와 논쟁하는 그들의 형제였다.

결론

바울은 결코 개종한 적이 없었다. 그는 "개종" 이전에도 유대인이었고, "개종" 이후에도 유대인으로 남아 있었다. 그는 유대인으로 태어나, 유대인으로 살았고, 또한 유대인으로 죽었다. 결코 바울에게 옛 유대인이나 유대인들의 옛 구성원이라는 딱지를 붙여서는 안 된다. 바울에게 임한 계시의 "변혁적 경험"은 그의 삶과 유대교를 이해하는 방식을 근본적으로 바꾸어 놓았지만[22] 그 경험을 "개종"으로 불러서는 안 된다. 바리새인 정당에서 예수 운동으로 전환할 때

---

22 Laurie Anne Paul, *Transformative Experience* (New York: Oxford University Press, 2014).

바울은 그의 유대성을 조금도 잃지 않았다. 그는 "변혁적 경험" 이후에도 여전히 제2성전기 유대교에 있는 다양성의 울타리 안에 머물렀다.

바울이 살던 시대에 존재했던 예수 추종자들이란 집단은 다른 종교가 아니라 유대교의 메시아적 운동이었다. 이것이 의미하는 바가 정확히 무엇일까? 초기 기독교의 메시지를 하나님 나라의 임박한 도래나 혹은 기대했던 메시아로서의 예수에 대한 포괄적인 내용으로 줄이는 행위는 지나친 단순화이다. 마찬가지로 바울을 단지 도래할 메시아의 이름을 계시로 받은 바리새인이요, 본인이 마지막 때를 살고 있다고 믿는 바리새인으로 보는 관점도 지나친 단순화이다.

윌리엄 D. 데이비스의 결론처럼, 바울은 "메시아가 이미 도래했다고 생각하는 부분에서만 다른 랍비 유대인들과 생각을 달리하는 일개의 랍비 유대인"은 아니었다.[23] 그는 "새로운 묵시적 유대교 종파"[24]에 합류한 옛 바리새인이었다.

이방인의 사도로 알려지기 전, 바울은 예수 운동의 일원이 되었

---

23 E. P. Sanders, *Paul and Palestinian Judaism: A Comparison of Patterns of Religion* (London: SCM, 1977), 11. [= 『바울과 팔레스타인 유대교』, 알맹e, 2018]

24 Alan F. Segal, *Paul the Convert: The Apostolate and Apostasy of Saul the Pharisee* (New Haven: Yale University Press, 1990), 6. 비록 나는 "개종자"와 "개종"이라는 용어가 적절하지 않다고 생각하지만, 바울을 유대교 내에서 종말적 형태의 유대교로 "개종"한 바리새인으로 이해하는 Segal의 핵심 입장에는 동의한다.

다. 그 후에는 예수 운동 안에서 이방인들을 향한 사명에 특별한 중점을 두고 자신의 사도직을 점진적으로 특성화시켰다. 이방인의 사도로서의 바울이 있기 전에 예수 추종자로서의 바울이 먼저 있었다. 예수를 믿는 바울의 믿음이 그를 덜 유대인이 되게 만들지 않았다. 유대교에 대한 그의 견해가 극적으로 새조정되었을 뿐이나. 그러므로 바울에 대한 연구는 다음과 같은 질문들을 피할 수 없다. 제2성전기의 맥락에서 볼 때, 초기 예수 운동은 무엇에 관한 운동이었는가? 바울과 같은 유대인이 예수 운동에 가입했다는 사실은 무엇을 뜻하는가? "수만 명"의 바울과 같은 유대인들(행 21:20)이 예수를 메시아로 인식하고 또한 "예수 그리스도의 이름으로" 세례를 받았다는 의미는 무엇인가(행 2:38)?

Chapter 3

Paul the Apocalyptic Jew

묵시적 유대인, 바울

PAUL'S THREE PATHS TO SALVATION

제3장
묵시적 유대인, 바울

유대인 바울의 묵시적 세계관

바울 사상의 묵시적 틀에 대한 학자들의 관심이 점차 높아지고 있다. 파울라 프레드릭슨의 말을 빌리자면, 바울은 "묵시적 소망들로 찬란하게 빛나는 유대인들의 세상"[1] 안에 살았다. 바울은 자신이 역사의 마지막 순간에 살고 있다고 굳게 믿고 있었다. 그러므로 바울의 도덕적 진술들을 임박한 종말적 맥락 밖에서 이해하려 한다면 대부분 말이 되지 않는다. 바울이 말했듯이, "때가 얼마 남지 않았으니… 이 세상의 형체는 사라지게"(고전 7:29-31) 된다. 이방인들을 향한 그의 사명도 "종말" 즉, 이스라엘이 회복되고 열방들이 합류될 때가 임박한 시기를 살고 있다는 믿음에서 기인했다.

---

1   Paula Fredriksen, *Paul the Pagans' Apostle* (New Haven: Yale University Press, 2017), xii. [= 『바울, 이교도의 사도』, 도서출판 학영, 2022]

바울은 하나님께서 이 세상을 언제라도 끝내실 수 있다고 믿었다(살전 1:10; 5:3). 그는 데살로니가 교인들에게 "살아 남아 있는 우리"가 "주님께서 오시는 사건"을 경험하리라는 확신을 반복적으로 말하기도 했다(살전 4:15-17). 게다가 로마의 교인들에게는 종말이 날마다 가까이 오고 있다고 거듭해서 말하기까지 했다. "여러분은 지금이 어느 때인지 압니다. 잠에서 깨어나야 할 때가 벌써 되었습니다. 지금은 우리의 구원이 우리가 처음 믿을 때보다 더 가까워졌습니다. 밤이 깊고, 낮이 가까이 왔습니다"(롬 13:11-12).

그러나 세상의 끝, 메시아의 도래, 최후의 심판, 그리고 그와 관련된 미래의 사건들—이스라엘의 회복과 비유대인들의 합류—에 관한 종말적 기대만으로는 바울의 묵시적 사고의 모든 양상들을 설명하기에 역부족이다.

바울서신들은 초인간적인 악의 세력들에 대한 언급들로 가득 차 있다. "이 세상의 신"(고후 4:4)과 "이 악한 세대[의 신]"(갈 1:4b)는 마귀이고, 바울은 그를 "사탄"(롬 16:20) 혹은 "벨리알"(고후 6:15)이라고 부른다. 그 존재는 반항적인 천사이며, 그 통치는 거의 끝나가고 있다. "평화의 하나님께서 곧 사탄을 쳐부수셔서 여러분의 발 밑에 짓밟히게 하실 것입니다"(롬 16:20)라는 바울의 표현은 뱀에 대한 하나님의 저주와 이브의 후손에 대한 하나님의 약속을 연상시킨다(창 3:15). 바울은 분명 세상의 끝을 우주적 악의 세력들과의 전쟁으로 이해하고 있다. "그때가 마지막입니다. 그때에 그리스도께서 모든 통치와 모든 권위와 모든 권력을 폐하시고, 그 나라를 하나님 아버지께 넘겨드리실 것입니다. 하나님께서 모든 원수를 그리스도의 발 아래에 두실 때까지, 그리스도께서 다스리셔야 합니다. 맨 마지막으로 멸망 받을 원수는 죽음입니다"(고전 15:24-26). 바울은 모든 피조물이 고통 속에서 "함께 신음하고" 또한 "썩어짐의 종살이에서 해방"되기를 열망한다고 묘사했다(롬 8:18-25).

오랫동안 신약성서학은 (페르디난트 크리스티안 바우어[Ferdinand Christian Baur]를 시작으로) 위에 언급된 내용들이 바울의 더 넓은 신학을 이해하는 데 그다지 중요하지 않다고 경시해왔다. 율리우스 벨하우젠(Julius Wellhausen)과 같은 전문가들도 묵시주의를 "후기" 유대교에서 나타난 신학적 퇴보 중 하나로 일축해 버렸다. "묵시주의는 탁상공론적 추측, 종파적 비융통성, 이기적 특수성, 윤리적 수동성, 케케묵은 세계관에 대한 집착, 그리고 소생할 수 없고 해서도 안 되는 오해의 소지가 농후한 언어에 대한 집착을 고수한다."[2]

오직 소수의 학자들(특히 R. H. 찰스[R. H. Charles]와 같은 학자들)만이 유대교의 묵시적 세계관(혹은 적어도 제2성전기 유대교의 묵시적 경향들)이 기독교의 기원을 설명하는 일과 관련되어 있다는 점을 진지하게 받아들였다.[3] 바울의 묵시적 범주들이 연구의 가치가 있다고 판단한 사람들[4]이나 알버트 슈바이처가 내린 다음과 같은 결론을 지지하는 사

---

2   N. T. Wright, *The Paul Debate: Critical Question for Understanding the Apostle* (Waco, TX: Baylor University Press, 2015), 136을 보라.

3   R. H. Charles, *Religious Development between the Old and the New Testaments* (London: Williams & Norgate, 1914).

4   Otto Everling, *Die paulinische Angelologie und Dämonologie: ein biblisch–*

람들의 수는 더욱 적었다. "바울은 천사와 같은 존재들이 인간을 지배하는 힘을 지니고 있는 이상 [인간이] 하나님 안에 거주하는 것은 불가능하다고 봤다. … 일반적으로 세상의 악은 마귀들로부터 나온다는 개념이 유대교의 종말론이다. … 메시아의 왕국이 이런 현실에 마침표를 찍는다는 사상이 구원이란 개념을 가장 간략히 요약한 표현이다."[5]

루돌프 불트만(Rudolf Bultmann)에 의하면, 묵시적 범주들은 반드시 "탈신화화"되어야 했다. 그 범주들은 "신화적으로 세상을 이해하는 사고를 시대에 뒤쳐진 방법이라고 굳게 믿고 있는 현대인들에게는 받아들여질 수 없는 것들"이기 때문이다.[6] 불트만은 고대의 묵시적 메시지에 담긴 내용보다 이러한 방법을 거부하려고 의도했었다. 하지만 그의 견해는 사람들로 하여금 유대적 묵시주의를 시대에 뒤떨어진 신화적 세계관으로 여기고 또한 거부하도록 하는데 기여했다.

유대적 묵시주의에 반대하는 신약성서학의 오래된 편견은 샌더스의 주장에서 여전히 드러난다. "바울의 관점과 묵시주의 사이에 나타나는 유사성은 세부적이라기보다 일반적이다. 바울은 시간이

---

theologischer Versuch (Göttingen: Vandenhoeck & Ruprecht, 1888); Richard Kabisch, *Die Eschatologie des Paulus in ihrer Zusammenhangen mit dem Gesamthegriff des Paulus* (Göttingen: Vandenhoeck & Ruprecht, 1893).

5   Albert Schweitzer, *The Mysticism of Paul the Apostle* (London: Adam and Charles Black; New York: Holt, 1931), 3, 55. German ed.: *Die Mystik des Apostels Paulus* (Tübingen: Mohr Siebeck, 1930).

6   Rudolf Bultmann, *Kerygma and Myth* (1953; New York: Harper and Row, 1961), 3.

나 때를 계산하지 않았다. 그는 종말에 대한 예측을 짐승이 등장하는 환상을 통해 언급하지 않았고, 그 어떠한 묵시문학의 문학적 장치들도 언급하지 않았다."[7]

그러나 1970-1980년대에 클라우스 코호(Klaus Koch), 발터 슈미탈스(Walter Schmithals), 폴 핸슨(Paul Hanson), 크리스토퍼 롤런드(Christopher Rowland), 그리고 존 콜린스[8]와 같은 학자들에 의해 추진된 묵시주의의 "재발견"은 이 분야에 대한 가치를 회복시켰고, 바울의 묵시적 요소들을 바울신학의 핵심적인 요소들로 바라보던 신세대 바울 전문가들에게 영감을 불어 넣었다.

이러한 연구로부터 직접적인 영감을 받아 "묵시적 바울"을 연구의 핵심으로 삼은 해석학파도 등장했다. J. 크리스찬 베커(Christiaan Beker)와 J. 루이스 마틴(Louis Martyn)과 같은 학자들은 바울의 메시지의 중심에 "악의 세력들에 대한 하나님의 승리"[9]가 있고, 바울이 전

---

7   E. P. Sanders, *Paul and Palestinian Judaism: A Comparison of Patterns of Religion* (London: SCM, 1977), 542.

8   Klaus Koch, *Ratlos vor der Apokalytik* (Gütersloh: Gütersloher Verlagshaus Gerd Mohn, 1970); Walter Schmithals, *Die Apokalyptik: Einführung und Deutung* (Göttingen: Vandenhoeck & Ruprecht, 1973; Paul D. Hanson, *The Dawn of Apocalyptic: The Historical and Sociological Roots of Jewish Apocalyptic Eschatology* (Philadelphia: Augsburg, 1975); Christopher Rowland, *The Open Heaven: A Study of Apocalyptic in Judaism and Early Christianity* (London: SPCK; New York: Crossroad, 1982); John J. Collins, *The Apocalyptic Imagination: An Introduction to the Jewish Matrix of Christianity* (New York: Crossroad, 1984).

9   J. Christiaan Beker, *Paul's Apocalyptic Gospel: The Coming Triumph of God*

한 구원은 개인적인 문제라기보다 집단적인 문제이며, 바울이 외친 복음은 무엇보다도 악의 세력으로부터의 해방이라는 점을 논증했다. "예수의 죽음은 … 개인의 죄와 개인의 용서가 아니라 집단의 노예화와 집단의 해방에 대한 죽음이다."[10]

바울에게 있어서 묵시적 세계관은 쉽게 떼어지거나 한쪽으로 치워둘 수 있는 신화적 장신구 따위가 아니다. 묵시적 세계관은 바울신학의 모든 측면들을 형성하고, 또한 바울이 그의 서신에서 다루거나 독자들과 논의하는 모든 문제들을 형성하는 본질적인 틀이다.

"바울이 수용한 묵시주의의 기원은 … 하나님께서 그리스도와 당신의 영을 악한 현세에 보내심으로 그 공간 안으로 침략해 들어오셨다는 확신에 있다."[11] 여기에서 바울은 세 종류의 천상적 행위자를 구별하는데, 곧 하나님, 메시아, 그리고 피조계 통치를 위해 싸우는 "하나님이 아닌 초인적인 권세들"이다. 이 세상은 악한 세력들의 손아귀에 있다. 그리스도 사건은 하나님으로 하여금 그런 세상에 침입해 들어오셔서 당신의 통치를 세상과 세상을 지배하고 있는 악

(Philadelphia: Fortress, 1982); J. Louis Martyn, *Galatians*, Anchor Bible 33A (New York: Doubleday, 1997) [= 『앵커바이블 갈라디아서』, CLC, 2018]; Richard Bell, *Deliver Us from Evil: Interpreting the Redemption from the Power of Satan in New Testament Theology*, WUNT 216 (Tübingen: Mohr Siebeck, 2007).

10   Martyn, *Galatians*, 101.

11   Martyn, *Galatians*, 98.

의 세력들을 상대로 회복하도록 한다. 바울은 자신이 두 시대의 교차점 즉, 예수 사건이 악의 세력들을 이미 무장해제시켰지만 아직 그것들을 완전히 파괴하지는 않은 독특한 역사적 순간에 있음을 발견한다. 비록 사탄과 악의 세력들은 예수의 죽음과 부활에 의해 심판을 받았지만, 저들의 세력은 최후의 심판을 통해서 완전히 파괴될 때까지 현세에 남아 하나님의 사람들을 상대로 해로운 잔여(殘餘) 힘을 행사한다.

묵시적 바울(apocalyptic Paul)을 연구하는 학파는, 바울이 그의 서신에 언급한 문제들이 무엇이었든지 간에, 그 문제들을 유대교의 묵시주의가 수용한 이원론적 틀 안에서 이해해야 함을 상기시킨다. 바울의 관점에 따르면 개인의 구원 문제는 우주적 함의를 지니고 있으며 또한 집단적 차원으로부터 분리될 수 없다.

유대교 묵시주의가 말하는 악의 기원

유대교의 묵시주의에 대한 최근의 연구들은 초인간적 대리자들(superhuman agents)에 의해 야기된 악의 힘으로부터 우주를 해방시키는 문제가 실로 제2성전기의 많은 유대인들의 주된 관심사였음을 확인해 주었다.[12] 묵시주의(Apocalypticism)는 복잡한 세계관이었다. 그것

---

12 Paolo Sacchi, *Jewish Apocalyptic and Its History* (Sheffield: Sheffield Academic Press, 1996); Gabriele Boccaccini, *Roots of Rabbinic Judaism: An Intellectual History, from Ezekiel to Daniel* (Grand Rapids: Eerdmans, 2002); Miryam T. Brand, *Evil Within and Without: The Source of Sin and Its Nature as Portrayed in Second Temple Literature* (Göttingen: Vandenhoeck & Ruprecht,

은 더 나은 미래에 대한 평범한 기대 정도가 아니었다. 묵시주의는 악의 초인간적 기원에 대한 문제를 다루었다. 도래할 세상에 약속된 영원한 평화는 타락과 부패가 있는 현재 상황의 역전이자 천사들의 죄로 인해 훼방된 우주의 본연적 선(本然的 善)의 회복으로 여겨졌다. 종말론은 보다 나은 미래에 대한 희망이니 인류의 발전에 대한 낙관론에서 탄생하지 않았다. 그것은 비관적 시초론의 산물이었다.

불행히도 우리는 원죄에 대한 후대 기독교의 추측들로부터 많은 영향을 받았다. 그러므로 후대 기독교의 사상들을 고대의 유대 문헌에 역(逆)으로 전이 시킨다는 두려움으로 인해 원죄 개념에 대한 제2성전기 유대교의 뿌리들을 인정하지 않으려 할지도 모른다. 그러나 우리는 『에녹1서』(1 Enoch), 다니엘서, 그리고 『희년서』(Jubilees)와 같은 문서들을 통해 제2성전기 유대교에 악의 기원에 대한 열띤 논쟁이 있었음을 알 수 있다. 묵시적 진영에 속한 많은 사람들은 악의 근원을 하나님의 뜻이나 인간의 죄에 의한 결과로 보지 않고, 초인적인 천사들의 반란으로 이해한다.

"마스터 내러티브(master narrative)는 더 큰 공동체에서 기초가 되는 이야기이다. … 카운터 스토리(counterstory)는 마스터 내러티브의 세계관과 경쟁하는 이야기이다. 내러티브 자체를 지우려 하지 않고, 그 문학적 망(web)에 중대한 변화들을 만들어 냄으로써 경쟁한다. 그 결

2013).

과 새롭게 복원된 내러티브는 전혀 다른 의미를 전달하게 된다."[13] 『감찰자들의 책』[A]의 묵시적 "카운터 스토리"는 우주적 반란(타락한 천사들의 맹세와 행동들)[B]에 의한 창조 질서의 붕괴에 초점을 맞추고 있다. 에녹계 유대인들(Enochians)은 "마스터 내러티브", 즉 모세의 율법이 전달했던 안정과 질서에 대한 개념에 반대하여, 하나님께서 세우신 질서는 현재의 무질서로 대체되었기 때문에 질서는 더 이상 존재하지 않는다고 논증한다. "모든 세상이 아사엘(Asael)의 [자발적] 행위에 기인한 그의 가르침 때문에 타락하였다. 그러니 그의 몸 위에 모든 죄들을 기록하여라"(에녹1서 10:8).[C] 에녹계 전통의 해석에 따르면, "하나님의 아들들"[D]의 반역은 단순히 인류의 고대사를 특징짓는 과거의 죄들 중에 하나가 아니다. 그들의 반역은 모든 죄들의 어머니, 즉 하나님의 피조계를 타락시켰고 오염시켰던 원죄였고, 악이 끊임없이 생성되어 세상에 퍼져 나가도록 한 타락의 원흉이었다. 반역한 천사들은 하늘과 땅을 구분하는 경계를 이탈함으로써[E] 하나님께서 창조 때 세우셨던 경계를 파괴해 버렸다. 이로 인해 방출된 혼돈의 세력들은 인간들을 (인간들이 야기하지도 않았고 저항할 수도 없었던) 악의 희생자로 단죄했다.

하나님의 대응과 그에 따른 홍수[F]에도 불구하고, 피조계의 신적

---

13 Helge S. Kvanvig, "Enochic Judaism—a Judaism without the Torah and the Temple?" in Gabriele Boccaccini and Giovanni Ibba, eds., *Enoch and the Mosaic Torah: The Evidence of Jubilees* (Grand Rapids: Eerdmans, 2009), 164; cf. H. Lindemann Nelson, *Damaged Identities, Narrative Repair* (Ithaca, NY: Cornell University Press, 2001), 6–20, 150–88.

질서는 회복되지 않았다. 우주는 예전의 상태로 돌아가지 않았기 때문이다. 미가엘(Michael)이 이끄는 선한 천사들은 세미하자(Shemihaz-ah)와 아사엘(Asael 혹은 아자젤[Azazel])이 이끄는 모든 악한 천사들을 제압했다. 그러나 승리는 반역자들의 죽음이나 굴복으로 이어지지 않았다. 그 대신 "두다엘(Dudael)에 있는 광야 안에," 즉 타락한 천사들이 갇혀 있는 "땅의 바위들 밑에 뚫려 있는 구멍 안"에 저들이 감금되는 것으로 이어졌다(에녹1서 10:4-6; 11-12). 그리고 거인들, 곧 불사의 천사들과 불사하지 못하는 여인들의 그릇된 성적 연합을 통해 탄생한 자녀들의 불사하지 못하는 육체가 죽임을 당했다(에녹1서 10:9-10). 하지만 불사하는 그들의 영혼들은 악한 영들로 살아남아 세상을 계속해서 떠돌았다(에녹1서 15:8-10).[G] 인간들은 홍수에 의해 대거 죽었지만 노아의 가족들이 살아남았기 때문에 인류가 전멸하지는 않았다(에녹1서 10:1-3). 하나님께서는 "심판의 큰 날"을 위해 예비해 두신 "불"을 사용하시지 않고 물을 사용하셨다. 그러므로 피조계는 씻김을 받았지만 완전히 정화되지는 않았던 셈이다(에녹1서 10:6). 이러한 개념이 아무리 불편하다고 할지라도 하나님의 대응은 악을 제한시켰지 근절하지 않았다. 세상은 여전히 악의 세력들에 의해 지배를 받고 있다. "칠십 세대"의 시간이 "영원한 심판이 끝날 때까지" 정해졌다(에녹1서 10:12).

에녹계 유대교(Enochic Judaism)는 새로운 개념, 다시 말해 죽음과 역사를 넘어 최후의 심판과 변호의 시간으로서의 "종말"이란 개념을 유대교에 처음 소개했다. 예언적 전통(prophetic traditions) 안에서 하나님의 (결말이 나지 않는) 개입의 선언으로 여겨졌던 부분이, 에녹계 전통에서는 최후의 격변적 사건에 대한 기대로 바뀌었다. 그 사건은 곧 하나님의 "첫 번째" 창조에 마침표를 찍고, "두 번째" 창조—예전의 창조와 불연속적이며 질적으로 다른 새로운 세상의 창조—의 시작을 알리는 사건이었다. 묵시적 종말론(eschatology)은 시초론(protology)으로부터 나왔던 것이다.

에녹계 유대교와 모세의 율법

고대 유대교의 묵시주의를 분석함에 있어 악의 초인간적 기원에 관한 교리가 개인의 구원과 인간의 자유의지와 어떠한 관련이 있는지를 묻는 질문은 중요하다. 모세의 토라(torah) 안에서 법적 자료들에 대한 구체적인 언급의 부재는 존 콜린스(John Collins)를 비롯한 제2성전기 전문가들로 하여금 에녹계 유대교를 "비(非)모세적" 형태의 유대교로 바라보게 만들었다.[14] 그렇다면 "비모세적"이라는 표현은 "반(反)모세적"이라는 의미일까? 에녹계 유대교가 토라를 향해 보이는 실제 태도에 대해서는 학자들의 의견이 분분하다. 하나의 극단적인 예로 파올로 사치(Paolo Sacchi)는 이렇게 주장했다. "에녹계 문서에 토라에 대한 언급이 전혀 없다는 점을 단순한 생략 정도로 간주할 수 없다. 에녹계 유대인들은 모세의 토라를 결코 받아들

---

14   John J. Collins, *The Invention of Judaism: Torah and Jewish Identity from Deuteronomy to Paul* (Oakland: University of California Press, 2017).

이지 않았다."[15] 조지 니켈스버그(George Nickelsburg)도 "에녹계 지혜"를 "모세 토라의 대안"으로 언급했던 적이 있다.[16] 하지만 E. P. 샌더스 (Sanders)는 에녹계 사상을 "언약적 율법주의"(covenantal nomism)와 양립할 수 있는 체계로 보았다.[17]

에녹에게 임한 계시가 모세에게 임힌 계시보다 빠르다고 주장된 것은 사실이다. 또한 어떤 면에서도 전자가 후자에 종속되지 않았다. 그러나 에녹계 문서 그 어디에서도 모세의 토라를 반대하는 논쟁을 찾아볼 수 없다. 토라에 대한 가장 명시적인 언급은 『주(週)간의 묵시』(Apocalypse of Weeks)에서 발견된다.[H] 이 문헌에 따르면 토라는 하나님께서 "네 번째 주"(fourth week)에 "모든 세대들을 위한 법"(에녹1서 93:6)으로 주신 선물, 즉 영원히 지속되기로 예정된 소중한 선물이다. 또한 이 선물은 악의 확산을 제한하기 위해 하나님께서 제정하신 치료제로서 제1성전(First Temple)과 함께 언급된다.

그러므로 모세의 토라와 연관된 에녹계 유대교의 문제(모세의 토라 안에서 나타나는 법적 자료들에 대한 구체적인 언급의 부재 - 역주)는 율법(law)에 대한 직접적인 비판에서 비롯된 것이 아니라 시초론의 산물로 봐야

---

15 Luca Arcari, "The Book of the Watchers and Early Apocalypticism: A Conversation with Paolo Sacchi," *Henoch* 30.1 (2008): 9–79 (23쪽에서 인용).

16 George W. E. Nickelsburg, "Enochic Judaism: An Alternative to the Mosaic Torah," in *Hesed Ve–Emet: Studies in Honor of Ernest S. Frerichs*, ed. Jodi Magness and Seymour Gitin, BJS 320 (Atlanta: Scholars Press, 1998) 123–32.

17 E. P. Sanders, *Paul and Palestinian Judaism: A Comparison of Patterns of Religion* (London: SCM, 1977). [= 『바울과 팔레스타인 유대교』, 알맹e, 2018]

한다. 즉, 앞에 언급한 문제는 천사들의 반역으로 인해 사람들이 세상—초인간적인 악의 존재들이 훼방을 놓고 있는 세상—에서 그 어떤 법들도(모세의 토라까지도) 지키기 어렵게 되었다는 점을 인식하는 데서 비롯되었다. 그렇다. 토라 자체가 문제는 아니었다(토라의 신적 기원은 결코 의심되거나 무시되지 않았다). 인간이 선한 일을 행하는 데 어려움을 겪고 있으며, 그와 같은 부정적인 상황은 사람과 모세의 토라의 관계에 영향을 끼친다는 점이 문제였다. 초점이 모세에서 에녹으로 이동한 것이 아니다. 초점은 인간의 책임에 대한 신뢰에서 인간의 과실과 죄책이라는 드라마로 이동했다. 모세의 토라의 중심에는 하나님의 법(God's laws)을 따라야 하는 인간의 책임이 있지만(아담과 이브의 에덴 동산 사건처럼), 에녹계 유대교의 중심에는 모든 인류를 희생자로 만드는 패러다임이 있다.[1]

하지만 에녹계 문헌은 그 어디에서도 인간의 자유를 부정하거나 그들이 저지른 범죄의 결과로부터 무죄하다고 말하지 않는다. 에녹계 전통이 말하는 악은 인간의 선택(선을 택할 것이냐 악을 택할 것이냐에 대한 자유의지적 문제 - 역주)에 영향을 끼친다. 하지만 "불법(lawlessness)은 땅에 보내어진 것이 아니라 사람이 스스로 만들어 낸 것이다. 그리고 불법을 행하는 자들은 큰 저주를 받게 된다. … 인간들의 모든 불의한 행위들은 심판의 그날까지 날마다 기록된다"(에녹1서 98:4-8). 타락한 천사들에 대한 신화가 만들어진 목적은 에녹계 유대인들이 악하고 타락했다고 여겼던 세상에 대한 책임으로부터 하나님의 무죄(無罪)를 주장하기 위함이었다. 이러한 목적에 인간의 책임을 부정하려는 의도는 없다. 에녹계 사상의 체계 속에서 인간의 책임과 인간의 희생이라는 모순된 두 개념은 절대적 결정론(absolute determinism)의 스킬라(Scylla)와 이와 동등한 절대적 반결정론(absolute anti-determinism)의 카립디스(Charybdis) 사이에 공존해야만 했다.⌐ 두 개의 극단적 개념들 중에서 하나만 선택한다면, 모든 에녹계 시스템은 하나님을 악의 무자비한 근원으로 정죄하거나, 혹은 하나님을 무죄한 피조물들을 부당하게 내려치는 채찍으로 정죄하는 방향으로 붕괴하게 된다.

에녹계 유대교를 토라에 "대항"하거나 토라가 "없는" 유대교의 한 형태로 보는 관점이 잘못된 이유가 바로 여기에 있다. 에녹계 유대교는 (모세의 토라와) "경쟁하는 지혜"가 아니었다. 보다 적절히 표현하자면 곧 "불평의 신학"이었다. 이 세상을 위한 대체적인 에녹계 할라카(halakah)도, 에녹계 정결법도, 에녹계 토라도 없었다. 구원에 대한 모든 소망은 오직 마지막 때로 연기되었다. 그때까지 이 세상은 악한 세력에 의해 통치를 받는다. 하지만 이와 같은 세상에서 살아내는 일이 얼마나 어렵든 간에 인간들은 심판대에서 자신들의 행동에 대한 책임을 져야 한다. 그렇다. 에녹계 유대인들은 모세와 경쟁하지 않았다. 단지 불평했을 뿐이다.

묵시적 논쟁 (『꿈 - 환상의 책』, 다니엘서, 그리고 『희년서』)

『꿈 - 환상의 책(Book of Dream Vision)』에 포함된 『동물 묵시록』(Animal Apocalypse)은 이전의 에녹계 전통의 주장과 일관된 방식으로 역사의 모든 과정을 설명한다. 역사는 인류의 기원으로부터 천사들의 범죄와 함께 시작된 지속적인 퇴행 과정이었다.『꿈 - 환상의 책』에 의하면 인간은 "새하얀 암소"로 창조되었다(에녹1서 85:3). 그 후에 "하늘에서 별이 떨어졌는데, 그 별은 일어나 먹고, 소들 사이에서 성장하는데 성공했다"(에녹1서 86:1). 그리고 마귀(『꿈 - 환상의 책』에서 하늘에서 떨어진 별로 묘사된 존재 - 역주)의 타락 후에 천사들(『꿈 - 환상의 책』에서 별들로 묘사된 존재들 - 역주)의 대규모 반역이 뒤따랐다. "많은 별들이 하늘에서 내려와 첫 번째 별 위에 자신들을 던졌다. 그들은 송아지들 사이에서 소가 되었고 함께 자라났다"(에녹1서 86:2). 그 결과 새로운 동물 종들이 태어났다("코끼리, 낙타, 당나귀"[86:4]).[K] 반역한 천사들을 무력화시키는 선한 천사들의 개입(에녹1서 87-88)이나 홍수 사건(에녹1서 89:2-8)도 땅의 악을 근절할 수는 없었다. 거룩한 생존자를 통해서도 악한 후손이 생기기 마련이지 않나? 노아, 즉 (천사들처럼) "사람이 된 새하얀 소"로부터 "세 마리의 소들"이 태어났다. 그러나 "세 마리의 소들 중에 하나는 [첫 번째] 소와 비슷한 새하얀 소였다[셈]. 그리고 다른 하나는 피처럼 붉은 색이었고[야벳], 나머지 하나는 검은 색이었다 [함]. … 그들은 들짐승과 새를 낳기 시작했다. 그들에게서 많은 [다른] 종들이 생겨났다"(에녹1서 89:9-10).

이처럼 역사는 인간이 무슨 수를 쓰더라도 막을 수 없는 악의 지속적인 확산을 보여준다.[L] 그 누구도 악으로부터 벗어날 수 없다. 『동물 묵시록』의 은유적 세계 속에는 인류의 가장 고귀한 집단인 유대인들조차도 사악한 퇴행성 유전자를 지니고 있다. 야곱의 세대에 이르자 그들은 "소"에서 "양"으로 변했다. 이러한 틀 안에서는 모세의 토라에 관한 그 어떤 내용도 인용할 자리가 없다. 토라의 존재는 악의 점진적 확산을 바꾸지 않는다. 특히 바빌론 포로기 이후에 발생한 상황은 더욱 처절하다. 하나님께서는 당신의 백성을 "칠십 명의 목자들"로 표현된 천사들에게 맡기셨다. 하지만 목지들은 할당된 임무를 어김으로 포로기 이후의 이스라엘의 모든 역사가 마귀의 영향 아래 펼쳐지도록 했다. 목자들은 그렇게 스스로의 악함을 드러냈다(에녹1서 89:59-70). 그러므로 "칠십 명의 목자들 아래" 재건된 제2성전은 오염된 성소일 수 밖에 없다. "그들은 다시 예전처럼 건축하기 시작했다. 그리고 높은 탑이라 불리는 탑을 세웠고, [탑] 앞에 상을 놓았다. 그러나 그 상 위에 놓인 떡은 오염되었고 부정했다"(에녹1서 89:73). 이러한 악과 부패의 상황은 돌이킬 수 없다. 오직 마지막 때―하나님의 신적 개입이 우주의 선함을 회복하여 "새 창조"가 이루어질 때―가 되어야 비로소 상황이 정리된다.『동물 묵시록』의 저자는 자신이 살던 시대의 "하얀 양"이 일으킨 반란을 통해 임박한 종말의 신호를 인지했던 것이다.

에녹계 관점은 (언약의 백성들인) 유대인들의 자기 이해에 불안한 함의(含意)를 제공했다.『꿈 - 환상의 책』에 따르면 이스라엘의 선택된 사람들은 다가올 세상에 임하게 될 미래적 구원을 약속받는다. 그러나 아무리 이스라엘이라고 할지라도 현세에서는 다른 모든 열방과 마찬가지로 신적 보호 없이 악의 확산에 영향을 받는다.

선택된 백성을 악 앞에 거의 무보호 상태로 노출시켜 버리는 에녹계 관점이 유대교 내에서 보편적으로 공유되지는 않았다. 많은 사람들(바리새인들과 사두개인들 같은 자들)은 초인간적인 악의 기원에 대한 생각 자체를 거부했던 것 같다. 인간의 자유와 하나님의 전능성을 지키기 위한 다른 방법들—『에스라4서』의 "사악한 마음"(cor malig-num)으로부터 랍비의 "악에 끌리는 성향"(Yetzer hara)에 이르기까지 여러가지 대체적인 방법들M—이 모색되었다.[18] 그리고 그 모든 방법들에는 공통점이 있었다. 곧 악의 기원을 하나님의 뜻에 종속시키고, 이 세상의 통치자로서의 마귀의 존재를 부인한다는 점이다. 초인간적인 악의 기원의 원리를 공유하는 묵시적 진영의 사람들 사이에서조차도 서로 경쟁하는 신학들이 존재했음을 알 수 있다.

다니엘서는 종종 (때로는 부적절하게) 『꿈 - 환상의 책』과 함께 연구된다. 두 문서는 거의 동시대적이다. 둘 다 마카비 혁명(Maccabean re-volt)의 첫 해, 즉 마지막 합법적 사독계 대제사장인 오니아스(Onias) 3세의 살해(주전 170년)와 안티오쿠스 에피파네스(Antiochus Epiphanes)의 죽음(주전 164년) 사이로 거슬러 올라간다. 또한 두 문서는 묵시적이다. 동일한 문학적 장르(묵시[apocalypse])와 동일한 세계관(묵시주의[apocalypti-cism)을 공유하며, 더 중요하게는 근본적으로 동일한 질문을 다룬다. 하지만 이제는 모든 전문가들이 동의하듯이, 다니엘서는 에녹서가 탄생한 (동일한) 진영에서 나오지 않았다.

18 Ishay Rosen-Zvi, *Demonic Desires: Yetzer Hara and the Problem of Evil in Late Antiquity* (Philadelphia: University of Pennsylvania Press, 2011); Matthias Henze and Gabriele Boccaccini, eds., *4 Ezra and 2 Baruch: Reconstruction after the Fall* (Leiden: Brill, 2013).

다니엘서는『꿈 - 환상의 책』과 마찬가지로 이스라엘이 포로 상태에 있고, 하나님의 진노 아래 있으며, 또한 선과 악 사이의 우주적 전투의 한복판에 있음을 보여준다. 그러나 다니엘서는 성전이나 이전의 제사장 지배층을 정죄하지 않는다. 오히려 마지막 합법적 사독계 대제사장인 오니아스 3세에게 석잖은 찬사까지 보낸다. 그리고 두 묵시문서 모두 마카비 혁명을 지지하지만 그 혁명을 대하는 태도는 확연히 다르다. 에녹계 문서가 보다 전투적이라면, 다니엘서는 "수동적 저항"[N] 쪽으로 기울어져 있다. 당연히 두 문서가 모세의 토라에 보이는 태도 역시 서로 다르다. 다니엘서 9장은 "모세의 율법(law)"을 명시적으로 언급하고 그것을 악의 확산에 대한 동시적 요인들 중 하나로 꼽는다. 즉, 악의 확산에 기여하는 요소에는 초인간적 세력과 우주적 전쟁뿐만 아니라 (율법에 저촉되는) 인간의 범죄도 포함된다. "하나님의 종 모세의 율법에 기록된 벌과 저주가 우리에게 내렸습니다. 이것은 우리가 주님께 죄를 지었기 때문입니다"(단 9:11).

심판의 기간과 악의 존재는 모세의 토라, 특히 레위기와 양립할 수 있는 범주로 설명되고 계산된다. "너희가, 내가 하는 말을 듣지 않[으면]… 내가 성난 얼굴로 너희를 쏘아보는 동안에, 너희는 원수들에게 얻어맞을 것이다. … 일이 이 지경이 될 때까지도, 너희가 나에게로 마음을 돌이키지 않고, 여전히 나를 거역하면, 나도 너희를 거역할 수밖에 없다. 나 역시 너희가 지은 죄를 일곱 배로 보복하겠다"(레 26:14-24). 다니엘서 9장은 이 레위기의 내용이 발생했다고 말한다. 이스라엘은 언약을 어겼다(레 26:15). 그렇기 때문에 선지자 예레미야가 선포했던 70년 포로 생활이라는 심판이 하나님으로부터 임했다. 그럼에도 불구하고 이스라엘은 하나님께 돌아오지 않았고 지속적으로 적대감을 품었다. 결국 하나님께서는 "일곱 배"로 형벌을 증가시켰고, 예레미야가 예언한 "칠십 년"은 해들(years)의 "일흔 이레"가 되었다(단 9:24).

에녹 계열과 다니엘 계열 사이에 위치한 묵시적 전통 내 태도 차이는 하스모니안과 로마 시대에 결정적이었는데, 그 시기에 모세의 토라에 대해 (눈에 띄게) 다르고 독특한 입장들이 만들어졌다.

그러던 중에 세 번째 입장이 나타났다. 주전 2세기 중반에 『희년서』가 에녹과 모세 사이에 효과적인 합(synthesis)을 만들어 냄으로써 하나님과의 언약 관계의 파멸이라는 개념에 대항하는 반응을 했던 것이다. 많은 학자들이 동의하듯이, 이러한 움직임은 에세네계 운동의 설립에 결정적인 역할을 했다.[19]

에녹계 유대인들처럼 에세네계 유대인들도 묵시적 운동가들이었다. 그들은 악의 초인간적 기원을 받아들였고, 자신들을 부유한 자들에 맞서 대항하는 가난한 자들의 옹호자로 선언했다.[20] 그들의 뿌리는 사독계 제사장직의 권력에 도전했던 반대파 세력들의 전통에 있었기 때문에, 사독계 집안이 집권하던 시절에 대한 향수를 보이지 않았고, 그들의 권력을 회복하려는 의도가 담긴 그 어떤 행동

---

19 Boccaccini and Ibba, eds., *Enoch and the Mosaic Torah*; and James C. VanderKam, *Jubilees: A Commentary* (Minneapolis: Fortress, 2018).

20 John J. Collins, *Apocalypticism in the Dead Sea Scrolls* (London: Routledge, 1997).

도 하지 않았다. 에세네계 유대인들은 자신들을 진정한 "사독의 아들들"이라 부르기까지 했는데, 그 이유는 바로 (사독 가문의 사악한 대제사장들이 아니라) 본인들이 에스겔에 의해 예언된 자들임을 나타내기 위함이었다.

에세네계의 두 "질서들"—『다마스쿠스 문헌』(Damascus Document)[21]이 야하드(yahad)와 "진영들"로 표현하는 질서들—을 탄생시킨 이념 혁명에 영감을 준 『희년서』가 전반적인 에세네계 운동의 저변에 깔려 있었다면(그렇게 보인다), 모든 에세네계 운동이 에녹계 운동에서 좋아하지 않았던 중요한 부분이 하나 있다. 바로 유대인들도 다른 민족들과 마찬가지로 악의 세력에 무방비 상태로 노출되어 있다는 사상이었다. 『희년서』는 에녹과 모세 사이에 독창적인 합을 만들어 냄으로써 이 세상에 소망과 주도권이 부재한다는 에녹계 사상에 맞대응했다. 그러므로 이런 합은 더 이상 에녹계나 모세계로 불려질 수 없었다. 이제 그 합은 확실히 에네세계로 불려야 한다.

에세네계 유대인들은 천사들의 죄가 이스라엘의 선택을 약화시켰다는 개념을 거부했다. 그들은 이스라엘의 선택은 창조 때 하나님에 의해 정해졌다고 주장했다(희년서 2:21). 유대인과 이방인의 구별은 인간의 (부패한) 역사에 속하지 않고 창조의 (부패하지 않은) 질서에 속한다. 그러므로 언약의 효력은 천사들의 타락에 의해 약화되지 않았다. 악한 영들의 힘은 제한되었고, 노아의 자녀들에게는 악으로부

---

21 John J. Collins, *Beyond the Qumran Community: The Sectarian Movement of the Dead Sea Scrolls* (Grand Rapids: Eerdmans, 2010).

터 보호를 받을 수 있는 "약(藥)"이 주어졌다(희년서 10:10-14). 그렇다고 해서 이스라엘 백성들이 악이 지배하는 세상에서 완전히 안전하다는 의미는 아니다. 그들을 이방인들과 구별시키는 경계선 안에 머무는 동안에만 안전했다. 그러므로 바른 할라카를 지키는 문제는 백성들의 거룩함을 보존하는 데 있어 핵심이 되었다.

이러한 우려로 인해 에세네계 유대인들은 모세의 토라의 효력에 대해 점차 회의적이 되어갔다. 그들은 모세의 **할라카**를 "미완성"으로 여겼다. 완전한 토라는 오직 하늘의 서판(tablet)에 기록되어 있고, 그 중에 일부만 모세에게 계시되었다고 믿었다. 에녹이나 그의 후계자들과 같은 중재자들처럼, 모세도 하늘의 서판을 살짝 들여다봤을 뿐이었다. 그러므로 콜린스가 언급했다시피, "명백한 할라카적 관심을 가지고 창세기의 이야기들을 독특한 모세계 관점으로 재구성한 『희년서』"[22]는 에녹계 전통과 확연한 대조를 이룬다. 모세계 전통과 에녹계 전통의 통합은 이스라엘 백성들이 대체(적인) 할라카의 울타리 안에서 세상의 악으로부터 보호를 받으며 살 수 있는 공간을 마련해줬다. 이처럼 에세네계주의(Essenism)는 더 이상 "불평의 신학"이 아니라, 하늘의 율법(law)과 그 해석에 대한 경쟁적 견해를 제시했던 것이다.[23]

---

22 John J. Collins, "How Distinctive Was Enochic Judaism?," *Meghillot: Studies in the Dead Sea Scrolls V–VI* (2007): 17-34.

23 Gabriele Boccaccini, "From a Movement of Dissent to a Distinct Form of Judaism: The Heavenly Tablets in Jubilees as the Foundation of a Competing Halakah," in Boccaccini, and Ibba, eds., *Enoch and the Mosaic Torah*, 193-210.

『희년서』로부터 발현된 운동은 초인간적 악의 기원이라는 에녹계 개념을 반복하지만 에녹계 전통과는 다른 궤적─일부 종파의 문서에서 위험할 정도로 운명론적인 치우침을 보이는 궤적─을 따른다.[24] 에세네계 운동과 에녹계 운동의 갈라짐은 에녹계 문서들(『에녹의 서신』[Epistle of Enoch]과 『비유의 책』)[○]이 에세네계 운동과 무관하게 자율적으로 발전했다는 점에서 확인할 수 있다.[25]

『희년서』, 『율법의 편지』(Halakhic Letter[4QMMT나 MMT로 표기되기도 함 - 역주]) 혹은 『공동체 규율』(Rule of the Community[1QS로 표기되기도 함 - 역주])과는 다르게, 에녹계 유대인들은 대체(적인) 할라카를 발전시키거나 모세의 토라의 정당성에 의문을 제기하지 않았다. 그들은 악이 확산된 결과로 인해 인간들이 토라에 순종하는데 겪는 어려움에 초점을 맞췄다. 에녹계 유대교는 "불평의 신학"으로 태어나 늘 그렇게 남아 있었던 것이다.

요약하자면 이렇다. 서력기원(Common Era)이 시작될 무렵, 우리는 적어도 세 가지 별개의 묵시적 반응이 있었다는 증거를 확보했다. 그 모든 반응들은 초자연적 악의 기원에 대한 개념을 공유했지만, 모세의 토라와 조금씩 다른 관계를 각기 취했다.

　　(a) 에녹계 궤적은 모세의 토라에 무관심하다. 모세의 토라에 반대하

---

24 Armin Lange, *Weisheit und Prädestination: Weisheitliche Urordnung und Prädestination in der Textfunden von Qumran* (Leiden: Brill, 1995).

25 Gabriele Boccaccini, *Beyond the Essene Hypothesis: The Parting of the Ways between Qumran and Enochic Judaism* (Grand Rapids: Eerdmans, 1998).

기 때문이 아니라 인간이 토라를 지키는데 겪는 어려움에 모든 초점을 맞췄기 때문이다.

(b) 에세네계 궤적은 유대인들을 악한 세상으로부터 보호할 수 있는 유일한 효력으로서의 대체(적인) 할라카를 창조했다. 그리고 비유대인들을 악의 세력 앞에 절망적으로 소망이 없는 존재로 정죄한다.

(c) 끝으로, 다니엘계 궤적은 묵시적 요소와 언약적 요소 사이에 화해의 가능성을 제공하고 모세의 율법에 보다 큰 역할을 부여하는 것처럼 보인다.

바리새인이었던 바울은 강한 종말적 기대들을 지니고 있었다. 그는 종말, 죽은 자의 부활, 그리고 최후의 심판에 대한 다니엘서의 예언들을 공유하고 있었을지도 모른다. 하지만 유대교의 묵시주의가 제시하는 우주적 이원론은 강하게 반대했을 것이다. 그랬던 바울은 예수 운동에 참여함으로써 제2성전기 유대교 안에서 결정적이고 타협할 수 없는 선택을 내렸다. 즉, 그는 초인간적 악의 기원이라는 묵시적 개념의 틀을 받아들였던 것이다. 그 틀은 (비록 변화에 민감했지만) 바울의 성찰을 구체적인 경계선에 맞추도록 강요했고 또한 바리새계 전통으로부터 그를 분리시켰다.

바울에게 나타나는 묵시적 요소들을 별 볼 일 없는 일종의 문화적 골동품으로 취급하는 행위—예를 들어, 바울 사상의 일반적인 구조를 변경하지 않고서도 묵시적 요소들을 쉽게 제쳐 두거나, 버리거나, 혹은 무시할 수 있다고 생각하는 행위—는 바울을 조현병 환자로 이해시키는 독법을 만든다. 이러한 행위는 죄의 힘에 대한 바울의 묵상을 그것이 본래 속해 있는 제2성전기 유대교의 배경은 물론이거니와, 초기 예수 운동 내의 평범한 대화로부터도 인위적으로 분리시키는 결과를 낳는다. 묵시적 요소들은 바울 사상의 전제이자 핵심이다. 개인적이고 집단적인 모든 요소들, 다시 말해 개인의 구원, 비유대인의 합류, 그리고 모세의 토라와의 관련성 등을 포함한 요소들은 초인간적 악의 기원이란 바울의 중추적인 묵시적 개념에 종속된다.

결론

이방인들을 위한 사도인 바울이 있기 전에 예수의 추종자인 바울이 먼저 있었다. 바울은 다마스쿠스로 향하는 중에 경험한 계시로 인해 유대교(Judaism)를 버리지 않았다. 대신 초기의 예수 추종자들이 따랐던 유대교의 묵시적 세계관, 즉 악의 초인간적 기원과 세상의 부패, 그리고 마지막 때에 대한 기대에 구심점이 있었던 세계관을 온전히 수용했다. 바리새파 유대인이었던 바울이 묵시적 유대인 바울이 된 것이다. 그가 바울서신을 통해 어떤 메시지를 전했든, 그 메시지는 그것이 생성된 우주적이고 이원론적인 본래의 맥락으로부터 결코 분리될 수 없다.

상황을 복잡하게 따져보자면, 예수 운동은 단지 유대교의 묵시적(apocalyptic) 운동이 아니었다. 유대교의 메시아적(messianic) 운동이기도 했다. 바울은 우주의 부패함과 종말에 대한 기대감이라는 고대(古代)의 개념들이 하나님의 메시아의 도래에 대한 추측들과 융합된 묵시적 유대교(apocalyptic Judaism)의 한 형태를 지지했다. 초기의 예수 추종자들은 메시아가 이미 왔고, 메시아의 나타남은 선과 악의 우주적 전쟁과 관련이 있다고 주장했다. 종말은 하나님의 메시아와 이 세상 통치자인 사탄과의 마지막 접전이 있는 때였다. 그러므로 묵시주의와 메시아주의의 만남에 대한 올바른 이해가 없으면, 바울의 사상을 바르게 이해하는 일은 불가능하다.

PAUL'S THREE PATHS TO SALVATION

제4장

메시아를 믿는 유대인, 바울

고대 유대교의 메시아주의의 궤적들: 역사적에서 종말적으로

메시아 사상은 유대교와 기독교의 전통 속에 꽤 깊숙이 스며들어 있기 때문에 (적어도 우리에게 친숙한 형태로) 그렇지 않았던 때를 상상하기는 쉽지 않다. 오늘날 유대인들과 기독교인들은 메시아 사상이 종말과 새 창조 사상과 긴밀히 연결되어 있다고 생각한다. 하지만 그러한 개념들(종말과 새 창조 사상)은 유대교의 발전 단계에서 비교적 늦은 단계에 나타났음을 알아야 한다. 이스라엘의 초기 메시아 사상 속에는 종말적 의미없이 역사적 의미만 담겨있었다. 그렇기 때문에 고대의 사람들은 정치적 지도자와 종교적 인도자들에게 희망을 품기도 했었다. 이스라엘이 메시아에게 걸었던 메시아적 희망이 평화와 위안이라는 기적적인 미래에 대한 기대의 형태를 띠었을 때조차도 "미래에 도래할 왕에 대한 그들의 주장은 상대적으로 조심스러웠다." 이집트의 왕위 사상에 영향을 받은 메시아 사상은 메시아에게 초인간적인 특징들과 하나님의 "사랑하는 아들"이라는 특별한 부자(父子)관계를 부여했다.[1] 고대 이스라엘의 메시아들은 처음에는 왕들이었고, 이후에는 제사장들이었다. 제2성전 시대의 제사장들은 왕의 역할과 기능도 맡아 수행했다. 기름 부음은 그들이 하나님으로부터 위임을 받았다는 사명의 표시였다. 제2이사야서[A]가 고레스 왕을 바빌론의 멍에에서 이스라엘을 해방시킨 메시아로 기념한 경우처럼, 메시아의 기능은 비유적으로 유대인이 아닌 사람들에게도 돌려질 수 있었다(사 45:1-7).

왕적 메시아주의(royal messianism)가 옛 형태에서 새로운 형태로 전환된 모습은 플라비우스 요세푸스의 글에서 확실하게 찾아볼 수 있다. 고대의 이스라엘 선지자처럼, 요세푸스는 로마의 황제 베스파시아누스를 새로운 메시아로 선포했다. "저는 여러분께 더 밝은 미래를 알리기 위해서 이 자리에 왔습니다. … 베스파시아누스시여, 당신은 황제와 카이사르가 될 것입니다. … 당신과 당신의 아들… 카이사르시여, 당신은 제 주인일뿐만 아니라 땅과 바다와 모든 인류의 주인도 되십니다"(유대전쟁사 3.400-402). 이 "예언" 덕분에 요세푸스는 본인이 장군으로 겪은 실패를 변명할 수 있었고, 본인의 목숨도 보존할 수 있었다. 거기에 존경받는 이름(플라비우스)과 황제의 친구라

---

1   Adela Yarbro Collins and John J. Collins, *King and Messiah as Son of God: Divine, Human, and Angelic Messianic Figures in Biblical and Related Literature* (Grand Rapids: Eerdmans, 2008), 15.

는 미래까지 얻었다.[2] 요세푸스의 "예언"은 로마 제국의 역사에 흔적을 남기기도 했는데, 로마의 역사가 수에토니우스는 다음과 같이 보고한다.

> 그 예언은 모든 동양(Orient)에서 오래되고 지속적인 믿음으로 확인되었다. 곧 운명의 명령에 따라 그 시기에 유대에서 온 사람이 우주적 주권을 얻게 될 예정이었다. 후대의 사건에서 알 수 있듯이, 유대인들은 이 예언을 유대 땅의 로마 황제와 관련된 예언이라고 그들 자신에게 언급했다. … [베스파시아누스가] 갈멜산에서 신의 신탁과 상담했을 때, 운명은 그가 생각하고 숙고하는 것은 무엇이든지 (그 어떤 위대한 것이라 할지라도) 이루어 진다고 재차 확언했다. 귀족 죄수들 중 하나인 요세푸스가 사슬에 매였을 때, 그는 [베스파시아누스]가 황제가 되면 자신이 그에 의해 바로 풀려날 것이라고 단호하게 주장했다(베스파시아누스의 삶[*Vita Vespasiani*] 4.5; 5.6).

그러나 "선지자" 요세푸스는 다른 종류의 메시아에 대해서도 알고 있었다. 요세푸스의 견해에 의하면 그가 베스파시아누스에게 바친 경의는 단지 편리하고 일시적인 휴전일 뿐이었다. 그러므로 요세푸스의 행동은 미래에 더 강력한 또 다른 메시아가 일어나 이스라엘을 구속하고 이방의 속박이라는 멍에로부터 백성들을 해방시

---

2   Pierre Vidal-Naquet, *Flavius Josephe; ou, Du bon usage de la trahison* (Paris: Minuit, 1977).

키리라는 희망을 배제하지 않았다. 요세푸스는 큰 형상에 대한 다니엘의 환상—머리는 금, 어깨와 팔은 은, 배와 넓적다리는 놋, 다리와 발은 철로 이루어진 큰 형상—에 대해 말하면서 산에서 떨어져 나온 "돌"을 언급하는데, 이 부분에 (원문의 의미보다) 더 큰 강조점을 두었다. 그 돌은 "우상 위에 떨어져 우상을 내동댕이쳤고, 산산조각 냈으며, 우상의 어떤 부분도 남기지 않았다. 금과 은과 동과 철이 밀가루보다 더 곱게 쪼개졌기 때문에 바람이 세게 불자 그 힘에 휩싸여 가루들이 흩어졌다. 그러나 그 돌은 너무나 커져서 온 땅이 돌로 가득 찬 것 같았다"(유대고대사 10.207; 단 2:31-35 참조).

요세푸스는 본인이 지뢰밭에 들어가 있다는 사실을 알았다. 제국의 계승은 유대인들과 로마인들 모두가 민감하게 반응하는 주제였기 때문에 신중히 다뤄져야만 했다. 그러므로 요세푸스는 열심당(Zealots)의 근본주의를 반향하는 종말적 기대와, (그의) 로마의 후원자들의 현재 상황과 그들의 권위를 향한 비판을 명시적으로 언급하지 않기 위해 매우 조심했다. 따라서 요세푸스는 미묘한 암시적 표현들을 사용해 본인의 생각을 나열했다. 대부분의 현대 주석가들이 인정하는 바와 같이, 다니엘의 네 왕국은 바빌론, 메대, 페르시아, 그리스의 순서를 따른다.[3] 그러나 요세푸스가 이와 다른 순서를 염두해 두었다는 사실은 그가 원문에 추가한 주해를 통해 알 수 있다. 첫 번째 제국은 "바빌론"인데, 바빌론은 "결국 두 왕들에 의해 멸망된"다(요세푸스는 메데와 페르시아를 두 번째 제국으로 통합했다). 두 번째 제국은 "서

---

3   John J. Collins, *Daniel: A Commentary* (Minneapolis: Fortress, 1993).

쪽에서 온 또 다른 왕에 의해 멸망된다"(이것은 분명 알렉산더 대왕에 대한 암시이며[마카비1서 1:1-9 참조] 세 번째 제국이 페르시아가 될 수 있다는 해석을 확실히 배제한다). 마지막으로, 네 번째 제국이 오랫동안 지배하게 되는데, 이 제국은 로마제국의 모든 힘과 권력의 특징을 지니고 있다. 하지만 그 제국의 정체가 명확히 드러나진 않는다(유대고대사 10.208-209).

애국심과 현실의 정치적 상황 사이에 끼어 있던 요세푸스는 암호로 된 언어를 사용했다. 유대인 독자들만 암호화된 언어를 이해할 수 있다는 사실을 인지했던 요세푸스는 위험한 환상을 만들지 않으면서도 희망을 전달하고, 로마인을 놀라게 하거나 불쾌하게 하지 않으면서도 민족적 자부심을 키우고 싶어했다. 요세푸스에 대한 이와 같은 해석은 다니엘의 환상에서 중요한 요소로 작용했던 네 번째 제국의 약점—"혼합된" 성질에 내재된 "약함"—에 관한 언급이 요세푸스의 글에 전혀 나타나지 않는 이유를 설명해준다. 더불어 그 약점에 대한 부분이 "철의 성질"의 우월성, 즉 그것이 "금이나 은이나 청동보다 단단하다"는 언급(칭찬과 위협 모두)으로 대체된 이유 역시 설명해준다(유대고대사 10.209). 다니엘서에 사용된 돌은 "영원히 망하지 않을 것이며, 다른 백성에게 넘어가지 않을"(단 2:44) 요소의 상징이었다. 하지만 요세푸스는 꽤 편리한 자기 검열 뒤에 숨어 "돌"에 대해 침묵하고 있다. "다니엘은 그 돌의 의미를 왕에게 알려주었지만, 나는 이 부분에 대해 말하는 것이 적절하지 않다고 생각했다. 그 이유는 내가 써야할 내용은 과거와 과거에 일어났던 사건들이지 미래에 일어날 사건들이 아니기 때문이다. 그러나 만일 누구라도 정확한 정보를 알고자 하는 갈망이 너무 커서 더 자세히 묻는 것을 멈출 수 없고, 또한 앞으로 도래할 숨겨진 일에 대해 알기 원한다면, 그로 하여금 신성한 글들 중에 있는 다니엘서를 읽는 수고를 하도록 하라"(유대고대사 10.210).

요세푸스의 논평은 담론의 끝을 알리는 듯 보이지만 실상은 그렇지 않다. 그는 나중에 "돌"에 관한 다니엘의 예언은 아직 성취되지 않은, 즉 미래에 속한 예언이라는 언질을 준다. 그리고 다니엘이 "다른 선지자들처럼 장차 올 일을 예언했을 뿐 아니라 그 일이 일어날 시기도 표시했음"을 재차 강조하며, "다른 선지자들은 재앙을 예언했던 반면… 다니엘은 행복한 사건들을 예언한 선지자였음"도 덧붙인다(유대고대사 10.267-268). 따라서 우리는 "돌"에 대한 예언이 불특정한 시간에 성취되도록 의도된 미래적 사건일 뿐만 아니라, 이스라엘에게 "기쁨"을 가져다 줄 사건도 된다는 점을 알 수 있다. 요세푸스는 몇 페이지 뒤, 곧 다니엘서을 묘사하는 결론 부분에서 독자들에게 (마치 모든 사람이 알고 있었다는 듯이) 선지자가 "로마에 대해서도 기록을 남겼는데, 그 내용은 로마인들이 예루살렘을 점령하고 성전까지 파괴하는 사건"이라고 말한다(유대고대사 10.276). 하지만 언제, 어떻게 그 일이 일어날지에 대해서는 함구한다. 위에 언급했던 모든 내용들을 종합해보면, 다니엘서에 대한 요세푸스의 해석이 함의하는 모든 정치적 내용을 이해하는 일이 그렇게 어렵지 않음을 알 수 있다. "네 번째 제국"의 계승에는 로마가 포함된다. 그들은 가장 강력한 통치자가 될 것이며 "오랫동안 [세상을] 지배할 예정"이지만 영원히 지배하지는 못할 것이다. 그러므로 요세푸스가 영원무궁한 왕국의 메시아 왕에 대한 가장 탁월한 상징으로 본 "돌"은 베스파시아누스를 지칭할 수 없다. 베스파시아누스는 한 명의 "메시아"가 맞다. 하지만 그를 통해서 유대교의 메시아적 기대들이 완전히 성취되지는 않았다.

제2성전시대의 종말적 메시아주의

서력기원(시대)이 도래할 무렵, 일부 유대교 진영들은 인간 메시아들에 대한 기대를 넘어 마지막 때와 새로운 창조의 시작에 대한 (그 당시에 매우 논쟁적이었던) 개념까지 받아들였다. 하스몬 왕조의 붕괴와 로마의 통치의 시작은 이스라엘의 회복이 현세(現世)가 아니라 도래하는 세상에서 발생하기로 예정된 사건이라는 사상에 영향을 끼쳤다.[4]

그러나 이러한 상황은 선형적(線形的)인 발전 과정을 통한 결과가 아니었다. 제2성전기의 유대 사회는 다양한 신학들을 특징으로 하는 많은 집단들로 나뉘어져 있었다. 이와 같은 신학적 복잡성은 메시아에 대한 다양한 기대들이 존재할 수 있도록 하는데 기여했다. 종말적 메시아주의(messianism)의 기대를 지지하는 사람들 사이에서조차도 메시아의 정체와 특징, 기능에 대한 의견이 갈렸다. 서로 다

---

4   John J. Collins, "Il messia Figlio di Davide nel giudaismo del Secondo Tempio alla luce dei manoscritti di Qumran," in *Il messia tra memoria e attesa*, ed. Gabriele Boccaccini (Brescia: Morcelliana, 2005), 49-67.

른 신학들은 서로 다른 형태의 종말적 메시아주의들을 탄생시켰다. 이렇게 탄생한 메시아주의들은 서로 경쟁적었고, 배타적이었으며, 단일한 체계로 거슬러 올라갈 수 없었다.[5]

종말적 메시아가 마지막 때에 감당할 특별한 역할을 고려해 볼 때, 그는 그 어떤 역사적 메시아보다 더욱 강력한 사로 상상되었다. 현존하는 자료들은 우리로 하여금 각각 "다윗의 자손"과 "사람의 아들"(인자[人子])이라는 용어로 정의되는, 두 가지 주요 메시아적 모델을 재구성할 수 있도록 돕는다.[B]

메시아 "다윗의 자손"

원시 랍비 전통들(proto-rabbinic traditions)은 악을 인간의 범죄에 의한 결과로 간주했다. 그리고 종말적 미래—하나님께서 당신의 왕국을 회복하시고, 이스라엘이 이방의 통치에 의해 "처벌받는 일"이 중단되며, 의로운 왕의 통치 아래 이스라엘이 주권을 되찾게 되는 미래—를 기대했다. 그때 도래할 메시아 왕은 다윗의 자손, 즉 하나님께서 영원한 권세를 약속하신 왕조의 후계자로 등장한다.

이런 종말적 생각은 주전 1세기, 소위 『솔로몬의 시편』(Psalms of Solomon[Pss. Sol.])으로 불리는 문서에서 처음으로 자세히 언급되었고, 쿰란의 「하나님의 아들」(The Son of God[4Q246 - 역주])이란 문서에도 반

---

5 Jacob Neusner et al., eds., *Judaisms and Their Messiahs at the Turn of the Christian Era* (Cambridge: Cambridge University Press, 1987).

영되었다.[6] 메시아, 곧 다윗의 자손의 주요 임무는 이스라엘의 구원이었다. "주여, 보소서. 그리고 그들의 왕인 다윗의 자손을 일으키사 당신이 알고 있는 당신의 종 이스라엘을 다스리게 하소서. 오, 하나님! 불의한 통치자들을 멸할 수 있는 힘, 그리고 예루살렘을 짓밟아 멸망에 이르게 하는 나라들로부터 예루살렘을 떼어 낼 수 있는 힘을 그에게 주소서"(솔로몬의 시편 17:21-22). 다윗의 자손은 하나님께로부터 특별한 사명을 받은 강력한 통치자이다. 하지만 그의 조상 다윗이 소년기 때 사무엘에게서 기름 부음을 받았듯이, 다윗의 자손 역시 "기름 부음을 받은" 인간 메시아이다(삼상 16:1-13). 솔로몬의 시편 17편은 하나님께 지고(至高)하고 영원한 예배를 드리는 모습으로 시작되고, 그렇게 절정에 이르며 또한 그렇게 끝난다. 하나님께서는 "우리의 왕"(솔로몬의 시편 17:1, 46)이시고 "그[메시아]의 왕"(솔로몬의 시편 17:34)이시다. 메시아는 이스라엘의 지도자이고, 구원자이며, 백성의 지혜로운 통치자이다(솔로몬의 시편 17:26). 하지만 개인의 구원자는 아니다. 만약 그랬다면, 하나님께서는 시내산에서 하셨던 일을 불가해할 정도로 반복하고 되풀이하셨을 것이다. (메시아를 포함한) 개인의 의(righteousness)는 "율법(law), 즉 하나님께서 우리가 살 수 있도록 명하신 율법"(솔로몬의 시편 14:3)과 메시아가 엄격하게 집행할 율법에 순종하는 데 달려있다. "메시아는 하나님의 가르침을 받은 사람들에게 의로운 왕이 된다. 그가 통치하는 날 동안에는 백성들 가운데 불의가 없을 텐데, 그 이유는 모든 자들이 거룩하고 또한 주 메시아의 통

---

6   Yarbro Collins and Collins, *King and Messiah*, 48-74.

치를 받을 것이기 때문이다"(솔로몬의 시편 17:32).

따라서 메시아는 토라의 중심적 위치에 비하면 주변적인 역할에 국한되었다. 토라는 하나님께서 공의와 자비 안에서, 자유롭고 책임감 있는 인류에게 주신 유일하고 배타적인 구원의 수단이다. 토라를 주신 이유는 인류가 하나님의 뜻에 따라 본인들의 행동을 선하게 조절하는 방법을 배우도록 하기 위함이었다. 그러므로 토라를 주신 하나님만이 인간의 심판자가 되신다. "우리의 일들은 우리의 선택이 맺은 열매이고, 우리 영혼의 힘은 우리 손의 일들을 통해 정의와 불의를 행하는 것이다. 하나님께서는 의로움 속에서 인간을 돌보신다. 의를 행하는 자는 주님과 함께 자기 생명을 구하고, 악을 행하는 자는 자신의 생명을 망하게 한다"(솔로몬의 시편 9:4).

원시 랍비 전통이 그린 전반적인 메시아 묘사는 제2성전기에 왕적 메시아주의(royal messianism)와 율법의 중심성이라는 두 개의 중추적 개념들을 중심으로 발전했다. 그리고 주후 1세기 말에 다니엘서의 네 왕국 교리와 메시아 왕 사이의 연결이 이루어졌다. 요세푸스와 마찬가지로 『바룩2서』도 네 번째 왕국을 로마의 특징으로 제시하는데, 그 특징에서 어떠한 약점도 발견되지 않는다. "그의 통치는 이전에 있던 통치보다 더욱 강하고 험악하며, 그는 여러 번 다스리게 될 것이다"(바룩2서 39:5). 그리고 다니엘서에 등장하는 그 "돌"(혹은 "인자[人子]")은 본래의 상징적 또는 천사적 특징들을 잃었다. 이제는 메시아 왕, 즉 종말적 시대에 기름 부음을 받은 자를 의미하게 되었다.

이 일은 [네 번째 왕국의] 성취의 때가 다가오고 있을 때 발생한다. 그때 내 기름 부음을 받은 자의 통치가 … 시작될 것이다. 그의 통치가 시작될 때, 살아남은 마지막 통치자는 결박되고, 그의 모든 군대는 멸망할 것이다. 그리고 그들이 살아남은 왕을 시온 산으로 끌고 갈 것이며, 나의 기름 부음을 받은 자는 그 왕이 저지른 모든 악행에 대해 그를 책망한 후 … 죽일 것이며, 내가 택한 곳에서 발견될 내 남은 백성을 보호하리라. 그리고 기름 부음 받은 자의 권세는 부패한 세상이 끝날 때까지, 그리고 이전에 언급되었던 때가 차기까지 영원히 지속되리라 (바룩2서 39:7-40:3).

이와 같은 요소들이 이후의 『타르굼 네오피티』(Targum Neofiti)에서도 발견된다.[7] "그리스" 다음에 등장할 네 번째 왕국은 분명 로마, 즉 "무너지고 다시 일어나지 못할 악한 [왕국]인 에돔"이다(타르굼 네오피티. 창세기 15:12; 타르굼 네오피티. 신명기 32:24 참조). 네 번째 왕국의 멸망은 메시아 왕이 집행할 사역이 된다. "야곱의 집에서 왕이 일어날 것이다. 그 왕은 죄악의 도시, 곧 로마에서 범죄한 자들을 멸하실 것이다"(타르굼 네오피티, 파편 타르굼[Frg. Tg.]의 민수기 24:19). 이 왕은 유다 족속의 다윗계 메시아로서 천하무적 용사요, 무자비한 복수자이지만 또한 의로운 왕이고 평화와 번영의 왕국을 다스리는 통치자이기도 하다.

---

7 Miguel Pérez Fernández, *Tradiciones mesiánicas en el Targum Palestinense* (Valencia: Institución San Jerónimo, 1981).

유다 족속으로부터 … 왕이 나온다. 그에게 주권이 속해있다. 모든 왕국들이 그에게 복종할 것이다. 유다의 자손들 가운데 일어날 메시아 왕은 얼마나 아름다운가! 그는 허리에 띠를 메고 그의 원수들과 싸워 저들의 왕들과 왕자들을 죽일 것이다. 그가 죽임을 당한 자들의 피로 산들을 붉게 물들일 것이며 사망한 전사들의 기름으로 언덕들을 하얗게 칠할 것이다. … 메시아 왕의 눈[이] 순한 포도주보다 얼마나 더 아름다운가! 그는 벌거벗은 자들과 무고한 피를 보기 위해 눈을 사용하지 않는다. 그는 폭력과 도적질의 산물을 먹지 않음으로 그의 이는 우유보다 더 하얗다. 포도원과 포도주 틀로 인해 산들이 붉게 물들고, 풍부한 밀과 작은 소 떼들로 인해 언덕들이 하얗게 될 것이다(타르굼 네오피티. 창세기 49:10-12).

위에 언급한 문서들이 다윗의 자손에 대해 말하는 부분과 말하지 않은 부분이 무엇인지를 아는 것도 흥미로운 작업이다. 이 문서들은 메시아 왕이 이스라엘의 집단적 구원의 주인공이라고 말한다. 하지만 메시아는 개인의 구원에 대해서는 아무런 역할도 하지 않는다. 개인의 구원은 전적으로 율법(law)의 지배를 받으며, 율법의 중심성은 로마의 통치가 즉각적으로 끝난다는 희망을 제거하는데 비례하여 증가한다. 토라는 구원의 유일한 소망이다. 토라는 **스페스 콘트라 스펨**(*spes contra spem*)^C으로서, 가장 어려운 시기에도 메시아의 도래에 대한 믿음을 싹트게 하는 기초이다. (메시아의 임박한 도래에 대한 희망을 포함하여) 모든 대안적인 제안들의 지속적인 실패는 처음부터 토라를 이스라엘의 삶의 중심이 되도록 하는 일을 목표로 삼았던 학파의 사상에 부합했다. 그리고 이제 그 학파는 토라의 독특성을 절망의 시기에 남아 있는 유일한 희망이라고 의기양양하게 선포할 수 있게 되었다.『바룩2서』는 성전이 무너진 후에 이렇게 말했다. "이스라엘의 목자들은 죽었고, 빛을 비추던 등잔들은 꺼졌으며, 그들이 한 때 목을 축이던 샘들은 말랐다. … 그러나 목자와 등잔들과 샘들은 율법에서 나왔으니 그것들이 사라질 때조차도 율법은 그대로 있으리라. … 이제 우리는 시온을 빼앗겼으니 우리에게 남은 것은 전능자와 그분의 율법 뿐이다. … 하나님에 의해 주어진 토라는 오직 하나이며, 존재하는 모든 자들에게는 하나의 세상과 끝이 있다"(바룩2서 77:13, 15; 85:3, 14).

이런 내용은 미쉬나 전통이 메시아적 기대들을 조심스럽게 환영했던 이유를 설명해준다. 미쉬나 전통은 확실히 메시아적 기대들에 동의한다(베라호트 1:5 참조). 하지만 미쉬나 전통의 주요 관심사는 어떤 종말적 희망이라 할지라도 그것을 토라의 중심적 위치 아래 종속시키는 일이었다. "율법의 멍에를 메는 사람은 누구라도 국가의 멍에와 세상의 멍에에서 벗어난다. 그러나 율법의 멍에에서 벗어나는 사람은 국가와 세상의 멍에에 종속된다"(아보트 3:5). "메시아 왕"의 존재는 이러한 개념적 틀의 울타리 안에서 분명한 한계들, 곧 "금지"와 율법에 종속되는 조건과 함께 등장했고 랍비 유대교 안에서 규범이 되었다.

메시아 "사람의 아들"

묵시적 운동들의 광대한 성좌(星座) 안에서(특히 에녹계 흐름 안에서) 구원의 문제는 악의 초인간적 기원이라는 교리로 인해 복잡해지기 시작했다.[8] 이로 인해 이스라엘은 그들을 종속—이스라엘이 범죄함으로 인해 받게 된 인과응보적 종속—하고 있는 이방 민족들로부터의 해방은 물론 이 세상을 지배하고 있는 악의 세력들로부터의 해방까지 필요해졌다. 결국 이 세상의 통치자들과 사탄, 그리고 사탄의 통치를 받는 천상의 군대들(이 세상의 권세자들의 주인들)과 싸워야 한다는 필요성이 부각됐고, 그에 따라 천상적 메시아에 대한 필요성이 드러났다. 이 땅에 죄악을 전파하는 존재들은 하늘에서 왔고, 인간들은 결코 그들을 정복할 수 없다. 그렇기 때문에 메시아가 그의 원수들보다 더 강한 존재가 되려면 응당 하늘에서 와야만 했다.[9]

주전 1세기 후반에 완성된 문서로 추정되는 『에녹의 비유』(Book of Parables of Enoch)에 등장하는 "인자(人子)," 곧 다니엘서의 환상에 등장하는 대천사 미가엘[D]은 다른 종류의 천상적 존재 곧 마지막 때에 자신을 드러낼 심판자가 된다.[10] 그리고 그는 "영광의 보좌에 앉아

---

8   Gabriele Boccaccini, *Roots of Rabbinic Judaism: An Intellectual History, from Ezekiel to Daniel* (Grand Rapids: Eerdmans, 2002).

9   Paolo Sacchi, "Messianism," chapter 14 of *The History of the Second Temple Period* (Sheffield: Academic Press, 2000), 380-408.

10 Sabino Chialà, *Libro delle Parabole di Enoc* (Brescia: Paideia, 1997); Gabriele Boccaccini, ed., *Enoch and the Messiah Son of Man: Revisiting the Book of Parables* (Grand Rapids: Eerdmans, 2007); George W. E. Nickelsburg and James C. VanderKam, *1 Enoch 2: Book of Parables, Book of the Luminaries*

영들의 주^{E}의 이름으로 아자젤(Azazel)과 그의 추종자들과 그의 군대를 심판한다"(에녹1서 55:4). 천상의 군대들이 창조되기 전, 다시 말해 첫 창조 때 만들어진 인자는 선재적이고 또한 초인적인 존재로서 그의 영광스러운 나타남이 도래하기까지 "숨겨진" 상태로 있어야 했다.

> 그때 인자(人子)는 영들의 주(Lord of the Spirits), 즉 날들의 주^F 앞에서 이름을 받았다. 해와 달조차 창조되기 전, 별[즉, 천사들]이 창조되기도 전, 그는 영들의 주 앞에서 이름을 받았다. 그는 의인들을 위한 지팡이가 되어 의인들이 그에게 기대어 넘어지지 않게 할 것이다. 그는 이방인의 빛이 될 것이며 마음이 아픈 자들의 소망이 될 것이다. … 그는 세상이 창조되기 전에 그리고 영원히 [영들의 주] 앞에 숨겨져 있었다(에녹1서 48:2-6).

그러므로 "하늘에는 두 권세자들"(Two powers in heaven)이 있다.[11] 바로 이것이 『에녹의 비유』가 다니엘서의 환상(단 7:9)에 등장하는 "보좌들"에 대한 신비한 언급을 설명하는 방식이다. 인자는 하나님의 심판을 받는 대상이 아니다. 그는 심판의 집행자, 곧 가장 높은 자의 우편에 있는, "영광의 보좌에 앉으신"(에녹1서 69:29) 판사이다. 이런 면

(Minneapolis: Fortress, 2012).

11   Alan F. Segal, *Two Powers in Heaven: Early Rabbinic Reports about Christianity and Gnosticism* (Leiden: Brill, 1977).

에서 인자는 하나님처럼 존귀와 영광과 예배를 받기에 합당하다. 신적 특징들과 기능들은 메시아의 형상에 귀속되는데, 메시아의 권위는 가장 높으신 하나님의 권위와 뒤섞이기 때문에 메시아도 하늘과 땅에서 숭상의 대상이 된다. "땅에 사는 모든 자들은 그(인자를 가리킴 - 역주) 앞에 엎드려 경배할 것이다. 그들은 영들의 주의 이름을 영화롭게 하고, 축복하며 노래할 것이다"(에녹1서 48:5). 그러나 『에녹의 비유』에 따르면 하나님과 인자 사이에는 분명한 차이가 있다. 하나님께서는 창조주이신 반면 인자는 피조된 존재이다.

예수는 어떤 종류의 메시아였나?

학자들은 역사적 예수가 남긴 메시아적 메시지를 재구성하는데 어려움을 겪고 있다. 그리고 예수의 메시아적 자의식을 꿰뚫어 보는 작업도 사실상 불가능하다. 예수는 문서를 남기지 않았고, 그의 설교에 대한 동시대의 보고문도 없다. 그러므로 우리는 그의 추종자들이 남긴 증언, 즉 예수의 사후에 남겨진 증언에만 의존해야 한다. 역사적 예수에 관해 우리가 알고 있는 모든 정보들—"세례 요한의 묵시적 운동에서 시작된 그의 활동의 기원, 그의 생애에 알려진 사건들, 그리고 그의 사후에 추종자들에 의해 시작된 묵시적 운동—은 예수가 자신과 자신의 사명을 묵시적 용어들로 이해했음을 시사한다."[12]

예수의 많은 어록들은 나사렛에서 온 선생에게 분명한 예언자

---

12   Collins, *King and Messiah*, 171.

적 자의식이 있었음을 나타낸다. 그 어록들 중 일부, 이를테면 예수가 본인의 고향에 대해 실망을 표현한 구절("예언자는 자기 고향과 자기 친척과 자기 집 밖에서는, 존경을 받지 않는 법이 없다"[막 6:4])이나, 예루살렘을 향해 예언적 애가를 짓는 구절("예루살렘아, 예루살렘아, 네게 보낸 예언자들을 죽이고, 돌로 치는구나!"[마 23:37; 눅 13:34])은 역사적 예수가 남긴 가르침 중 가장 신뢰할 만한 구절들로 인정된다. 그러나 기독교 전통은 처음부터 (아마도 예수가 살아있던 이른 시기부터) 나사렛 출신의 교사와 선지자에게 하나님 아버지와 매우 특별한 관계를 부여했고, 초인간적인 특징들과 기능들을 부여했다. 실제로 예수의 세례 사건과 변화산 사건의 내러티브들에는 하늘에서 선포된 음성이 등장한다. "너는 내 사랑하는 아들이라 내가 너를 기뻐하노라"(막 1:11; 9:7). 예수 안에서 "예언자 가운데 한 분," 부활한 세례 요한, 혹은 엘리야를 보는 사람들은, 베드로의 신앙—예수를 가리켜 "그리스도이십니다"(막 8:28-29)"라고 고백한 신앙—과 대조된다. 실제로 예수는 그의 첫 추종자들에게 있어서 의로운 선지자 그 이상의 존재였다. 예수는 바로 그 의로운 자 (the Righteous One)였다. 게다가 종말적 메시아인 그는 단지 하나님의 아들이 아니라 하나님의 사랑받는 아들이기도 했다.

　　예수가 본인에 대해 명시적으로 언급한 메시아적 진술이 거의 없다는 사실은 놀랍지 않다. 제2성전기 유대교의 다양한 세계 속에서 메시아라는 용어는 매우 애매모호했기 때문이다. 1세기에 메시아로 가장한 사람들이 가장 먼저 풀어야 할 숙제와 도전은 그들이 제시하는 메시아적 주장들의 특징을 구체화하는 일이었다. 그러므로 예수에게 본인을 에녹계 인자와 연결시키는 어록들만 할당되었다는 점은 더욱 의미가 있다. 예수가 다윗의 자손으로서의 메시아를 언급한 유일한 경우는 그 개념을 온전히 부정하기 위한 목적 때문이었다. "그리스도를 다윗의 자손이라고 하는 [바리새인] 율법학자들"에게 예수는 "다윗 스스로가 그를 주라고 불렀는데, 어떻게 그가 다윗의 자손이 되겠느냐?"(막 12:35-37)라는 점을 지적하며 논쟁적인 반박을 시도했다. 예수가 언급한 메시아적 사상은 인자를 향한 에녹계 믿음이다. 그 믿음에 따르면 인자는 선재적인 천상의 존재로서 창세 이후로부터 마지막 때까지 그 이름이 "숨겨져" 있다. 그리고 마지막 때 그는 자신을 심판자로 계시하고, "자기 아버지의 영광에 싸여 거룩한 천사들을 거느리고 올 것"(막 8:38)이다. 인자의 나타남으로 인해 이 세상의 "강한 자"의 권세는 종지부를 찍는다. "그보다 더 힘센 자," 즉 이 세상의 강한 자를 결박하고 "그의 소유를 약탈"할 수 있는 힘센 자가 왔기 때문이다(눅 11:22). 예수가 대제사장에게 받은 죄명인 "신성 모독"은 힘없는 죄인의 메시아적 자기 선언도 아니고(이러한 선언은 동정이나 비웃음의 문제였을 것이다), 완전한 신적 정체성에 대한 진술도 아니었다(신적 정체성에 대한 부분은 대제사장의 질문이나 예수의 대답에 함축되어 있지 않다). 본인의 메시아 됨(messiahship)에 대한 질문—모든 유대인들은 하나님 아버지와 특별한 부자 관계를 맺는다("당신이 메시아, 곧 찬송받을 자의 아들인가?")—에 직면한 예수는 초인간적이고 천상적인 정체성을 주장했다. "내가 그니라 인자가 권능자의 우편에 앉은 것과 하늘 구름을 타고 오는 것을 너희가 보리라"(막 14:61-62).

결론

근본적인 차이점은 비슷한 종말적 기대들을 공유했던 다른 제2
성전기의 유대인 집단들로부터 예수의 추종자들을 분리시켰다. 예
수의 제자들은 메시아("신랑")가 이미 오셨다고 믿었지만, "요한의 제
자들과 바리새파 사람들"은 그가 아직 오지 않았다고 믿었다(막 2:18-
20; 마 9:14-15; 눅 5:33-35). 그러나 윌리엄 D. 데이비스(Davies)의 결론처럼
메시아의 정체성에 대한 문제가 유일한 쟁점이었다거나 혹은 주요
한 쟁점이었다고 말하는 것은 문제를 지나치게 단순화시키는 일이
다.[13] 제2성전기의 유대인들은 종말적 메시아에 대해 서로 다른 생
각을 품고 있었고, 그들이 품고 있는 메시아에 대한 서로 다른 기대
들은 서로 다른 신학적 세계관들 속에서 그 틀이 잡혀갔기 때문이
다.

예수의 초기 추종자들의 주장에는 메시아가 이미 나타났다는
믿음뿐 아니라 메시아가 왜 마지막 때가 되기 전에 나타났으며 그
가 무엇을 성취할 것인지에 대한 부분까지 담겨있다.

공관복음 전통(synoptic tradition)이 형성될 무렵, 예수의 초기 추종
자들은 다음과 같은 뚜렷한 견해를 발전시켰다. 예수는 단지 메시
아의 이름과 정체를 밝히고 종말이 임박했음을 알리러 온 것이 아
니다. 일개의 선지자로도 그런 임무를 완수하기에는 충분했다. 예수

---

13   William D. Davies, *Paul and Rabbinic Judaism: Some Rabbinic Elements in
      Pauline Theology* (London: SPCK, 1948). Brad H. Young, *Paul the Jewish
      Theologian: A Pharisee among Christians, Jews, and Gentiles* (Peabody, MA:
      Hendrickson, 1998)도 보라.

의 초기 추종자들의 관점으로 보자면 그러한 사명은 세례 요한에 의해서 이미 성취되었다. 그러나 예수는 세례 요한보다 더욱 위대한 존재였다. 예수의 추종자들은 묵시적인 요건들로 예수를 이해했다. 그는 인자(人子), 곧 마지막 때에 악을 징벌할 최후의 심판자이자 파괴자였다.

예수의 초기 추종자들은 예수의 초림이 악한 세력들의 최종적 멸망을 의미한다고 주장하지 않았다. 인자인 예수는 악한 영들을 다스리는 권세를 가지고 있었으나 아직 그들을 멸하러 온 것이 아니었다. 더러운 영이 "나사렛 사람 예수님, 왜 우리를 간섭하려 하십니까? 우리를 없애려고 오셨습니까? 나는 당신이 누구인지 압니다. 하나님께서 보내신 거룩한 분입니다"(막 1:23-25)라고 말했을 때, 그때는 아직 최후의 심판, 즉 인자가 죄인들을 "마귀과 그의 천사들과 함께 저들을 위해 준비된 영원히 꺼지지 않는 불 속으로" 던져 넣을 때는 아니었다(마 25:41).

그러면 마지막 때가 오기 전, 즉 하나님께서 그에게 주재(主宰)하도록 임명하신 최후의 심판이 집행되기 전에 심판자인 메시아가 나타난 이유는 무엇인가? 예수의 초기 추종자들은 이 질문에 대한 명확한 답을 갖고 있었다. 메시아 예수가 하나님의 나라를 회복하는 과정에서 분명한 사명 한 가지를 성취했다. 그는 "땅에서 죄를 용서하는 권세를 가지고 있는 자", 곧 인자의 신분으로 오셨던 것이다(막 2:10; 마 9:6; 눅 5:24).

Chapter 5

The Eschatological Gift of Forgiveness

용서의 종말적 선물

PAUL'S THREE PATHS TO SALVATION

제5장

용서의 종말적 선물

에녹계 전통이 말하는 죄 용서

묵시적 전통 안에서, 특히 에녹계 전통의 흐름 속에서 죄 용서에 대한 언급은 역설적으로 들릴 수 있다. 에녹계 "불평의 신학"의 중심에는 분명 죄 용서를 철저히 거부하시는 하나님에 대한 내용이 있다. 니켈스버그(Nickelsburg)는 그의 주석 서문에 짧은 단락을 할애해 "『에녹1서』에 나타나는 사소한 문제"라고 명명(命名)한 요소들을 다룬다. 그는 앞서 언급한 내용, 곧 죄 사함을 거부하시는 하나님에 대한 에녹1서의 관심 부족의 원인을 그 문서가 갖는 "의인과 죄인의 흑백 분리"에 있다고 본다.[1]

이와 같은 사안은 유대교의 묵시적 전통과 기독교의 기원 사이

---

1   George W. E. Nickelsburg, *1 Enoch 1*, Hermeneia (Minneapolis: Fortress, 2001), 54.

의 관계를 연구하는 데 중요한 영향을 끼친다. 에녹계 문서에 하나님의 용서에 대한 언급이 없다는 사실은 에녹계 문서와 초기 예수 운동의 글들—죄 용서의 개념이 중심이 되는 글들—사이에 밀접한 연결과 연속성을 확립하려는 시도에 큰 장애물이 된다. 용서하는 예수가 용서하지 않는 에녹과 무슨 상관이 있나는 밀인가?

언뜻 보기에는 『에녹1서』의 내용이 니켈스버그의 결론을 확증해 주는 듯 보인다. 『에녹1서』에는 회개와 용서에 대한 메시지가 명백히 부재(不在)하기 때문이다. 하나님께서는 에녹을 용서의 선포자로 부르지 않으셨다. 오히려 비(非)용서(혹은 반[反]용서)의 전령자로 부르셨다. 에녹은 "저들에게 용서가 없을 것이다"는 하나님의 선언을 타락한 천사들(감찰자들)에게 전하는 자로 선택되었다(에녹1서 1:12). 동정심이 많은 에녹은 타락한 천사들로부터 그들을 위해 중재해달라는, 또한 "그들이 용서를 받을 수 있도록 하늘의 주 앞에서 청원서를 읽어 달라는 간청"을 받았다(에녹1서 13:4-5). 그리고 그 부탁에 동의까지 했다. 그러나 결국 에녹은 하나님으로부터 훈계를 받았고, 타락한 천사들에게 그들의 청원이 "수락되지 않을 것임"을 전달해야만 했다. 하나님께서 타락한 천사들에게 남기신 마지막 선포는 용서에 대한 희망의 여지를 조금도 남겨두지 않는다. "타락한 천사들에게 '너희에게 평안이 없다'고 전하라"(에녹1서 16:4).

천사들의 죄는 용서가 안 된다는 크고 분명한 메시지는 에녹계 유대교(Enochic Judaism)의 생성 사상에 속한다.ᴬ 만약 천사들이 용서를 받았다면 에녹계의 모든 체계는 무너졌을 것이다. 왜냐하면 이 세상이 악한 이유는 타락한 천사들의 죄는 용서가 안 되기 때문이고, 또한 우주의 본성적 선(善)은 마지막 때 새 창조가 이루어지기 전까지 복구되지 않기 때문이다.

에녹계 후기의 문서인 『꿈 - 환상의 책』과 『에녹의 서신』은 의인과 죄인을 명확히 구분하지만 죄 용서에 관해서는 언급하지 않는다. 『동물 묵시록』에도 눈을 뜨는 흰 양들은 등장하지만 흰 양이 되는 검은 양은 없다. 『에녹의 서신』에서는 의인과 죄인의 대립이 부요한 자와 가난한 자, 억압하는 자와 억압 당하는 자, 가진 자와 못 가진 자 사이의 사회적 갈등으로 바뀌었다.[2]

『에녹1서』의 서론을 구성하는 장(章)들도 인류를 두 진영으로 확실히 구분한다. 의인에게 약속되어 있는 "죄 용서와 모든 자비와 평화와 관용"은 "구원"이라는 결과를 가져오는 반면, "모든 죄인들에게는 구원이 없고 오직 저주만 있다"(에녹1서 5:6).

그러나 죄인들에게 주어지는 죄 사함을 거부하는 모든 에녹계 전통의 일관성에도 불구하고 『비유의 책』을 시작으로 무엇인가가 크게 변화했다. 언뜻 보기에는 『비유의 책』이 우리가 앞서 봤던 에녹계 문서들처럼 억압하는 자와 억압 당하는 자, 의인과 죄인 사이에 타협할 수 없는 대립의 관계를 복수와 심판의 언어로 반복하며 기술하는듯 보인다.

『비유의 책』은 『감찰자들의 책』을 연상시키는 표현을 사용하여

---

2   특히 "에녹의 서신"에 관해서는 Loren T. Stuckenbruck, *1 Enoch 91–108*, CEJL (Berlin: de Gruyter, 2007)를 보라.

최후의 심판 때 죄인들, 특히 창조 초기에 타락한 천사들과 비슷한 운명에 놓인 "왕들과 강한 자들"이 벌을 받게 된다고 말한다. "아무도 그들을 위해 영들의 주(Lord of the Spirits)께 자비를 구하지 않을 것이다"(에녹1서 38:6). 그리고 그들의 범법적 행위들이 본인들을 정죄하게 된다. "그때 에녹은 열정과 진노의 책들과 불안과 추방의 책들을 받았다. 영들의 주께서 저들에게 자비가 베풀어지지 않을 것이라고 말씀하셨다"(에녹1서 39:2).

반면 의인들은 구원을 받는다. 네 명의 천사장들이 의인들을 위해 중보하며 "영광의 주[B] 앞에서 찬송할 것이다"(에녹1서 40:3). 아주 신비스럽게도 네 번째 천사장의 임무는 "사탄들(satans)을 물리치고 그들이 이 땅에 거하는 자들을 참소하러 영들의 주 앞에 나아가는 것을 금하는 일"(에녹1서 40:7-8)로 소개된다. 『감찰자들의 책』에 따르면 네 명의 천사장들(미가엘, 라파엘, 가브리엘, 우리엘)은 타락한 천사들의 형벌과 의인들의 구원을 관장한다(에녹1서 9-11). 『비유의 책』에도 동일한 집단(미가엘, 라파엘, 가브리엘)이 활동한다. 하지만 네 번째 천사장은 "파누엘, 즉 영생을 얻은 자들을 소망으로 인도하며 회개를 관장하는 자"(에녹1서 40:9)로 소개된다. 이 본문은 최후의 심판 때 회개가 특별한 역할을 한다고 암시한다. 이때 일부의 사람들은 선행이 아니라 회개를 했기 때문에, 그리고 사탄들이 그들의 죄를 하나님께 고발하지 못하도록 (파누엘에 의해) 제지를 받았기 때문에 구원을 받게 된다. 여기에 언급된 사탄들은 반역한 천사들이나 악한 영들이 아니라, 최후의 심판 때 검사의 직분으로 사람들의 죄를 폭로할 고발 천사들을 의미한다(슥 3:1-7 참조). 그 이상의 자세한 내용은 40장에 나오지 않는다. 그러나 『비유의 책』이 우리엘(형벌의 천사)을 파누엘(『비유의 책』에 처음으로 등장하는 회개의 천사)로 대체했다는 사실은 심판에 대한 개념을 구성하는 요소가 바뀌었음을 암시한다. 이는 최후의 심판이 악의 멸망(과 의인들의 구원)이란 개념에서 멈추지 않고, 죄인들을 향한 하나님의 자비로운 행동까지도 포함한다는 점을 시사한다.

『에녹1서』의 48장은 인자(人子)인 메시아가 최후의 심판 때 나타낼 계시에 주목한다. 본문은 다니엘서 7장에 대한 확실한 언급을 포함하고 있지만, 본래의 내용과는 달리 인자(人子)는 하나님의 판결을 받는 대상이 아니라 하나님의 보좌에 앉아 있는 심판자로 나타난다. 최후의 심판은 각 사람의 행위에 따라 결정된다. 의인들은 선행으로 가득 차 있고 "이 불의한 세상을 미워하고 경멸하였기"(에녹1서 48:7) 때문에 하나님의 이름으로 구원을 받게 된다. 하지만 이와는 정반대의 운명이 죄인들과 왕들과 강한 자들을 기다리고 있다. 이들은 "자신들이 손으로 이루어낸 행위들 때문에"(에녹1서 48:8) 구원을 받지 못한다.

이후 하나님의 공의와, 선택된 자들을 칭송하는 짧은 막간(幕間)이 이어지고(에녹1서 49), 50-51장에서는 심판의 우주적인 측면을 부각시키는 내용이 등장한다. 그날은 "땅이 맡아 두었던 것들을 돌려줄 것이고, 스올도 받은 것들을 돌려줄 것이다(에녹1서 51:1). 그리고 (예상되었듯이) 의인들은 상급을 받고 죄인들은 그들의 행위에 따라 형벌을 받는다는 내용이 반복된다. 하지만 아주 뜻밖에도 의인들과 죄인들 이외에 세 번째 집단("다른 자들")이 나타난다. 곧 "회개하고 자신들의 손으로 이루어낸 행위들을 버리는 자들"이다.

> 그때 거룩하고 택함을 받은 자들을 위한 변화가 일어나고, 날들의 빛이 그들 위에 머물며, 영광과 존귀가 거룩한 자들에게 돌아오게 된다. 고난의 날에 죄인들에게는 재앙이 쌓인다. 그리고 의인들은 영들의 주의 이름으로 승리한다. 영들의 주께서 다른 자들로 하여금 [이것을] 목격하도록 하여 그들이 회개하고 그들의 손으로 이루어낸 행위들을 버리게 하신다. 그들은 영들의 주 앞에서 영예를 얻지 못하지만, 그분의 이름을 통해 구원을 받으며, 영들의 주께서 그들에게 자비를 베푸신다. 그분의 자비가 크기 때문이다. 그분의 심판은 의로우며 그분의 영광 앞에서 불의가 설 수 없다. 영들의 주께서 심판하실 때 회개하지 않는 자들은 그분 앞에서 멸망한다. 영들의 주께서 "이후로는 그들을 긍휼히 여기지 않을 것이다"라고 말씀하셨다(에녹1서 50:1-5).

에녹계 전통의 맥락으로 볼 때 이 본문은 매우 중요하다. 그 이유는 최후의 심판 때 하나님께서 회개하는 일부의 죄인을 긍휼히 여기시고 용서하신다는 사상이 처음으로 소개되고 있기 때문이다. 그러나 이 본문은 마땅히 받아야 할 주목을 받지 못했고, 최근에 쓰여진 『비유의 책』의 종합 주석들—사비노 치아라(Sabino Chialà[1997]), 다니엘 올슨(Daniel Olson[2004]), 조지 니켈스버그(2012)—에서도 잘못

번역되었거나 잘못 해석되었다.[3]

대부분의 사본들과 이전의 모든 번역본들처럼, 치아라는 3절을 "그들은 영예를 얻지 못할 것이다"로 바르게 번역—그들이 하나님 앞에 "공로"가 없을 것이라는 의미의 번역—한다. 그러나 그의 주석을 보면 치아라는 이 구절을 "의인들"에 대한 내용으로 이해하고 있음을 알 수 있다. 곧 그들이("다른 자들"이 아니라) 문장의 주어이다. 그러므로 치아라는 이 구절을, 하나님의 심판은 의인들(하나님 앞에서 그 어떠한 "영예"도 주장할 수 없는 의인들)에게조차 신적 자비에 온전히 토대를 두고 있다는 일반적인 의미의 진술로 해석한다. 그러나 이러한 해석은 『비유의 책』이 48장에서 진술했던 내용과 모순된다. 의인들에게는 선행이 있지만 죄인들에게는 없다. 게다가 『비유의 책』의 저자는 이곳에서 "다른 자들"(회개하고 자신들의 손으로 이루어낸 행위들을 버리는 자들)을 언급하는데, 다음 구절들이 "의"(義)가 아닌 회개에 대한 논의를 ("죄인들"을 "회개하지 않은 자들"로 부를 정도로) 이어 나간다는 사실에서 치아라의 해석은 모순임이 다시 한번 입증된다(에녹1서 48:4-5).[4]

올슨은 부정적 표현("영예 없음")이 생략된 일부 사본들의 존재를 알고 있다. 아울러 해당 구절에 등장하는 "다른 자들"에게 주어지는 구원이 하나님의 자비로운 행동에 기인한다는 점도 인식하고 있다.

---

3   Sabino Chialà, *Libro delle parabole di Enoc: testo e commento* (Brescia: Paideia, 1997); Daniel C. Olson, *Enoch: A New Translation* (North Richland Hills, TX: BIBAL Press, 2004); George W. E. Nickelsburg and James C. VanderKam, *1 Enoch 2*, Hermeneia (Minneapolis: Fortress, 2012).

4   Chialà, *Libro delle parabole*, 224.

"예수의 포도원 일꾼들 비유도 이와 비슷한 가르침을 준다."[5] 그러
므로 "다른 자들"은 의인들이 아니라 죄인들로 봐야 한다. 하지만
올슨은 "다른 자들"을 틀림없는 이방인이라고 결론지었다. "이 장
은 이방인들이 회개하고 개종하는 동안에 의인들에게 찾아오는 안
도와 번영의 시간을 선세하고 있다."[6] 하지만 본문은 이방인을 언급
하지 않고 있다. 게다가 에녹계 전통은 오직 이방인들만 죄인들이
고 유대인들은 모두 "의인들"이라고 결코 말하지 않는다. 결론적으
로 "다른 자들"은 "의인들"과 반대되는 "회개하는 죄인들"(유대인들과
이방인들 모두)로 봐야 한다.

　니켈스버그 또한 "다른 자들"을 별개의 집단(의인들과 죄인들 사이의
중간 집단)으로 바르게 식별한다. 하지만 그는 "다른 자들"을 "의인들"
의 하위 집단, 즉 의인들과 같은 공로는 없지만 그들과 같은 운명을
공유한 집단으로 이해한다. "1-2b절에 언급된 의인들과 그들을 억
압하는 자들에 대한 내용에 따르면, 여기에 언급된 '다른 자들'은 의
인을 압제하는 자들 중에 포함되지 않은 이방인들이거나 의인들,
거룩한 자들, 그리고 선택을 받은 자들 중에 포함되지 않은 다른 이
스라엘 사람들이어야 한다."[7] 니켈스버그는 자신의 해석을 강화하
기 위해 대부분의 사본들(과 찰스, 올슨, 그리고 치아라와 같은 학자들이 제시한 이
전 번역본들)에 반대하는 이문(異文)이 있는 (오직 두 개의) 사본들에 의존하

5　　Olson, *Enoch*, 94.

6　　Olson, *Enoch*, 94.

7　　Nickelsburg and VanderKam, *1 Enoch 2*, 182.

여 문서의 내용을 임의대로 수정한다. 그는 그렇게 부정적인 내용
("영예 없음")을 제거하여 "그들은 영예를 얻지 못할 것이다"를 "그들
에게 영예가 있을 것이다"로 번역했다. 의인들과 같이 "다른 자들"
도 하나님 앞에서 "영예"를 얻고 하나님의 이름으로 구원을 받는다
는 의미로 말이다. 그러나 본문 속에 등장하는 "다른 자들"은 그들
이 누구냐가 아니라 그들이 무엇을 하느냐("그들이 회개하고 그들의 손으로
이루어낸 행위들을 버린다")에 의해 정의된다. "그들의 손으로 이루어낸 행
위들"이라는 표현이 우상 숭배를 의미한다는 니켈스버그의 해석은
동일한 표현이 죄인들을 나타내기 위해 48:8에 사용됐다는 점을 통
해 모순임이 드러난다. "그들의 손으로 이루어낸 행위들로 말미암
아 땅을 소유한 강한 자들은 … 구원을 받지 못한다." 그러므로 "다
른 자들"은 "선한 이방인들"도 아니고 "그럭저럭 괜찮은 이스라엘
사람들"도 아니다. "다른 자들"은 죄인들과 마찬가지로 하나님 앞
에서 영예를 주장할 수 없는 자들이다.

치아라, 올슨, 니켈스버그는 모두 본문의 혁명적인 중요성을 놓
치고 있다. 본문은 마지막 때에 "의인들"과 "죄인들"과 함께 세 번
째 집단의 출현을 말하고 있다. 의인들은 "영예"(공덕, 선행)가 있어 하
나님의 이름으로 구원을 받는다. 하지만 "죄인들"은 영예(와 공로)가
없기 때문에 하나님의 이름으로 구원을 받지 못한다. "다른 자들"은
의인들의 하위 집단도 아니고 죄인들과 이방인들보다 죄가 덜한 집
단도 아니다. 오히려 본문이 확실히 언급하고 있는 바와 같이 그들
은 회개하고 그들의 손으로 이루어낸 행위들을 버리는 죄인들의 하

위 집단이다. 죄인들과 마찬가지로 (그리고 의인들과는 달리) "다른 자들"에게는 하나님 앞에서 나타낼 "영예"(나 선행이나 공로)가 없다. 하지만 그들은 회개를 통해 의인과 같이 (그리고 회개하지 않는 죄인들과는 달리) 하나님의 이름으로 의롭게 되고 구원을 받는다.

다시 말해서, 본문은 그지 초기 랍비 운동에서 폭넓게 논의되었던 주제인 최후의 심판 때 나타날 하나님의 자비와 정의와의 관계를 탐구하는 것이 아니다. 하나님의 자비가 개입하지 않고는 그 누구도(심지어 의인들조차도) 구원을 받지 못한다는 개념은 모든 유대교의 전통에 깔려 있는 공통된 가정이다. 『에녹1서』의 50장에 있는 본문은 일부 죄인들이 하나님의 공의와 별개인 하나님의 자비만으로 칭의를 얻을 가능성을 제기하고 있다.

『비유의 책』에 의하면 의인들은 하나님의 공의와 자비에 의해 구원을 받고, 죄인들은 하나님의 공의와 자비에 의해 정죄를 받는다. 그러나 회개하는 자들은 (하나님의 공의에 의하면 구원을 받으면 안 되지만) 하나님의 자비에 의해 구원을 받게 된다. 회개는 하나님의 자비가 하나님의 공의를 덮게 하기 때문이다. 본문에 성전과 선행에 관련된 전통적인 속죄(贖罪)의 수단은 언급되지 않는다. 『비유의 책』은 하나님과 메시아가 나타날 그때를, 죄인들에게 회개와 칭의의 마지막 기회가 주어지는 (짧은) 시간으로 언급한다. 시간은 제한되어 있다. 심판이 끝나면 "회개하지 않은 자들"에게 더 이상 용서의 기회가 주어지지 않는다. 곧 회개하지 않은 자들은 영원히 멸망하게 된다.

드디어 우리는 최후의 심판이 진행될 때 파누엘에게 부여될 특별한 기능이 무엇인지 알게 되었다. 회개를 관장하는 천사장 파누엘은 사탄들이 회개한 죄인들을 고발하는 행위를 막음으로써, "다른 자들"이 하나님의 공의와 별개로 구원을 받도록 조력(助力)한다. 아울러 회개한 일부의 죄인들은 하나님의 자비로 인해 용서를 받는다. 그러므로 "다른 자들"의 정체는 의롭게 된 죄인들이다.

50장을 이렇게 해석하는 독법은 『비유의 책』에 나타나는 전반적인 내용과 일치하며, 또한 우리로 하여금 책의 흐름을 보다 잘 파악할 수 있도록 돕는다. 우리는 마지막 때 회개하는 죄인들에게 용서가 주어진다는 점을 확인했다. 하지만 본문은 회개의 가능성이 모든 자들에게 주어지는 기회가 아니라는 사실을 분명하게 말한다. 회개의 가능성은 타락한 천사들에게는 주어지지 않으며(따라서 에녹계 체계의 완전성을 보존한다), 왕들과 강한 자들에게도 주어지지 않는다.

우리는 54장에서 다음과 같은 구절을 볼 수 있다. "왕들과 강한 자들[은] … 아자젤의 군대들이다. … 그리고 미가엘, 가브리엘, 라파엘, 파누엘은 그 큰 날에 아자젤의 군대들을 붙잡아 불타는 풀무불에 던질 것이다. 영들의 주께서 사탄에게 복종하고 땅에 거하는 자들을 미혹한 이 군대들의 불의를 보시고 그들을 벌하실 것이다"(에녹1서 54:1-6). 여기에서 (파누엘을 포함한) 천사장들의 지원이 없다는 점은 왕들과 강한 자들에게 회개의 가능성이 주어지지 않는다는 점을 확인시켜 준다.

왕들과 강한 자들의 몰락은 이야기의 수사학적 전개에 의해 더욱 극적으로 묘사된다. 그들의 운명은 다른 죄인들의 운명과 극명하게 대조된다. 니켈스버그가 "역할 반전의 비참한 장면"[8]으로 묘사한 부분을 보면, 심판의 때 "왕들과 강한 자들과 고귀한 자들 그리고 땅을 다스리는 자들이 인자 앞에 얼굴을 조아리게 된다. 그들은 인자를 숭배하고 그에게 소망을 둔다. 그리고 인자에게 자비를 빌고 간청한다"(에녹1서 62:9). 이 구절에 사용된 언어들은 다시 한번 『감찰자들의 책』을 연상시킨다. 마치 타락한 천사들이 에녹에게 부탁했듯이 왕들과 강한 자들도 인자에게 자비를 간청한다. 그들 역시도 하나님의 자비를 이용할 수 있기를 바라고 있는 것이다. 하지만 상황은 왕들과 강한 자들의 뜻대로 흘러가지 않는다. "그러나 영들의 주께서 그들이 속히 자신의 면전에서 떠나도록 강요하신다. 그들의 얼굴은 수치로 가득 차게 되고, 얼굴에는 흑암이 더욱 짙게 드리운다. 영들의 주께서 그들을 징벌의 천사들에게 넘겨주심으로 그들이 보복을 당하도록 하신다"(에녹1서 62:10-11).

징벌하는 천사들의 손아귀에 붙들린 왕들과 강한 자들은 "자신들이 영들의 주 앞에 엎드려 경배하고 범한 죄를 고백할 수 있도록 약간의 휴식을 달라고 [하나님께] 간청한다"(에녹1서 63:1). 그러나 그들의 요청은 다시 한번 거절된다. 그들의 영원한 처소는 "땅에 내려와 봉인되었던 지식을 사람의 자녀들에게 나타내고, 사람의 자녀들이 범죄하도록 미혹했던 천사들"(에녹1서 64:1-2)을 가두는 장소가 된다.

---

8   Nickelsburg and VanderKam, *1 Enoch 2*, 266.

용서 그리고 용서하지 않는 메시아

『비유의 책』은 메시아에게 죄를 용서할 수 있는 그 어떤 특별한 능력도 부여하지 않는다. 그는 악의 심판자요, 파괴자이며, 왕들과 강한 자들의 간청에 귀를 기울이지 않는 자이다. 하나님의 자비는 천사장 파누엘을 통해서 작동한다. 파누엘의 개입 덕분에 회개하는 죄인들(즉, "다른 자들")은 인자가 내리는 심판으로부터 무죄를 선고받을 수 있다.

이 텍스트는 죄 용서나 회개의 문제에 아무런 관심도 기울이지 않았던 전통(그것들을 배제하는 일에만 관심이 있었던 전통)에 급진적인 전환이 있었음을 시사한다. 회개는 이제 『비유의 책』에 나타나는 핵심 주제가 되었다. 그리고 회개는 최후의 심판이 임박한 때를 살고 있는 죄인들의 주요 관심사가 되어야만 한다. 하나님께서는 타락한 천사들과 왕들과 강한 자들을 제외한 회개하는 자들을 당신의 자비하심으로 의롭게 하시기를 원하시기 때문이다.

『비유의 책』은 이러한 내용들을 구체적으로 풀어서 설명하지는 않는다. 하지만 우리가 공관복음에 기록된 세례 요한과 예수의 설교를 읽어보면, 마치 『에녹1서』의 50장에 대한 미드라쉬(midrash)를 읽는 듯한 느낌을 받는다. 이러한 연관성을 (역사적 세례 요한과 역사적 예수가 실제로 행했거나 의도했던 바를 반영, 조정, 수정하는지에 대한 문제와는 별도로) 공관복음의 관점에서 보자면, 마지막 때는 이미 도래했고 하나님의 메시아는 예수 안에서 드러난 것으로 읽힌다. 그러므로 『에녹1서』에 기록된 예언은 더 이상 미래에 속하지 않고 인자인 예수와 그의 선구자인 세례 요한이 이 땅에 등장함으로 성취되었다고 볼 수 있다. 세례 요한과 예수의 모든 사역은 "다른 자들"을 위한 헌신이었던 셈이다.

공관복음이 제시하는 개념, 즉 초림의 메시아가 용서하는 자라는 개념은, 에녹계 체계의 급진적이시만 논리적이고 중대한 변형이다. 그리고 에녹계 문제에 대한 답이기도 하다.[9] 최후의 심판 직전에 회개할 기회가 주어졌다는 개념과 그때 죄인들은 회개하는 자들("다른 자들")과 회개하지 않는 자들로 나눠지게 된다는 예언은 공관복음이 서술하는 세례 요한과 예수의 사역의 필수 전제들로 작용한다.

광야에 살았고 무수한 제자들이 있었으며, 헤롯 안티파스(Herod Antipas)에 의해 처형된 역사적 세례 요한은 순결과 도덕을 강조했던 복잡한 인물이었음에 틀림없다. 하지만 그의 설교에 대한 공관복음의 해석은 세례 요한을 『비유의 책』에 의해 열려진 사상의 궤적 위—인자인 예수의 선구자로서의 요한—에 올려 놓았다. 요한은 "회개하고 그들의 손으로 만든 행위들을 버리는 자들"이 비록 하나님 앞에서 "영예는 없다"고 할지라도 하나님의 자비로 말미암아 칭의를 받게 된다는 소식을 공표하러 왔다. 이 땅을 불로 정결하게 할 최후의 심판의 임박한 도래는 이 세상에서 "영예가 없는" 자들을 회개와 죄 사함으로 초대하는 긴급한 요청이다. 요한이 전하는 초청

---

9   Gabriele Boccaccini, "Forgiveness of Sins: An Enochic Problem, a Synoptic Answer," in *Enoch and the Synoptic Gospels: Reminiscences, Allusions, Intertextuality*, ed. Loren T. Stuckenbruck and Gabriele Boccaccini (Atlanta: SBL Press, 2016), 153–67을 보라.

의 긴박함은 결국 회개할 수 있는 일말(一抹)의 기회가 주어지며 그 후에는 더 이상 회개의 시간이 없다는 『비유의 책』의 견해와 일치한다.

심판자와 심판의 불을 마주하는 일은 죄인들의 확실한 멸망을 의미한다. 이를 방지하기 위해 세례 요한이 제시한 해결책(회개의 세례)은 역시 에녹계 전통의 핵심 이야기, 즉 물의 정화적(淨化的) 가치에 그 기반이 있다. 세례 요한은 에녹계 전통의 홍수의 역할, 곧 악의 확산을 막기 위해 세상이 물 속에 잠기게 한 역할을 따랐다. 물로 세례를 받아야 하고, 그렇지 않으면 인자에 의해 심판의 불로 세례를 받게 된다는 내용은, 공관복음이 이해하는 세례 요한의 메시지이다. 그리고 이와 같은 해석은 요한의 메시지를 (성령에 의한) 기독교의 세례에 대한 예언으로 제시하려는 기독교 저자들의 관심사와도 모순되지 않는다. 세례 요한의 표현은 『비유의 책』의 50장에 기록된 예언에 근거한 초대였던 것이다. 마지막 때 하나님께서는 죄인들에게 최후의 기회를 주신다. 만일 죄인들이 그들의 손으로 저지른 행위들을 진심으로 뉘우치고 버린다면, 비록 하나님 앞에 영예는 없다고 할지라도, 하나님의 긍휼이 하나님의 공의를 덮게 되고, 그들은 하나님의 이름으로 칭의를 받게 된다. 이처럼 『비유의 책』이 소개하는 메시아는 (공관복음이 예수에 대해 주장하는 바와는 대조적으로) 죄를 용서하는 일에 관여하지 않으며 악의 심판자와 파괴자의 역할만을 담당한다.

유사한 개념들이 『아담과 이브의 생애』(Life of Adam and Eve[LAE]) ―

일반적으로 주후 1세기의 것으로 여겨지는 문헌—에도 반영되어 있다. 이 문헌에 등장하는 죄인 아담은 요단강 물에 잠긴 채 40일 동안 참회한다(요한이 요단강의 흐르는 물에서 세례를 베풀었다는 점은 우연으로 볼 수 없다). 첫 번째 사람(첫 번째 죄인)은 "하나님께서 내게 자비를 베푸실지도 모른다"는 확고한 희망에 의해 움직인다(아담과 이브의 생애 4:3). 비록 에덴동산으로 돌아가도록 허락해 달라는 아담의 간청은 이루어지지 않았다 할지라도, 그의 영혼은 사후(死後)에 범죄의 값으로 마귀에게 넘겨지지 않고 하늘로 옮겨지게 된다. 하나님께서는 사탄의 불평에도 불구하고 당신의 자비로 그러한 결정을 내리신다.

용서하는 메시아, 예수

공관복음의 해석에 의하면 선구자로서의 세례 요한은 회개의 긴박성을 알리고 하나님의 자비에 기인한 소망을 공표할 수 밖에 없었다. 그러나 예수의 경우에는 문제가 달랐다. 그는 "땅에서 죄를 용서하는 권세를 지닌 인자(人子)"였다(막 2:10; 마 9:6; 눅 5:24). 예수는 사후(死後)에 "성령" 세례를 통한 용서의 능력을 제자들에게 남겨주었다. 그리고 불의 심판을 집행하기 위해 "아버지의 영광에 싸여 거룩한 천사들을 거느리고" 재림한다고 알렸다(막 8:38).

세례 요한의 경우처럼, 죄 사함이라는 주제가 예수가 본래 전했던 가르침의 일부였는지, 그리고 어떻게, 어느 정도까지 그의 가르침에 포함되었는지에 대한 논의가 진행 중이다.[10] 그러나 여기에서

---

10 Tobias Hägerland, *Jesus and the Forgiveness of Sins* (Cambridge: Cambridge

의 쟁점은 역사적인 세례 요한이나 예수에 대한 부분이 아니라 초기 예수 운동의 설교에 관한 부분이다. 죄 용서에 대한 묵시적 개념이 역사적 예수에게 소급되는지 아닌지에 관계없이, 그리고 성종현의 결론대로 죄 사함이 정말 "예수의 모든 사역의 중심"[11]에 있었는지 아닌지에 관계없이, 죄 사함이라는 주제는 확실히 처음부터 예수의 해석적 전통에 속해 있었다.

중요한 점은 용서의 개념이 도덕적 계명으로 소개되지 않고, 대신 묵시적 틀—세례 요한의 틀(framework)과 『비유의 책』의 틀과 유사한 틀—안에서 소개된다는 것이다. 주기도문(마 6:9-13; 눅 11:2-4)과 같은 전통에는 소망이 임박한 하나님의 나라("그 나라를 오게하여 주시며")에 있는 것으로 표현되고, 초인적 세력들에 의해 발생한 악의 권세가 주요 관심사로 부각된다("우리를 시험에 들지 않게 하시고, 악에서 구하여 주십시오").[C] 또한 용서를 구하는 간청은 주기도문의 핵심이며, 그 간청은 죄인들의 상응(相應)행동을 전제 조건으로 요구하는 듯하다("우리가 우리에게 죄 지은 사람을 용서하여 준 것 같이 우리의 죄를 용서하여 주시고"). 주기도문의 용서는 하늘에 계신 아버지의 특권이며 인자에게는 용서의 권세가 없다. 『비유의 책』이나 세례 요한의 설교와 마찬가지로 사람들이

University Press, 2012).

11   Chong-Hyon Sung, *Vergebung der Sünden: Jesu Praxis der Sündenvergebung nach den Synoptikern und ihre Voraussetzungen im Alten Testament und frühen Judentum* (Tübingen: Mohr Siebeck, 1993), 283. Teodor Costin, *Il perdono di Dio nel vangelo di Matteo: uno studio esegetico-teologico* (Rome: Gregorian University Press, 2006)도 보라.

기다리는 것은 최후의 심판 때, 즉 "자비한 사람[이]… 자비롭게 대[함받을 그때]"(마 5:7), 주어질 종말적 용서이다. 마태는 주기도문을 언급하면서 그러한 연관성(죄인들의 상응 행동)을 강조했다. "너희가 남의 잘못을 용서해 주면, 너희 하늘 아버지께서도 너희를 용서해 주실 것이다. 그러나 너희가 남을 용서해 주지 않으면, 너희 아버지께서도 너희의 잘못을 용서해 주지 않으실 것이다"(마 6:14-15; 막 11:25과 비교하라). 누가는 이보다 더 간결하게 말한다. "남을 용서하여라. 그리하면 하나님께서도 너희를 용서하실 것이다"(눅 6:37).

그러나 최종 편집을 거친 공관복음에 따르면 인자인 예수는 신적 용서의 전달자(messenger)일 뿐만 아니라 용서의 주요 동작주(agent)로 활동한다. 그는 중풍병자에게 "아들아, 너의 죄들이 용서받았다"는 표현을 신성 모독죄를 범하지 않고도 말할 수 있는 권위자로 소개된다. "인자에게 땅에서 죄를 용서하는 권세"가 있기 때문이다(막 2:1-10; 마 9:2-8; 눅 5:17-26).

마가는 하나님의 치유와 용서를 연결하는 전통적 양식을 발전시키면서("너의 모든 죄를 용서해 주시는 분, 모든 병을 고쳐 주시는 분, 주님을 찬송하여라"[시 103:2-3]), 예수의 치유 능력을 신적 용서의 현현으로 본다. "건강한 사람에게는 의사가 필요하지 않으나, 병든 사람에게는 필요하다. 나는 의인을 부르러 온 것이 아니라 죄인을 부르러 왔다"(막 2:17).

마태와 누가는 마가의 메시지를 기본적으로 반복하지만(마 9:12-13; 눅 5:31-32) 거기에 몇 가지 중요한 사항들을 첨가한다. 마태의 유년 내러티브에 따르면 천사가 요셉에게 예수의 구체적인 사명을 나타내는데, 그것이 바로 용서이며 예수의 용서하는 사명은 예수라는 이름에도 반영되어 있다. "너는 그 이름을 예수라고 하여라. 그가 자기 백성을 그들의 죄에서 구원하실 것이다"(마 1:21). 누가는 바리새인의 집에서 예수의 발에 향유를 부은 죄 많은 여인의 일화를 추가한다(눅 7:36-50). 이 이야기는 예수가 베다니에서 기름 부음을 받는 내러티브의 이차적 변형일 가능성이 높다(마 14:3-9). 하지만 그렇다고 해서 변형된 이야기의 중요성이 감소되는 것은 아니다. 누가가 베다니의 기름 부음 내러티브를 삭제한 이유가 무엇이든지 간에, 그는 그 내러티브를 단순히 줄일 수도 있었다. 하지만 누가는 그와 같은 방법을 취하지 않고 새로운 내러티브로 변형시키는 방법을 선택했다. 그렇게 변형된 이야기에는 중풍병자의 치유 내러티브에 등장하는 요소들(바리새인들의 질문과 예수의 명시적인 권위의 선포)과, 세리를 부르는 내러티브에 등장하는 요소들(막 2:13-17; 마 9:9-13; 눅 5:27-32)이 융합되어 있다. 후자와 비슷한 맥락을 가지고 있는 잔치 내러티브에서도 용서의 선물을 받는 사람은 상징적으로 아픈 사람이 아니라 명백한 죄인으로 나타난다. 수사학적으로 죄 용서라는 개념이 차지하고 있는 중심적 위치는 누가가 새로운 내러티브를 만들어 냈다는 점에서 확인된다. 누가의 새로운 내러티브에 따르면 누가의 믿음 곧 메시아에게 "네 죄가 용서받았다"(눅 7:48)는 선언을 말할 수 있는 "권위"가 있었다는 믿음을 예수가 스스로 반복한다.

인자의 출현으로 이 세상의 "강한 자"의 권세는 종착역에 도달했다. "그보다 더 힘센 사람"(눅 11:22), 곧 강한 자를 묶고 "그가 노략

한 것을 나누어 줄"(막 3:27) 수 있는 권세자가 도착했기 때문이다. 공관복음은 앞에 언급했던 구절들을 통해 세례 요한보다 높은 예수의 우월성을 나타낸다. 요한의 세례는 죄인들이 회개를 통해 "다른 자들"이 되라는 초대였다. 결국 회개하지 않는 자들만 저주를 받게 된다. 그러나 세례 요한은 하나님께서 선하시고 자비로우시다고 믿었다. 그래서 요한은 믿음 곧 하나님께서는 『아담과 이브의 생애』에 등장하는 아담처럼 회개와 믿음으로 간구하는 죄인들의 외침과 고뇌에 둔감하실 수 없다는 믿음과, 에녹의 예언에 근거하여 희망을 표현할 수 밖에 없었다. 요한의 추종자들에 따르면 예수는 요한보다 확고한 관점을 제시했는데, 그 이유는 용서의 약속이 인자인 그로부터 나오기 때문이었다. 그렇다. 하나님께서 종말적 심판자로 위임하신 자보다 더 많은 용서의 권위를 가질 수 있는 사람이 누가 있다는 말인가?

많은 사람들에게 보내짐

『비유의 책』에 비추어 공관복음을 해석하는 독법은 기독교 전통이 예수에게 귀속시킨 몇 가지 비유들을 조명해 준다. 잃어버린 양의 비유(마 18:10-14; 눅 15:1-7)는 하나님과 "다른 자들"의 관계를 정의한다. 누가의 탕자의 비유(눅 15:11-32)도 동일한 주제를 반복하지만 의인들과 "다른 자들"의 관계, 그리고 '아버지의 집을 결코 버리지 않았기 때문에 영예를 얻고 구원을 받을 자들'과 '영예는 없지만 회개했고 그들의 손으로 이루어낸 행위들을 버렸기 때문에 칭의를 받을 자들'의 관계에 대한 가르침을 추가한다. 많은 사례들이 있을 수 있겠지만, 그 어떤 비유도 마태가 기록한 포도원의 일꾼들 비유(마 20:1-16)보다 이 부분에 대한 더 큰 깨달음을 줄 수 없다는 올슨의 말에 동의한다. 노동한 "분량들"이 다름에도 불구하고 같은 급료를 지불하는 집주인은 (마치 『비유의 책』의 50장이 최후의 심판 때 하나님께서 행하실 일로 예언하는 것처럼) 의인들과 "다른 자들"에게 온전한 상(구원)을 주신다. 여기에서 하나님의 자비("내 것을 가지고 내 뜻대로 할 수 없다는 말이오? 내가 후하기 때문에, 그것이 당신 눈에 거슬리오?"[마 20:15])가 하나님의 공의를 덮는다. 혹은 야고보서가 말하듯이 "자비는 심판을 이긴다"(약 2:13).

랍비들은 두 가지 밋도트("측정" 혹은 "척도"란 의미의 복수형 히브리어의 음역 - 역주)의 관계, 즉 하나님의 공의와 자비의 척도 사이의 관계에 대해 자유롭게 토론하며 문제에 대한 유연한 답을 제공했다. 『미쉬나 소타』(Mishnah Sotah)는 "사람이 헤아리는 그 헤아림으로 그 사람이 다시 헤아림을 받을 것이요"라는 원칙을 고수하고, "동일한 헤아림으로" 하나님께서 악한 일을 벌하실 때는 공의를 행사하시고, 선한 일에 상을 주실 때는 자비를 베푸신다고 확언한다(미쉬나 소타 1:7-9). 이와는 반대로 『토세프타 소타』(Tosefta Sotah)의 평행문은 "자비의 척도는 공의의 척도보다 오백 배 더 크다"고 주장한다(토세프타 소타 3:1-4:19). 그러나 두 가지 신성한 속성(자비와 공의)은 『비유의 책』과 초기 기독교의 전통처럼 결코 대립되지 않는다. 오히려 두 속성의 필연적인 그리고 상호 보완적인 특징이 강조된다. 실제로 그 비유들의 랍비판은 하나님의 자비를 찬양하지만 하나님의 공의를 부정하지 않는 표현으로 끝난다. "너희가 하루 종일 일한 분량보다 이 사람이 두 시간 동안 더 많은 일을 했다"(예루살렘 탈무드 베라호트[y. Ber.] 2:8).

『비유의 책』에 비추어 공관복음을 해석하는 독법은 우리로 하여금 되풀이되는 기독교 신학의 핵심 문제, 즉 예수의 등장(과 죽음)이 많은 사람들을 위한 행위인지 혹은 모든 사람들을 위한 행위인지에 대한 문제를 명확히 이해하도록 돕는다. "제한(된) 속죄"라는 개념은 구원의 경계를 자의적으로 제한하는 표현처럼 들리기 때문에 오늘날 대부분의 기독교인들은 예수가 "모든 사람"을 위해 왔다고 말하기를 선호할 것이다.

그러나 공관복음에는 메시아 예수에게 모든 사람들을 위한 보편적인 사명이 있었다는 증거가 없다. 여기에서 내가 말하려는 핵심은 일부 사람들이 배제되었다는 점도 아니고 택함을 받은 자들 중에 예정을 받았거나 선택을 받은 특권적 집단이 있었다는 점도 아니다. 핵심은 묵시적 용서자인 예수가 (심판 때 자신들의 행위로 말미암아 구원을 받을) 의인들에게 보냄을 받지 않고, 죄인들에게 (죄인들이 회개하고 의롭다 함을 얻을 수 있도록) 보냄을 받았다는 것이다.

최후의 심판 때 "적은 수의" 의인들에 비해 "많은 수의" 죄인들이 있으리라는 개념은 묵시적 전통에 흔히 나타나는 개념이다. 『아브라함의 유언"』(Testament of Abraham)에서 심판의 문들이 족장에게 보여질 때, 아브라함은 두 개의 문이 있다고 듣는다. "하나는 큰 길에 있는 큰 문이고, 다른 하나는 작은 길에 있는 작은 문이다. … 큰 문은 멸망과 영원한 형벌로 인도하는 죄인들의 문인데 … 잃어버린 자들은 많고, 구원을 받는 자들은 적기 때문이다"(아브라함의 유언 11).

마태복음에도 동일한 이미지가 사용된다. "좁은 문으로 들어가거라. 멸망으로 이끄는 문은 넓고, 그 길이 널찍하여서, 그리로 들어가는 사람이 많다. 생명으로 이끄는 문은 너무나도 좁고, 그 길이 비좁아서, 그것을 찾는 사람이 적다"(마 7:13-14). 이 구절이 구원의 문제를 논하고 있다는 점은 누가복음에 더욱 명확하게 나타난다. "어떤 사람이 예수께 물었다. '주님, 구원받을 사람은 적습니까?' 예수께서 그들에게 대답하셨다. '너희는 좁은 문으로 들어가기를 힘써라. 내가 너희에게 말한다. 들어가려고 해도 들어가지 못하는 사람이 많을 것이다'"(눅 13:23-24).

공관복음의 그 어떤 구절도 모든 사람들이 선을 행할 능력이 없기 때문에 칭의를 받지 않는 이상 멸망할 수 밖에 없다고 증거하지 않는다. 메시아가 "길 잃은 양 떼"(마 10:6; 15:24)와 같은 죄인들에게 집중했다는 사실이 용서받은 사람들만의 제한된 구원과 "많은 자들" 안에 포함되지 않은 사람들의 총체적 멸망을 의미하지 않는다. 사실은 그 반대다. 적은 무리들(의인들)이 구원을 받는데, 그들에게는 인자가 제공하는 용서의 선물이 필요 없다. 예수의 사명은 병자를 치료하기 위해 파견된 "의사"의 사명과 비교되었다. 의인들에게는 의사가 불필요하다. "건강한 사람에게는 의사가 필요하지 않으나, 병든 사람에게는 필요하다. 나는 의인을 부르러 온 것이 아니라, 죄인을 불러서 회개시키러 왔다"(눅 5:31-32; 마 9:12-13; 막 2:17 참조). 의사는 적은 무리들이 아니라 많은 무리들, 곧 죄인들에게 필요한 것이다.

누가 제외되었나?

하나님의 용서에는 한계가 없는 듯 보인다. "사람들이 짓는 모든 죄와 그들이 하는 어떤 비방도 용서를 받을 것이다"(막 3:28). 그러나 『비유의 책』과 마찬가지로 공관복음은 칭의라는 선물의 보편성에 예외가 있음을 주장한다. 자신들에게 멸망의 때가 다가옴을 인지하는 "악한 귀신"을 위로하는 용서의 구절은 없다(막 1:24). 그리고 부자들과 강한 자들도 부자가 되기를 멈추고 자신들의 재물들을 나누지 않는 이상 용서의 기회는 없다. "재산을 가진 사람은 하나님의 나라에 들어가기가 참으로 어렵다. … 부자가 하나님의 나라에 들어가는 것보다 낙타가 바늘귀로 지나가는 것이 더 쉽다"(막 10:23-25; 마 19:23-24; 눅 18:24-25). 그리고 『비유의 책』과 마찬가지로, 일단 심판이 선포되면 이 세상이나 도래할 세상이나 할 것 없이 용서의 기회는 없다. 누가복음의 부자와 나사로의 비유도 이를 명시한다. "우리와 너희 사이[음부와 천국의 사이]는 큰 구렁텅이가 가로 놓여 있어서, 여기에서 너희에게로 건너가고자 해도 갈 수 없고, 거기에서 우리에게로 건너올 수도 없다"(눅 16:19-31).

그러나 공관복음과 『비유의 책』 사이에는 몇 가지 중요한 차이점이 있다. 『비유의 책』에 등장하는 메시아, 곧 최후의 심판자이자 하늘의 악의 파괴자인 메시아는 이제 또한 땅에서 용서를 베푸는 주요 동작주(agent)로서 공관복음에 나타나게 되었다. 예수는 『비유의 책』에서 인자와 천사장 파누엘에게 부여된 중재 기능들을 통합했다(이러한 이유로 인해 파누엘은 기독교 전통에 전혀 들어가지 못하고 조용히 사라졌다.

예수의 메시아적 정체성을 정의하는데 크게 공헌한 파누엘의 중요성은 완전히 망각될 운명에 놓였던 셈이다). 인자에게 부여된 이중적 역할(땅의 용서자와 하늘의 종말적 심판자)은 새로운 예외, 곧 반역한 천사들과 왕들과 권세자들이 범한 용서 불가능한 죄 외에 또 하나의 용서 불가능한 죄("성령 모독죄")를 추가했다. "성령 모독죄"는 예수의 지상 사명에 대해 일부 사람들이 보이는 노골적인 반대와 관련이 있는 죄로 보인다. "'성령을 모독하는 사람은 용서를 받지 못하고, 영원한 죄에 매인다.' 예수께서 이 말씀을 하신 것은, 사람들이 '그는 악한 귀신이 들렸다' 하고 말하였기 때문이다"(막 3:29-30). 이제 다음과 같은 『비유의 책』의 구절이 예수에게 적용된다. "그가 심판할 때에 회개하지 않은 자들은 그의 앞에서 멸망할 것이다. 영들의 주께서 이렇게 말씀하신다. '지금부터는 내가 그들에게 자비를 베풀지 않을 것이다'"(에녹1서 50:4-5). 여기에서 쟁점은 하나님의 아들을 대하는 태도가 아니라, 용서라는 신적 선물에 대한 거절이다. 회개하지 않은 죄인들은 구원을 받지 못한다. "또 누구든지 인자를 거슬러 말하는 사람은 용서를 받겠으나, 성령을 거슬러 말하는 사람은, 이 세상에서도 오는 세상에서도, 용서를 받지 못할 것이다"(마 12:32; 눅 12:10 참조).

공관복음은 신적 용서의 때와 환경도 극적으로 변화시켰다. 초림의 예수는 메시아, 곧 인자가 집행할 하늘의 심판을 예비하는, 땅 위에서 이루어지는 프롤로그의 주인공이 된다. 용서는 여전히 종말적 선물이지만 회개의 기회는 더 이상 최후의 심판 때와 동일한 시간에 주어지지 않는다. 회개의 기회는 하나님의 나라가 아직 도래하지 않았을 때, 곧 심판 (바로) 전에 (인자의 지상 사명을 통해) 죄인들에게 주어지고 또 허락된다.

그 결과 『비유의 책』에서는 회개의 경험이 마지막 때 나타날 자명한 실재(reality)를 통해 촉발되는 반면, 공관복음에서는 불확실한 상황과 시간, 즉 사람들이 여전히 "징후"(sign)를 간절히 바라는 시기에 촉발된다(막 8:11-12; 마 12:38-42; 눅 11:29-32). 후자의 경우 아직 확실하게 나타나지 않은 현상에 대한 메시지를 수용할 것과, 갈릴리 나사렛 출신의 무명 교사이자 기적을 행하는 자와 개인적인 관계를 확립할 것을 요구하는데(막 6:1-6; 마 13:53-58; 눅 4:16-30; 요 1:43-46 참조), 이것이 바로 공관복음이 믿음이라는 용어로 표현한 요구 사항이다. 죄인들에게 주어지는 죄 사함이 효력을 발휘하려면 용서를 받는 자의 믿음이 필요하다. 따라서 믿음은 죄 용서를 받기 위해 중요한 전제 조건으로 부각된다.

우리가 보았듯이 공관복음 전통에 나타나는 예수의 치유 능력은 그의 용서하는 능력을 반영한다. "중풍병 환자에게 '네 죄가 용서받았다' 하고 말하는 것과 '일어나서 네 자리를 걷어서 걸어가거라' 하고 말하는 것 가운데서, 어느 쪽이 더 말하기가 쉬우냐?"(막 2:9). 예수는 한 의미를 다른 의미로 전환함으로 두 개의 의미들이 서로 혼용되도록 했다. 이와 마찬가지로 "네 믿음이 너를 구원하였다"와 같은 표현은 치유(막 5:34)와 용서(눅 7:50)를 의미하는 구절에 모두 사용된다. 때때로 군중들의 결핍된 믿음으로 인해 예수의 치유 사역이 방해를 받았듯이("예수께서는 그들의 믿지 않음 때문에, 거기서는 기적을 많이 행하지 않으셨다"[마 13:58]), 오직 믿음을 통해서만 죄인에게 용서가 주어진다. "예수께서는 그들의 믿음을 보시고, 중풍병 환자에게 '이 사람아! 네 죄가 용서받았다' 하고 말씀하셨다"(막 2:5).

예수의 추종자들은 예수의 사후에 용서의 선언을 전하는 사역이 인자가 하늘의 구름으로부터 재림하기 전까지 본인들이 감당해야 할 가장 중요한 임무로 이해했다. 그들은 예수에게 "땅에서 죄를 용서하는 권세"(막 2:10; 마 9:6; 눅 5:24)가 있다고 주장했을 뿐만 아니라, 예수가 본인들에게도 동일한 권세를 부여했다고 믿었다. "내가 너에게 하늘 나라의 열쇠를 주겠다. 네가 무엇이든지 땅에서 매면 하늘에서도 매일 것이요, 땅에서 풀면 하늘에서도 풀릴 것이다"(마 16:19; 18:18). 이러한 권위는 곧 요한복음이 용서의 능력에 명시적으로 초점을 맞춘 권위이기도 하다. "너희가 누구의 죄든지 용서해 주면, 그 죄가 용서될 것이요, 용서해 주지 않으면, 그대로 남아 있을 것이다"(요 20:23). 사도들에게 주어진 용서의 권세는 용서의 사명을 위해 주어진 권세였다. "나는 하늘과 땅의 모든 권세를 받았다. 그러므로 너희는 가서, 모든 민족을 제자로 삼아서, 아버지와 아들과 성령의 이름으로 세례를 주어라"(마 28:18-19).

권위와 사명 사이의 동일한 연결고리가 누가복음에도 나타난다. "그의 이름으로 죄사함을 받게 하는 회개가 모든 민족에게 전파될 것이다"(눅 24:47). 사도행전에 의하면 용서는 임박한 심판에 대한 선언과 더불어 초기 기독교의 핵심 사명이었고, 그리스도가 감당한 사명의 주요 성취로 손꼽힌다. "하나님께서는 이분을 높이시어 자기 오른쪽에 앉히시고, 영도자와 구주로 삼으셔서, 이스라엘이 회개를 하고 죄 사함을 받게 하셨습니다"(행 5:31). 믿음과 회개는 예수의 이름으로 용서의 선물을 받기 위한 전제 조건이다. "이 예수께서 우리에게 명하시기를, 하나님께서 자기를 살아 있는 사람들과 죽은 사람들의 심판자로 정하신 것을 사람들에게 선포하고 증언하라고 하셨습니다. 이 예수를 두고 모든 예언자가 증언하기를, 그를 믿는 사람은 누구든지 그의 이름으로 죄 사함을 받는다고 하였습니다"(행 10:42-43). 그리고 세례는 예수가 사도들에게 부여한 용서의 권위를 드러내는 도구이기도 하다. "회개하십시오. 그리고 여러분 각 사람은 예수 그리스도의 이름으로 세례를 받고, 죄 용서를 받으십시오"(행 2:38).

『비유의 책』에 따르면 회개의 결심과 심판이 동시에 일어난다. 그러므로 신적 칭의의 동작은 그 즉시 효력을 발휘하여 개인의 구원을 초래한다. 그러나 공관복음에서는 칭의가 심판보다 앞선다. 칭의는 세례를 통해 효과가 발휘되며 용서받은 죄인들은 평생 칭의와 함께 살아간다.

용서 이후의 삶

사람들이 최후의 심판 전에 칭의를 받을 수 있고 마지막 때의 도래가 지연—사도들이 용서하는 사명을 수행하는 데 필요한 시간—될 수 있다는 가능성은 곧 신학적 체계를 복잡하게 만들었고, 후기 기독교 전통이 더욱 극적으로 발전할 수 있는 기회를 제공했다. 비록 (마지막 때가 여전히 임박한 것으로 공표되었기 때문에) 용서의 시간과 최후의 심판 사이에 짧은 막간(幕間)이 있다고 믿어졌지만, 이제 그 막간은 용서의 시간을 최후의 심판이 일어날 시간으로부터 분리시킨다. 이로 인해 새로운 문제가 발생했다. 사람이 일단 칭의를 받으면, 그/그녀는 그때부터 최후의 심판이 올 때까지 무엇을 해야 하는가? 예수의 첫 추종자들은 칭의(세례를 통한 죄 용서)를 영생을 위한 보험으로 여기지 않았다. 그 대신 악한 세력에 의해 소망 없이 억눌려 있던 자들에게 찾아온 새로운 시작의 기회로 여겼다. 그들은 하나님의 용서가 자신들을 심판에서 면제해 주었다고 생각하지 않았다. 정반대로 그들은 심판이 "하나님의 집에서부터… 시작[되고]… 심판이 우리에게서 먼저 시작"(벧전 4:17)된다고 믿었다.

이와 같은 문제는 용서하지 않는 종의 비유(마 18:21-35)와 같은 본문에서 직접적으로 다루어진다. 이제 예수는 칭의의 전제 조건이 아니라 용서받은 자들의 책임에 대한 질문—"주님, 내 형제가 나에게 자꾸 죄를 지으면, 내가 몇 번이나 용서하여 주어야 합니까?"(마 18:21)—에 답한다. 자비로운 "주인은 [빚을 진] 그 종을 가엾게 여겨서, 그를 놓아주고, 빚을 없애"(마 18:27)준 후 떠났다. 하지만 용서받은 종은 자신이 받은 은혜를 의식하지 못했다. 그는 공의에 따라 처벌을 받아 마땅했지만, 칭의의 발동으로 인해 복을 받게 되었다. 종이 살 수 있도록 새로운 생명이 은혜롭게 주어졌다는 의미이다. 그럼에도 불구하고 그는 이웃들에게 자비를 베풀지 않음으로 또 다시 죄를 지었다. 결국 왕이 돌아와서 자신이 풀어준 그 종이 칭의를 받은 **후에** 한 행동에 대해 심판했다. 종이 예전에 자비를 받았음에도 **불구하고**, 심판의 결과는 곧 정죄의 판결이었다. 이 비유의 마지막 문장은 용서의 예수로 말미암아 칭의를 받은 모든 죄인들에게 특별히 주어진 경고이다. "너희가 각각 진심으로 자기 형제자매를 용서해 주지 않으면, 나의 하늘 아버지께서도 너희에게 그와 같이 하실 것이다"(마 18:35). 이렇듯 칭의는 구원이 아니다. 인자에 의해 주어진 용서는 행위에 따른 심판의 실체를 무효화하지 않는다.

누가복음도 배은망덕한 종들에 대해 말한다.

> 너희는 허리에 띠를 띠고 등불을 켜놓고 있어라. 마치 주인이 혼인 잔치에서 돌아와서 문을 두드릴 때에, 곧 열어 주려고 대기하고 있는 사람들과 같이 되어라. 주인이 와서 종들이 깨어 있는 것을 보면, 그 종들은 복이 있다. 내가 진정으로 너희에게 말한다. 그 주인이 허리를 동이고, 그들을 식탁에 앉히고, 곁에 와서 시중들 것이다. 주인이 밤중에나 새벽에 오더라도, 종들이 깨어 있는 것을 보면, 그 종들은 복이 있다.

> 너희는 이것을 알아라. 집주인이 언제 도둑이 들지 알았더라면, 그는 도둑이 그 집을 뚫고 들어오도록 내버려두지 않았을 것이다. 그러므로 너희도 준비하고 있어라. 생각하지도 않은 때에 인자가 올 것이기 때문이다(눅 12:35-40).

수사학적으로 내러티브의 흐름을 방해하는 베드로의 질문은 이런 가르침이 특별히 예수의 제자들을 향한 메시지임을 다시 한번 강조한다.

베드로가 말하였다. "주님, 이 비유를 우리에게 말씀하시는 것입니까? 또는 모든 사람에게도 말씀하시는 것입니까?" 주님께서 말씀하셨다. "누가 신실하고 슬기로운 청지기겠느냐? 주인이 그에게 자기 종들을 맡기고, 제 때에 양식을 내주라고 시키면, 그는 어떻게 해야 하겠느냐? 주인이 돌아와서 볼 때에 그 종이 그렇게 하고 있으면, 그 종은 복이 있다. 내가 진정으로 너희에게 말한다. 주인은 자기의 모든 재산을 그에게 맡길 것이다. 그러나 그 종이 마음 속으로, 주인이 더디 오리라고 생각하여, 남녀 종들을 때리며, 먹고 마시고 취하여 있으면, 그가 예상하지 않은 날, 그가 알지 못하는 시각에, 그 주인이 와서, 그 종을 몹시 때리고, 신실하지 않은 자들이 받을 벌을 내릴 것이다. 주인의 뜻을 알고도, 준비하지도 않고, 그 뜻대로 행하지도 않은 종은 많이 맞을 것이다. 그러나 알지 못하고 매맞을 일을 한 종은, 적게 맞을 것이다. 많이 받은 사람에게는 많은 것을 요구하고, 많이 맡긴 사람에게는 많은 것을 요구한다"(눅 12:41-48).

칭의는 구원을 향한 중요한 단계이다. 하지만 회개한 사람들이 자기의 의를 인내하며 지키지 않는다면 칭의는 무용지물이 된다. "너희는 세상의 소금이다. 소금이 짠 맛을 잃으면, 무엇으로 그 짠 맛을 되찾게 하겠느냐? 짠 맛을 잃은 소금은 아무데도 쓸 데가 없으므로, 바깥에 내버려서 사람들이 짓밟을 뿐이다"(마 5:13).

이와 일관되게 마태복음은 최후의 심판에 대해 설명하면서 오직 두 집단—인자("목자")에게 행위대로 판단을 받는 의인들과 죄인들("양"과 "염소")—만 소개한다(마 25:31-46). 『비유의 책』이 소개하는 세 번째 집단("다른 자들")이 설 자리는 없다. 그 이유는 회개가 중요하지 않기 때문이 아니다. 오히려 예수의 첫 번째 추종자들은 자신들을 세 번째 집단으로 여겼다. 믿음에 의해 과거의 죄들로부터 칭의를 받은 죄인인 이들은 죄 용서를 받은 후에 다른 모든 사람들과 마찬가지로 삶에서 행해진 행위들에 따라 심판을 받기 위해 시험을 받는다.

그러나 공관복음에는 『비유의 책』 50장에 기록된 에녹계 심판과 놀랍도록 유사한 장면이 등장한다. 바로 누가가 십자가 사건을 묘사하는 장면이다.[12] 골고다 언덕에는 세 집단이 아니라 세 집단을 대표하는 세 사람이 등장하는데, 곧 예수(의인), 선한 강도(회개한 자, 곧 "다른 자들"), 그리고 악한 강도(회개하지 않는 자)이다. 이들 모두는 곧 죽게 될 것이므로 남은 생명은 없고 죽기 전에 내려야 할 결단만 남아 있다. 이 장면에서 칭의와 구원이 동시에 일어난다. 본문이 두 강도에게는 분명 그들의 행위에 따라 죄가 있다고 말하는 반면, 예수에게는 죄가 없다고 말한다("우리야 우리가 저지른 일 때문에 그에 마땅한 벌을 받고

---

12   나로 하여금 이 구절에 우선적으로 관심을 돌리도록 도와준 내 동료이자 친구인 아이작 올리버(Isaac Oliver)에게 감사를 표한다.

있으니 당연하지만, 이분은 아무것도 잘못한 일이 없다"[눅 23:41]). 죄인들인 두 강도

들은 "영예가 없고" 하나님의 공의에 의해 정죄를 받아 마땅하다.

그러나 한 강도는 회개하여 구원을 받는 반면("너는 오늘 나와 함께 낙원에

있을 것이다"[눅 23:43]), 다른 한 명은 구원을 받지 못한다. 여기에서 예

수는 하나님의 공의에 따라 의로운 자이고, 선한 강도는 하나님의

자비로 인해 칭의를 받은 자이며, 악한 강도는 하나님의 공의로 인

해 정죄를 받은 회개하지 않은 자이다. 이처럼 『비유의 책』의 전통

에 대한 기억과 유산은 이때까지 매우 생생하게 살아있었다.

결론

초기의 예수 운동은 이 악한 세상의 끝과 하나님 나라의 재건이

임박했음을 주장하는 유대교의 묵시적 운동이자 메시아적 운동이

었다. 『비유의 책』의 전통에 따라, 예수의 추종자들은 세상의 끝을

회개와 용서, 그리고 심판의 때로 이해했다. 그들은 하나님의 공의

로 인해 "적은 수"의 의인들이 구원을 받고 "많은 수"의 죄인들이

정죄를 받게 된다는 『비유의 책』의 견해를 공유했다. 그러나 하나님

께서는 자비로우시기 때문에 그분의 자비로 말미암아 회개하는 죄

인들도 칭의를 받게 된다.

이러한 시점에서 보면 하나님께서는 종말이 도래하기 바로 직

전에 인자(人子)인 메시아를 용서하는 자로서 보내셨다. 그리하여 회

개한 죄인들도 하나님의 자비로운 행동(칭의)으로 말미암아 죄 사함

을 받도록 하셨고, 당신의 나라에 들어갈 수 있게 하셨다. 메시아의

사명은 특별히 "많은" 죄인들을 향한 것이지 "소수"의 의인들, 즉 (그들의) 행위에 따라 최후의 심판에서 승리하게 될 자들을 위한 것이 아니었다. 메시아는 "잃어버린 양들"이 회개하여 하나님의 자비로 인해 칭의를 받을 수 있도록 (그들을) 찾고 있었다. 그러므로 오직 회개하지 않는 자들만 하나님의 나라에 들어가지 못하게 될 것이다.

이것이 묵시적 유대인 바울이 예수 운동에 합류했을 때 받은 메시지, 곧 그가 세례를 수용함으로써 받은 메시지이자, 그가 다른 집단들의 구성원들에게 전한 메시지였다. 바울이 자신의 선교적 활동을 구축한 일은 위에 언급한 전제들—바울이 단 한 번도 의문을 제기해 보지 않았던 전제들—의 연속성 위에 놓여 있었다. 여러 해가 지나 그가 "이방인의 사도"로 알려졌을 때, 그가 받은 사명의 본질에는 변함이 없었다. 사도행전에 따르면 바울은 예수 그리스도로부터 직접 받은 묵시적 부르심에 충실했다. "나[예수]는 이 백성과 이방 사람들 가운데서 너[바울]를 건져내어, 이방 사람들에게로 보낸다. 이것은 그들의 눈을 열어 주어서, 그들이 어둠에서 빛으로 돌아서고, 사탄의 세력에서 하나님께로 돌아오게 하며, 또 그들이 죄사함을 받아서 나에 대한 믿음으로 거룩하게 된 사람들 가운데 들게 하려는 것이다"(행 26:17-18).

Chapter 6

The Divine Christology of Paul the Jew

유대인 바울의 신적 기독론

PAUL'S THREE PATHS TO SALVATION

제6장
유대인 바울의 신적 기독론

저(低)기독론과 고(高)기독론

아돌프 폰 하르낙(Adolf von Harnack), 찰스 A. 브릭스(Charles A. Briggs), 빌헬름 부세트(Wilhelm Bousset)와 같은 학자들이 기독론을 순간적인 계시의 결과가 아니라, 성장과 이해의 점진적인 과정으로 제시하기 시작한 이래로,[1] 기원의 저기독론이 교부들의 고기독론으로 이행(移行)하고, 유대교의 인간 메시아가 기독교의 신적 메시아로 이행하는

---

1 Adolf von Harnack, *Lehrbuch der Dogmengeschichte*, 3 vols. (Freiburg i.B.: Mohr Siebeck, 1886-90); Charles A. Briggs, *The Incarnation of the Lord: A Series of Sermons Tracing the Unfolding of the Doctrine of the Incarnation in the New Testament* (New York: Charles Scribner's Sons, 1902); Wilhelm Bousset, *Kyrios Khristos: Geschichte des Christusglaubens von der Anfängen des Christentums bis Irenaeus* (Göttingen: Vandenhoeck & Ruprecht, 1913). [= 『퀴리오스 크리스토스』, 수와진, 2021]

데 필요했던 근본적 단계가 바울이라고 여겨지고 있다. 사람들은 유대교와 기독교를 나누는 이 시대의 이분법을 과거로 소급시킴으로써, 신적 메시아의 개념을 유대교 외부에서 생성된, 또한 이방 지역에 널리 퍼져 있던 헬레니즘계 범주들의 영향을 받아 생성된 개념으로 본다. 그 결과 신적 메시아 사상은 유대교와 결코 양립할 수 없는 독특한 기독교적 사상으로 간주되었다. 모리스 케이시(Maurice Casey)는 1991년에 본인의 논문 제목(「유대인 예언자에서 이방인의 신으로」[From Jewish Prophet to Gentile God])을 통해 그러한 이행 과정을 상당히 효과적으로 요약하였다.[2]

제2성전기 유대교의 다양성과 초기 예수 운동의 유대성에 대한 오늘날의 강조는 앞서 언급한 이행에 대한 그림을 근본적으로 변형시켰고 또 복잡하게 만들었다. 아델라 야브로 콜린스(Adela Yarbro Collins)와 존 콜린스(John Collins)와 같은 학자들은 메시아의 신성에 대한 개념이 왕실 이념(royal ideology)—왕을 (입양된) "하나님의 아들"로 여겼던 사상—에 강한 뿌리를 두고 있음을 보여줬는데, 사실 왕실 이념은 고대 히브리인들이 그들 주변에 거주했던 모든 타민족들과 공유했던 사상이었다.[3] 다니엘 보야린(Daniel Boyarin)도 신적 메시아의 개념이 고대 유대교에 이질적이지 않다고 결론지었다. 신적 메시아

---

2   Maurice Casey, *From Jewish Prophet to Gentile God: The Origins and Development of New Testament Christology* (Cambridge: James Clarke, 1991).

3   Adela Yarbro Collins and John J. Collins, *King and Messiah as Son of God: Divine, Human, and Angelic Messianic Figures in Biblical and Related Literature* (Grand Rapids: Eerdmans, 2008).

의 개념은 제2성전기에 무척이나 넓게 퍼져 있어서 랍비들의 경우
이 개념을 자신들의 전통에서 제거하기 위해 적지 않은 노력을 기
울였을 정도였다. 특별히 예수와 하늘의 인자(人子)의 연결은 예수의
"유대적" 신성(divinity)을 예수 운동 발전 과정의 매우 이른 시기에 위
치시킨다.[4]

그러나 고대 유대인들에게 "신적인 것"(being divine)과 "하나님인
것"(being God)은 동일한 개념이 아니었다. 그렇기 때문에 예수 운동
이 발전하는 초기 단계에 예수가 신(divine)으로 여겨졌다는 인식(널리
알려졌던 인식)은 예수의 신분에 대한 문제를 해결한다기보다는 오히
려 더 복잡하게 만든다.

우리가 오늘날 신성한(divine)이라는 표현을 통해 의미하는 바는
고대 사람들이 의미했던 바와는 다르다. 특히 그레코-로만 세계에
서 "신성한 것"(being divine)이란 의미는 신들(the gods)만 소유하고 있는
신적 속성과는 거리가 멀었다. 그것은 무엇보다도 권력의 문제였다.
그리고 신격화된 인간에서부터 최고의 신들에 이르기까지 많은 신
적 등급들이 있었다. 바트 어만(Bart Ehrman)은 초인간적이고 다양한
신적 등급에 속한 존재들로 구성된 "권력, 웅장함, 그리고 신의 피라
미드"[5]에 대해 말했다. 고대의 플라톤 위서(pseudo-Plato)인 『에피노미

---

4   Daniel Boyarin, *The Jewish Gospels: The Story of the Jewish Christ* (New York:
     New Press, 2012). [=『유대배경으로 읽는 복음서』, 감은사, 2020]

5   Bart Ehrman, *How Jesus Became God: The Exaltation of a Jewish Preacher
     from Galilee* (New York: HarperOne, 2014), 40. [=『예수는 어떻게 신이 되었
     나』, 갈라파고스, 2015]

스』(Epinomis)에 등장하는 것처럼, 일종의 잘려진 피라미드를 연상하는 것이 더 적절한데, 그 이유는 다신교에는 로마인들과 그리스인들이 올림피안 신들과 동일시했을 일부 더 높은 신들이 피라미드의 꼭대기에 있었기 때문이다.[6]

놀랍게도 유대인들은 신(the divine)을 이해하는 데 있어 그들의 주변에 있는 다신교적 이방인들의 생각과 크게 다르지 않았다. 유대인들에게도 우주는 초인적인 신적 존재들(천사들), 승격된 인간들, 그리고 하나님의 다른 현현들로 채워져 있었다. "유대인들은 또한 신들(divinities)이 인간이 되고, 인간이 신(divine)이 될 수 있다고 믿었다."[7] 유대인들과 이방인들의 가장 큰 차이점은 유대인들은 다신교의 잘려진 피라미드를 완벽한 피라미드, 즉 오직 한 분의 하나님(God) — 그들의 하나님 — 께서 꼭대기에 계시지만 보다 "덜 신적인"(less divine) 다수의 존재들도 보존하고 있는 피라미드로 여겼다는 점이다. 이러한 덜 신적인 그러나 사람 이상의 존재들도 제2성전기 문서들에 의해 신들(gods)로 불려질 수 있었다. 그 이유는 당시의 유대인들이 주변의 다신교적 환경에 영향을 받았을 뿐만 아니라, 그들의 성

---

6   『에피노미스』는 신성을 5단계로 구분했는데, 가장 위에 "제우스, 헤라, 그리고 나머지 [올림피안 신들]"이 자리하고 있다(984d-985d). Plato, *Epinomis*, trans. Walter R. M. Lamb (Cambridge: Harvard University Press, 1927). Walter Burkert, *Griechische Religion der archaischen und klassischen Epoche* (Stuttgart: Kohlhammer, 1977; ET: *Greek Religion: Archaic and Classic* (Cambridge, MA: Harvard University Press, 1985)도 보라.

7   Ehrman, *How Jesus Became God*, 45.

경에 기록된 많은 구절들도 여전히 다신론적 맥락에서 형성되었고, 또한 다신론적 어휘의 사용까지 정당화했기 때문이다.[8] 그 결과 고대의 유대적 자료들은 신성한(divine)이라는 용어를 우리의 생각으로는 그렇게 여겨질 수 없는 존재들에게조차 적용했다. 그러므로 그런 존재들을 지칭하는 언어를 정규화하려는 학문적 시도는 (예컨대 인간, 천상적인, 신성한의 차이를 통해) 어느 정도 도움이 될 수 있겠으나, 현대와 고대 사이에 있는 신(divinity)이라는 단어의 다른 개념과 용례의 차이로 인해 결국 실패하게 될 것이다.

신의 속성만으로 예수를 하나님으로 만들기에 역부족이라면, 무엇이 그것을 이룰 수 있는 결정적인 단계로 간주되어야 할까? 최근 몇 년 동안 이 질문을 가장 직접적으로 다룬 학자들은 바트 어만과 래리 허타도(Larry Hurtado)이다. 어만은 예수가 언제, 어떻게 "하나님이 되었는가"를 알아보려는 시도는 우리가 예상할 수 있는 명백한 분수계가 아니라고 본다. 오히려 그러한 시도를, 예수가 유일신교의 피라미드 꼭대기로 올라가서 하늘에 계신 아버지와 함께 정상을 (거의) 공유하기 전까지 어떻게, 언제 "점점 더 신성하게" 되었는가에 대한 (훨씬 더 민감한) 담론으로 본다. 어만의 주장에 따르면 예수는 먼저 (그 이전의 에녹이나 엘리야처럼) 신적인 위치로 승격된 인간으로 여겨졌

---

8 예컨대 (보다 높은 신에게) 종속된 신적 존재들을 지칭하기 위해 אלהים을 빈번히 사용하는 히브리성경의 시편(29:1; 89:6)이나 쿰란의 「감사 시편」(Hodayot[1QHa])과 「안식일의 제물」(The Sabbath Sacrifice[4Q403])을 보라. 관련된 참조 문헌이나 토론은 Joel S. Burnett의 "ʾelōhîm," ThWQ 1.178-90에서 볼 수 있다.

고, 그 후에는 예수 안에서 인간이 되었다가 더 높은 위치로 승격되어 하늘로 돌아간 선재적 하늘의 존재로 여겨졌다.

래리 허타도는 어만보다 몇 해 앞서 예수가 언제부터 그의 추종자들에 의해 예배를 받기 시작했는지에 대한 동일한 질문을 던지며 위에 언급한 믿음의 기원을 추적했다.[9] 그의 견해에 따르면 예수를 예배하는 행위는 예수와 하늘에 계신 아버지의 동등됨을 명시적으로 주장하는 신학이 출현하기 전부터 유대교의 유일신 사상 안에 독특한 발전이 일어났음을 나타낸다. 예수는 예배를 받는 바로 그 순간에 "하나님이 되었다." 우리는 예수가 그의 추종자들에 의해 예배를 받았다는 증거를 가지고 있는데, 유대교 안에서 이런 증거를 보유한 유일한 사람이 예수라는 점은 명백한 사실이다. 그럼에도 불구하고 허타도의 주장은 숭상(崇尙)이 권위자들에게 돌려지는 일반적인 관행이었다는 사실로 인해 다소 약화된다. 유대교의 유일신론적 틀 안에서조차도 다른 등급들에 속하는 숭상이 하나님이 아닌 (그리고 하나님보다 낮은) 신적 존재들에게 돌려질 수 있었다. 『아담과 이브의 생애』를 보면 천사장 미가엘은 모든 천사들에게 아담을 "하나님의 형상"으로 "예배"하도록 초대했고, 이런 초대에 대한 사탄의 거절은 사탄이 하늘에서 추락하는 결과를 낳았다(아담과 이브의 생애 13-16). 『비유의 책』은 인자가 하나님과 동일하다는 암시도 없이 마지막

---

9   Larry Hurtado, *Lord Jesus Christ: Devotion to Jesus in Earliest Christianity* (Grand Rapids: Eerdmans, 2003). [= 『주 예수 그리스도』, 새물결플러스, 2010]

제6장 유대인 바울의 신적 기독론 197

때 인자도 예배를 받게 된다고 말한다(에녹1서 62:6, 9). 결국, 허타도와 어만은 고대 유대교에서 (단지 유일신에게 정확히 가늠할 수 없는 "최상위" 등급의 신성이 있고 또한 "최상위" 수준의 예배가 드려진다는 점 외에) 무엇이 유일신을 다른 모든 신적 존재들과 명확히 구별하는지 밝히지 못했다.

한동안 나는 허타도와 어만의 접근법과는 다른 방법, 곧 예수를 향한 예배의 실천이나 예수의 신성에 대한 질문이 아니라 1세기 유대교에서 중요하게 다루어졌던 그의 창조된 혹은 창조되지 않은 신분에 대한 논의에 초점을 맞추는 접근법을 옹호해 왔다.[10]

필론은 『천지창조에 대하여』(On the Creation of the World)의 마지막 부분에서 유대교 유일신 사상의 다섯 가지 주요 특징들을 요약한다. 그런데 그곳에 신성이나 예배에 대한 내용은 언급되어 있지 않다. 대신 하나님의 유일성과 만물의 창조자인 하나님의 독특한 역할이 직접적으로 연결되어 있다. "하나님께 존재성(being)과 실재성(existence)이 있다. 이렇게 존재하는 이는 오직 한 분뿐이다. 하나님께서 세상을 창조하셨고, 창조된 세상은 하나인데… 이는 세상이 하나님의 단일성을 닮도록 만들어졌기 때문이다. 그리고 하나님께서는

---

10 Gabriele Boccaccini, "How Jesus Became Uncreated," in *Sibyls, Scriptures, and Scrolls: John Collins at Seventy*, ed. Joel Baden, Hindy Najman, and Eibert Tigchelaar, JSJSup 175 (Leiden: Brill, 2016), 185–209; Gabriele Boccaccini, "From Jewish Prophet to Jewish God: How John Made the Divine Jesus Uncreated," in *Reading the Gospel of John's Christology as Jewish Messianism*, ed. Benjamin E. Reynolds and Gabriele Boccaccini (Leiden: Brill, 2018), 335–57.

당신께서 창조한 것을 지속적으로 돌보신다"(천지창조에 대하여 170-72).

고대 유대인들은 하나님께서 계급적 구조로 구성된 피라미드의 꼭대기에 계실 뿐만 아니라 또한 다른 차원에 속하신다고 이해했다. 하나님을 정의했던 요소들은 "가장 신성한 존재" 혹은 "영광과 숭상을 받을 가치가 가장 많은 존재"라는 식의 개념이 아니다. 가장 결정적 요인은 하나님만이 "만물의 유일한 창조주"라는 점이었다. 즉, 하나님을 하나님(God)으로 만들고 하나님의 독특성을 규정했던 요소는 바로 하나님의 창조되지 않은 신분이었다. 그러므로 초기 기독론의 발전에 대한 적절한 질문은 어떻게 (인간이었던) 예수가 (승격되었고, 예배를 받았으며, 또한) 하나님이 되었는지가 아니라, 어떻게 (인간이었다가 그 다음에 신이 된) 예수가 창조되지 않은 자가 되었는지에 대한 질문이다. 다른 말로 하자면, 제2성전기의 유대인들에게는 신과 신이 아닌 것, 혹은 예배를 받을 자와 받지 않을 자를 명확히 구분하는 분수계가 없었다. 하지만 그들의 자아 정체성 안에는 창조된 자들과 창조되지 않은 자들을 명확히 구분하는 분수계가 있었다. 신성한 것과 예배를 받는 것이 권력의 문제였던 반면에, 피조물들도 어느 정도의 신성과 숭상을 받을 수 있었던 반면에, 유일한 하나님이 된다는 의미는 본질적으로 창조되지 않은 자가 된다는 의미였다.

유대교 유일신 사상의 복잡성

불행히도 위에 언급했던 표현들로 논제를 상정할 때조차도 고대 유대교의 유일신 사상은 사람들이 일반적으로 생각하는 개념보다도 훨씬 더 복잡하다. 그러므로 우리가 해결해야 할 문제는 여전히 매우 난해하게 남아있는 셈이다. 제2성전기 유대인들은 만유의 창조주이시며 유일하신 하나님께서 일부 (하등한 신적 존재들로 보여지는) 피조물들과 신성을 공유하신다는 개념에 문제를 제기하지 않았다. 이뿐만 아니라 유대인들은 유일한 하나님께서 매우 다양하게 현현하신다는 점도 알고 있었다. 그리고 하나님의 현현들은 유대인들의 유일신 사상을 굉장히 역동적이고 포괄적으로 만들었다.[11]

하나님의 현현들 중에는 지혜(Wisdom), 영(Spirit), 그리고 말씀(Word)이 있었다. 비록 이들은 하나님에 의해 야기되었거나(begotten) 발생되었지만(generated), 하나님의 창조 사역의 산물이 아니므로 창조되지는 않았다(uncreated).

하나님의 창조되지 않은 현현들, 곧 지혜, 영, 말씀은 고대 유대교의 유일신 사상을 구성하는 중요한 요소들이었다. 그들은 하늘에 속해 있지만 세상으로 파견되었고, 하늘에 계신 아버지로부터 일종의 자주적인 삶을 누리는 듯 보인다. 그들은 하나님을 피조물과 연결했고 하나님께서 당신의 피조물과 소통하시도록 돕는 역할을 했다. 궁극적으로 하나님의 창조되지 않은 현현들은 하나님을 우주를 보살피는 아버지로 만들었다.

유일신 사상에 대한 이처럼 역동적 관점은 매우 복잡한 종교적 세계관을 형성하는 데 기여했다. 그 한편에는 창조되지 않은 존재

---

11   James F. McGrath, *The Only True God: Early Christian Monotheism in Its Jewish Context* (Urbana: University of Illinois Press, 2009).

들, 즉 유일하게 창조되지 않은 하나님과 종종 세상에서 중보자들로 활동하는, 하나님에 의해 야기된 현현들(지혜, 영, 말씀)이 있다. 또 다른 한편에는 창조된 존재들, 즉 한 분 하나님에 의해 창조된 천사들과 영들과 인간들을 포함하는 피조물들이 있다. 신의 속성은 창조되지 않은 존재들뿐 아니라 하나님에 의해 초인간적인 힘을 부여받은 피조물들—하늘과 땅 사이에 "중개자들"로 역할을 한다고 믿어졌던 천사들과 승격된 사람들(무엇보다도 대제사장과 메시아)—에게도 적용되었다.

승격된 신성한 피조물들과 하나님의 창조되지 않은 현현들이 동시에 존재한다는 개념은 종종 긴장감을 불러 일으켰다. 특히 창조된 존재들에게 (지상에서 활동하는) 하나님의 창조되지 않은 현현들보다 훨씬 더 높은 역할과 힘(이나 신성)이 하늘에서 부여될 때 긴장감이 더욱 고조되었다(이러한 차이는 역설적이게도 하나님의 현현들이 앞서 언급된 피조물들보다 더 낮은 등급의 신성으로 강등되었음을 의미한다). 하늘에 거하는 에녹이나 엘리야와 같이 승격된 인간들이나, 특히 일부 묵시적 전통에 따라 최후의 심판 때 하나님의 보좌에 앉아 하나님 다음으로 높은 지위(하늘의 제 2인자의 위치)를 받게 될 신적 메시아, 곧 인자의 경우가 대표적인 사례이다. 결국 이와 같은 긴장감은 "하늘의 두 권세"(Two Powers in Heaven) 논란의 발단이 되었다.[12 A]

그러나 고대 유대인들은 상당히 많은 신적 존재들(유일한 하나님의

---

12 Alan F. Segal, *Two Powers in Heaven: Early Rabbinic Reports about Christianity and Gnosticism* (Leiden: Brill, 1977).

창조되지 않은 신적 현현들과 피조된 신적 존재들)로 채워진 우주 안에서 편안히 (신학적 난감함 없이 - 역주) 살았다. 유대인들은 이처럼 복잡한 환경 속에서도 그들이 따르는 유일신 사상을 반대하는 도전적인 사상을 느끼지 못했다. 유일신 사상을 구성하는 체계의 균형은, 창조되지 않은 존재들과 창조된 존재들 사이에 있는 그리고 하나님(과 그분으로부터 야기된 현현들)과 그분의 피조물들 사이에 있는 분명하고 뚫을 수 없는 경계선에 의해 유지되었다. 창조된 존재들의 신적 지위와 상관없이 예외는 없었다. 메시아인 인자는 창조되었고(created), 또한 그가 하나님의 보좌에 앉을 때에도 창조된 상태로 남아 있다. 그 누구도 창조된 차원과 창조되지 않은 차원에 모두에 속할 수 없다. 다소 부주의하게도 필론은 말씀(로고스)을 "두 번째 하나님(the second god)"으로 호칭할 정도로 엄격한 유일신론적 언어를 사용할 필요성을 느끼지 못했다(창세기에 대한 질문과 답변[QG] 2.26). 로고스는 창조가 실제로 일어나기 전에 세상의 유일한 창조자이자 건축자의 마음에 잉태된 "전형적 모델, 사상들의 사상"이었기 때문에 로고스가 창조되지 않았다는 점을 분명히 밝히는 일이 필론의 주요 관심사였던 것이다(Op. 19, 25).

창조된 존재들과 창조되지 않은 존재들 사이에 명확한 경계선을 설정할 필요성은, 고대 유대인들이 신성(divinity)이나 숭상(devotion)이라는 추상적 개념에 대해 논쟁하는 것보다 더 많은 열정을 느꼈던 유일한 문제였다. 신적 지혜(divine Wisdom)가 창조되었는지 혹은 창조되지 않았는지에 대한 제2성전기의 지적(智的) 문헌에 담겨있는 끝없는 토론은, 사람들에 따라 하등한 신적 존재를 창조된 존재로 여겼거나 혹은 창조되지 않은 존재로 여겼을 가능성이 있었음을 보여준다. 신의 속성이 창조된 존재에게 적용되는지 혹은 창조되지 않은 존재에게 적용되는지는 그리 중요한 문제가 아니었다. 문제의 쟁점은 신적 존재가 창조되었는지 아니면 창조되지 않았는지에 대한 부분이었다. 어떤 경우에서도 이쪽 아니면 저쪽 하나만 가능했다. 즉, 그 누구도 동시에 창조되거나 창조되지 않을 수는 없었다.

신적 지혜의 신분에 대한 불확실성은 지혜의 기원이 영과 말씀―둘 다 이스라엘 하나님의 명백한 현현들―과는 달리, 이스라엘의 고대 전통 내에서 명확히 정의되지 않았다는 점에서 비롯되었다. 혹은 현대 학자들이 인정하는 바와 같이, 지혜는 다신론에서 나온 독립적 여신으로 이스라엘의 하나님에 의해 "획득되었기" 때문에(아히카르[*Ahiqar*] 6:13; 욥 28; 잠 1-9 참조) 그녀의 존재는 오랫동안 유대교 안에서 설명되기보다는 가정되어 왔다는 견해가 더 옳아 보인다.[13]

제2성전기의 유대인들은 지혜가 하나님에 의해 창조의 도구로 사용되었다는 부분에 동의했지만 지혜의 기원에 대해서는 의견이 갈렸다. 『집회서』(Sirach)에 의하면 지혜는 하나님과 "영원"을 독점적으로 공유하기 때문에 영원하다(집회서 1:1b; 24:9b). 하지만 『집회서』의 저자는 "하나님 홀로 만세 이전에 그리고 영원히 존재하시고"(집회서 42:21), 태초에 하나님의 첫 창조물로 지혜가 "만들어졌다"(집회서 24:9;

---

13 Bernhard Lang, *Wisdom and the Book of Proverbs: An Israelite Goddess Redefined* (New York: Pilgrim, 1986); Silvia Schroer, *Wisdom Has Built Her House: Studies on the Figure of Sophia in the Bible* (Collegeville, MN: Liturgical Press, 2000).

칠십인역 잠언 8:22 참조)는 점을 매우 신중히 명시한다. 다른 문헌에 따르면 지혜는 하나님에 의해 "발생한"(begotten) 것(지혜서[Wis] 8:3; 필론, 도주와 발견에 대하여[Fug] 50)이자 하나님의 영원한 현현 또는 광채로 여겨졌다(지혜서 7:26). 언급된 두 경우 모두 창조된 존재와 그렇지 않은 존재를 기술하는데 다른 특징과 다른 언어가 사용되었다. 따라서 특정 대상을 묘사하기 전에 그 대상이 창조되었는지 아닌지에 대한 명확한 결정이 우선적으로 내려져야 한다는 점을 인지하고 있었던 듯하다.

요약하자면 하나님의 그 어떤 피조물도 그리고 하나님의 그 어떤 현현도 제2성전기 유대인들의 종교적 세계관 속에서 '창조된 존재이자 동시에 창조되지 않은 존재'로 인식될 수 없었다. 승격된 피조물도 신성하다고 불러질 수 있었고, 예배까지 받을 수 있었다. 하지만 오직 피조되지 않은 존재만이 유일하신 하나님 혹은 유일하신 하나님의 현현으로 불러질 수 있었다. 고대의 유대 문헌, 즉 메시아를 신으로 여기는 데 아무런 문제가 없었고, 심지어 하나님의 아들이 하나님의 보좌에 앉아 하나님의 이름을 담당하며 예배까지 받을 수 있다고 제안하는 문헌이 메시아의 비(非)창조성에 대해 주장하지 않는다는 사실은 우연이 아닐 수 있다. 야브로 콜린스와 존 콜린스가 지적했듯이, 제2성전기 유대인의 문헌과 공관복음이 일반적으로 메시아에게 적용하는 "하나님의 아들"이라는 호칭은 대상의 선재성과 성육신에 대한 그 어떤 의미도 암시하지 않는다.[14]

---

14   Yarbro Collins and Collins, *King and Messiah*, 209.

그러므로 예수가 언제부터 어떻게 하나님(God)이 되었는지에 대한 질문은 예수가 언제부터 어떻게 신성하게(divine) 간주되기 시작했는지 혹은 언제부터 어떻게 숭배를 받기 시작했는지를 묻는 질문들과 다르다. 하나님(God)이 아닌 존재들도 신성하게(divine) 될 수 있었고, 하나님(God) 외의 신적 존재들(divine beings)도 숭배를 받을 수 있었다. 그리고 예수가 참으로 신성하게(divine) 여겨졌고, 예수 운동의 매우 이른 초기 단계에서부터 숭배를 받았다는 강력한 징후들이 있다. 그러므로 우리가 물어야 할 올바른 질문은 "신성한(divine) 예수가 언제부터, 어떻게 창조되지 않은 존재로 간주되기 시작했는가?"이다. 바로 이 지점에서 예수에게 유일하신 하나님(God)과 같은 특징들이 부여되었다고 말할 수 있다.

바울의 기독론

초기 기독교 문헌에 메시아의 완전한 신성에 대한 명시적 언급이 부재한다는 이유가 예수의 첫 추종자들을 저기독론에 혹은 인간 메시아인 다윗의 자손의 전통에 자동적으로 연결시키지 않는다. 사실 예수를 인간 메시아로 보는데 초점을 맞추는 저기독론과 같은 관점은 기독교 전통에서 전혀 찾아볼 수 없다. 예수 운동은 가장 이른 초기부터 예수를 인자(人子), 승격된 천상의 존재, 신적 메시아, 지상의 용서자, 그리고 종말적 심판자로 보는 믿음에서 결속력을 보였다. 그런데 예수의 첫 추종자들은 예수를 신적인 존재로 높이고, 그를 숭배하면서도, 그들의 메시아가 창조되지 않았을 수 있다는 가설을 전혀 고려하지 않았다. 그와 같은 가설에 대한 가능성은 당시 유대인들이 주고받았던 메시아적 논쟁의 일부가 아니었기 때문이다.

바울도 예외는 아니었다. 그의 기독론은 에녹계 (그리고 공관복음적) 양식에서 근본적으로 벗어나지 않는다.[15] 바울도 하늘에 계신 아버지만의 독특한 칭호인 떼오스(하나님)를 퀴리오스(주) 예수에게 절대로 사용하지 않기 위해 매우 신중했다. "이른바 신이라는 것들(gods)이 하늘에든 땅에든 있다고 칩시다. 그러면 많은 신(theoi)과 많은 주(kyrioi)가 있는 것 같습니다. 그러나 우리에게는 아버지가 되시는 하나님(theos) 한 분이 계실 뿐입니다. 만물은 그분에게서 났고, 우리는 그분을 위하여 있습니다. 그리고 한 분 주(kyrios)이신 예수 그리스도가 계십니다. 만물이 그분으로 말미암아 있고, 우리도 그분으로 말미암아 있습니다"(고전 8:5-6). 사실 아버지와 아들의 기본적인 구별은 신성에 대한 문제가 아니었다. 아버지와 아들은 바울에 의해 (비록 정도의 차이는 있어도) 신적인 존재들로 간주되었다. 아버지가 단지 아들보다 조금 더 많은 신성을 지니고 있기 때문이 아니라, 아버지는 피조되지 않은 만물의 창조자인 반면 (보다 덜 신성한) 아들(kyrios)은 아버지가 우주를 창조하실 때 사용했던 도구였기 때문에 바울은 아버지를 유일한 하나님(theos)으로 여겼던 것이다.

바울은 예수가 "육신으로는 다윗의 후손"(롬 1:3)이라고 주장하는

---

15 James A. Waddell, *The Messiah: A Comparative Study of the Enochic Son of Man and the Pauline Kyrios* (London: T&T Clark, 2011).

전통을 알고 있었다. 하지만 그는 초기 예수 추종자들의 믿음—예수에게 메시아적인 특징들뿐만 아니라 훨씬 더 높은 등급의 신성, 곧 그의 천상적 본성과 구원의 기능에 상등하는 신성을 부여한 믿음—을 전적으로 공유하고 있었다. 공관복음에 등장하는 인자처럼, 바울의 아들(Son)-주(*kyrios*)는 천상의 영역에 속하지만 아버지-하나님(*theos*)과 분리되어 있고 또한 그분께 종속되어 있다. 아들은 자기희생을 통해 용서의 사명을 완수한 후 "모든 것을 자기에게 굴복시키신 분[아버지]에게 굴복할 것이다. 그래서 하나님께서는 만유의 주님이 되실 것"(고전 15:28)이다. 만약 바울이 "인자"(人子)라는 용어를 사용하지 않았다면(다니엘 7장에 대한 암시가 명백해 보이는 데살로니가전서 4:16-17과 같은 문맥에서조차), 그 이유는 그 용어가 예수 벤 아담(Jesus ben Adam)[B]이 첫 번째 아담에게 종속된다는 점을 제안함으로써 바울이 아담과 새로운 아담 사이에 확립한 평행 구도를 방해하기 때문이었을 것이다. 그래서 평행 구도를 보존하기 위해 "하나님의 아들"(son of God)이 사용되었다. 순종의 아들인 그리스도는 비순종의 아들인 아담과 비교되며, 그 본성과 존엄성은 다른 "하나님의 아들"로서 공유가 된다(눅 3:38을 보라). 둘 다 하나님의 형상과 모양으로 창조되었고 각각 하나님의 "형체"를 취했다. 하지만 아담과 예수는 다른 운명으로, 곧 아담의 경우에는 죄와 범법의 운명으로, 예수의 경우에는 순종과 영광의 운명으로 나누어진다. 아담의 낮아짐(케노시스[*kenōsis*])은 그의 불순종으로 인한 형벌이었던 반면, 예수의 낮아짐(케노시스[*kenōsis*])은 그의 용서하는 사명을 완수하기 위한 자발적인 선택이었고, 그 후에는 이전보다 더 높은 신적 지위로의 승급과 영화가 뒤따랐다(빌 2:5-11). 예수를 향한 예배는 그의 창조되지 않은 신분이 아니라 그의 신적 지위에 대한 증거이다. 즉, 그것은 인자의 이름이 나타날 때 인자에게 돌려진 예배였던 것이다.

야브로 콜린스와 존 콜린스가 바르게 지적했듯이, 빌립보서의 산문적 찬송은 "예수의 선재성에 대해 분명히 말하고 있다. … [그러나] 예수가 인간으로 태어나기 전에 하나님이었거나 하나님과 동등했다고 말하지는 않는다."[16] 어만의 표현을 빌리자면, "바울은 그리스도를 인간이 된 천사로 이해했다."[17] 그러나 빌립보서의 찬송을 "성육신 기독론"의 초기 사례로 보는 어만의 해석은 오해의 소지가 있다. 또한 찬송에 등장하는 그리스도와 아담 사이의 평행 구도를 부정하는 어만의 주장도 불필요하다. 순종의 행위로 인해 인간이 된 후, 더 높은 신성으로 승격된 신적 아들의 낮아짐에 대한 빌립보서의 묘사는, 역시 천사처럼 불멸의 존재로 창조되었으나 더 높은 신성을 얻고자 하는 욕망에 대한 형벌로 사람(필멸의 존재)이 된 하나님의 또 다른 아들, 곧 신적 아담의 이야기와 유사하다. 그렇다. 바울은 예수를 "선재하는 신적 존재"[18]로 묘사하지만 성육신에 대한

---

16   Yarbro Collins and Collins, *King and Messiah*, 147.

17   Ehrman, *How Jesus Became God*, 252. 이미 1941년에 마틴 베르너(Martin Werner)는 아들의 신성에 대한 최초의 기독교적 추측들은 유대교의 천사론에 비추어 읽어야 한다고 제안했다. 그의 *Die Entstehung des christlichen Dogmas* (Bern: Haupt, 1941)를 보라.

18   Ehrman, *How Jesus Became God*, 266.

언급은 하지 않는다. 바울은 그 어디에서도 예수를 창조되지 않은 지혜나 말씀의 성육신이라고 말하지 않는다. 그렇다. "그리스도는 신적 존재가 될 수 있지만 하나님과 완전히 동등할 수는 없다." 이처럼 바울은 결코 그리스도를 떼오스(theos), 곧 피조되지 않은 유일한 만물의 창조자라고 부르지 않기 위해 매우 신중했다.[19]

예수 운동의 구성원들이 메시아 예수가 "천사들보다 훨씬 더 높게 되었으니, 천사들보다 더 빼어난 이름을 물려받[았다]"(히 1:4)는 결론(혹은 기독교의 신학적 관점에 따라 "깨달음")에 도달하기까지 거의 한 세기가 걸렸다. 그리고 창조되지 않은 신적 그리스도가 존재할 수 있다는 가능성을 먼저 소개한 후, 그 가능성을 제2성전기 유대교의 신학적 논쟁의 일부로 만드는 데는 요한복음의 독창성이 필요했다. 이와 같은 목표는 당시의 사람들이 메시아가 하나님의 말씀을 말하고 천상의 지혜를 계시한다고 믿었기 때문에(사 11:1-5) 유대교의 메시아주의와 완전히 무관하지 않은 추측, 즉 신적이고 창조되지 않은 로고스/소피아[C]에 대한 추측에 의존함으로써 달성되었다. 다르게 표현하자면 요한복음이 예수를 궁극적으로 창조되지 않은 존재로 만들었을 때, 예수는 하나님이 되었고, 메시아는 창조되지 않고 육신

---

19 로마서 9:5이 예수를 떼오스(theos)로 지칭하는 것으로 읽는 독법이 문법적으로 가능하다. 하지만 바울이 쓴 다른 어떤 구절들도 이러한 독법을 지지하지 않는다. 바울은 그의 송영들의 마지막 부분에서 항상 아버지 하나님을 찬양한다. "만물들을 주관하시는 하나님이시여, 영원히 찬송을 받으소서!" Gordon Fee, *Pauline Christology: An Exegetical–Theological Study* (Peabody, MA: Hendrickson, 2007), 272-77에 있는 신중한 분석을 보라.

이 된 **로고스**로 이해되었다. 모리스 케이시(Maurice Casey)의 주장처럼 유대교의 예언자가 이방인의 신으로 변모한 것이 아니라, 유대교의 예언자이자 메시아적 주장자(主張者)가 유대교의 신으로 변모한 것이다. 그와 같은 변모는 유대교의 메시아적 모델들의 풍성한 다양성과 유대교의 유일신 사상의 역동적 특징이 사용되었기 때문에 가능했다.

그러나 바울은 그렇게 접근하지 않았다. 바울의 중심에는 하나님의 아들—창조되지 않은 신적 현현의 성육신으로서 하늘에 계신 아버지와 어깨를 나란히 견주는 아들—과 하나님의 동등성이 없었다. 대신 순종적인 하나님의 천상적 아들이 감당했던 용서의 사명이 있었다. 예수를 신성하고 창조된 메시아로 보는 바울의 관점은 그가 동시대의 다른 유대인들과 같이 온전한 유일신론자였음을 보여준다. 여기에서 말하는 유일신론은 후기 기독교에 의해 급진적으로 재정의된 관점, 즉 예수를 신적이고 창조되지 않은 메시아로 보는 관점을 의미하지 않는다.

"용서"를 위한 예수의 죽음

아담과 새 아담(예수) 사이의 평행구도 외에도 바울을 초기 예수 운동의 맥락으로부터 궁극적으로 구별시킨 요소가 또 있었다. 그것은 바로 아들이 자신에게 부여된 용서의 사명을 본질적으로 죽음을 통해서 성취했다는 점에 대한 바울의 강조였다. 예수의 죽음은 분명 제자들에게 트라우마가 되었을 것이다. 하나님의 나라는 제자들이 기대한 방법대로 오지 않았다("우리는 그분이야말로 이스라엘을 구원하실 분 이라는 것을 알고서, 그분에게 소망을 걸고 있었던 것입니다"[눅 24:21]). 제자들은 두 려움에 떨며 뿔뿔이 흩어졌다. 하지만 이것은 예수 운동의 끝이 아 니었다.

메시아가 고통을 받고 죽을 수 있다는 생각은 유대교의 전통에 서 이질적이지 않았다. 예수의 첫 추종자들은 예수의 수난과 죽음 을 둘러싼 사건들이 (비록 초기에는 이해가 부족했을 지라도) 히브리성경에 의 해 예언되었다고 단호하게 믿었다. "어리석은 사람들입니다. 예언 자들이 말한 모든 것을 믿는 마음이 그렇게도 무디니 말입니다"(눅 24:25).

예수는 사후에 자신을 죽은 자들 가운데서 살리신 하나님에 의 해 무죄를 입증받았다. 예수는 이제 하늘에 있고, 그곳으로부터 심 판자로 현현할 때를 기다리고 있다. 스데반의 연설은 지상에서 일 시적으로 낮아짐(kenōsis)을 경험한 후 승격된 예수를 다니엘서와 『비 유의 책』에 등장하는 인자(人子)와 연결시킨다. "그런데 스데반이 성 령이 충만하여 하늘을 쳐다보니, 하나님의 영광이 보이고, 예수께서 하나님의 오른쪽에 서 계신 것이 보였다. 그래서 그는 '보십시오, 하 늘이 열려 있고, 하나님의 오른쪽에 인자가 서 계신 것이 보입니다' 하고 말하였다"(행 7:55-56). 부활은 예수가 본인의 신분을 되찾고, 메 시아의 임무라고 믿었던 본인의 사명을 성취하기 위해서 필요했다. 예수는 "영원 전부터, 하나님께서 당신의 거룩한 예언자들의 입을 빌어서 말씀하신 대로 만물을 회복하실 때까지, 마땅히 하늘에 계실 것[이다]"(행 3:21). 보야린(Boyarin)이 바르게 지적했듯이 "승격과 부활의 경험은 내러티브의 산물이지 그것의 원인이 아니다."[20]

예수가 죽은 이유에 대한 설명도 내러티브의 산물이었다. 메시아가 지상에서 완수해야 할 중심 임무가 죄 사함이었기 때문에, 예수의 첫 추종자들은 예수의 죽음마저도 그가 죄 사함의 임무를 완수하는데 필요했던 단계로 자연스럽게 해석하기 시작했다.

"그리스도께서 성경대로 우리 죄를 위하여 죽으셨다"(고전 15:3)는 개념은 바울만의 생각이 아니었다. 동일한 개념이 마태복음("이것은 죄를 사하여 주려고 많은 사람을 위하여 흘리는 나의 피, 곧 언약의 피다"[마 26:28]), 히브리서("율법에 따르면, 거의 모든 것이 피로 깨끗해집니다. 그리고 피를 흘림이 없이는, 죄를 사함이 이루어지지 않습니다"[히 9:22]), 그리고 베드로전서("그리스도께서도 죄를 사하시려고 단 한 번 죽으셨습니다. 곧 의인이 불의한 사람을 위하여 죽으신 것입니다. 그것은 그가 육으로는 죽임을 당하시고 영으로는 살리심을 받으셔서 여러분을 하나님 앞으로 인도하시려는 것입니다"[벧전 3:18])에도 나타난다.

바울의 서신들은 예수의 죽음이 참으로 희생(sacrifice)이었고 예수는 희생 제물(sacrificial victim)이었다는 사상의 가장 오래된 증거를 제공한다. "우리들의 유월절 양이신 그리스도께서 희생되셨습니다"(고전 5:7). 이와 같은 개념은 베드로전서("여러분은 조상으로부터 물려받은 여러분의 헛된 생활 방식에서 해방되었습니다. 여러분도 아시지만, 그것은 은이나 금과 같은 썩어질 것으로 된 것이 아니라, 흠이 없고 티가 없는 어린 양의 피와 같은 그리스도의 귀한 피로 되었습니다"[벧전 1:18-19])에서 반복되고, 요한복음에서도 반복된다. 요한

---

20   Boyarin, *The Jewish Gospels*, 160.

복음은 세례 요한의 고백("보시오, 세상 죄를 지고 가는 하나님의 어린 양입니다"[요 1:29]) 안에 그러한 개념을 집어 넣고, 성전에서 제물로 바쳐지는 어린양이 죽는 날의 방식과 동일하게 예수의 죽음을 묘사한다("일이 이렇게 된 것은, '그의 뼈가 하나도 부러지지 않을 것이다' 한 성경 말씀이 이루어지게 하려는 것이었다"[요 19:36]). 이와 일관되게 요한계시록 5장(신의 현현을 담은 장)은 하나님의 보좌 옆에 서 있는 인자를 "모든 종족과 언어와 백성과 민족"(계 5:9)을 위해 피를 흘린 죽임당한 어린양으로 묘사한다.

바울신학은 그리스도가 감당했던 사명의 희생적 차원을 강조하는데, 그가 십자가에 달려 죽었다는 사실 외에는 예수의 사역과 가르침들이 거의 남아있지 않을 정도로 그 부분에 집중한다. 바울서신에 등장하는 예수는 말수가 적고, 더욱이 예수가 남긴 말들 중 그 어느 부분에도 죄 사함에 대한 언급은 없다. 메시아의 죽음만이 (바울에게 있어서) 진정으로 중요하게 여겨지는 유일한 사건이다.

바울은 역사적 예수를 알지 못했다. 하지만 예수의 죽음이 메시아의 핵심 사역이라는 그의 되풀이되는 주장은, 마치 바울이 예수의 가르침을 몰랐던 것에서 기인한 것처럼, 전기적(傳記的)인 용어로만 설명될 수 없다. 예수의 죽음에 대한 바울의 강조는 그 사건의 은혜성과 하나님의 계획을 부각시킨다. 예수는 불경건한 자들, 곧 죄인들을 위해 죽으셨다.

우리가 아직 약할 때에, 그리스도께서는 제 때에, 경건하지 않은 사람을 위하여 죽으셨습니다. 의인을 위해서라도 죽을 사람은 거의 없습니다. 더욱이 선한 사람을 위해서라도 감히 죽을 사람은 드뭅니다. 그러나 우리가 아직 죄인이었을 때에, 그리스도께서 우리를 위하여 죽으셨습니다. 이리하여 하나님께서는 우리들에 대한 자기의 사랑을 실증하셨습니다. 그러므로 지금 우리가 그리스도의 피로 의롭게 되었으니, 그리스도로 말미암아 하나님의 진노에서 구원을 얻으리라는 것은 더욱 확실합니다. 우리가 하나님의 원수일 때에도 하나님의 아들의 죽으심으로 말미암아 하나님과 화해하게 되었다면, 화해한 우리가 하나님의 생명으로 구원을 얻으리라는 것은 더욱더 확실한 일입니다. 그뿐만 아니라, 우리는 또한 우리 주 예수 그리스도로 말미암아 하나님을 자랑합니다. 우리는 지금 그로 말미암아 하나님과 화해를 하게 된 것입니다(롬 5:6-11).

이와 같은 강조는 우리를 특정한 상황 곧 바울로 하여금 그의 신학에 나타나는 여러가지 독특한 요소들을 정의하도록 이끈 상황을 탐구하도록 부르는 초대이다. 그리고 그 초대는 바울의 담론의 시작이 아닌, 예수의 가르침이 시작되기 오래 전부터 있었던 유대교의 묵시주의에서 시작된 여정의 결말로—그리고 바울이 이방인을 위한 사도가 되기 오래 전부터 있었던 초기 예수 운동 안에서 시작된 긴 여정의 결말로—우리를 부른다. 바울을 "유대교 안에서"(within Judaism)뿐만 아니라, 이른바 유대교 "안으로부터"(from within) 읽는 독법은 바울 사상의 체계를 이전의 묵시적 체계들의 변종이자 파생물로 이해하도록 하는 결과를 낳는다.

결론

바울은 유대인이었고 항상 유대인으로 살았다. 그는 유대교를 떠나지 않았다. 바울은 예수를 "땅에서 죄를 용서하는 권세를 가[진 자]"(막 2:10; 마 9:6; 눅 5:24)로 믿는 사람들이 따르는 유대교의 메시아적, 묵시적 운동에 가담했다. 그 사람들은 예수가 죽자 본인들을 가리켜 예수의 사명을 지속하도록 초대를 받은 사도들이라고 불렀다. 바울의 기독론은 공관복음의 기독론으로부터 크게 벗어나지 않는다. 예수는 회개하는 죄인들을 칭의하기 위해 이 땅에 나타난 최후의 심판자이다. 이와 같은 새로운 믿음은 이방인들에게 선포해야 할 사명적 메시지이기 전에 바울에게는 개인적으로 다뤄야 할 문제였다. 그러므로 바울도 세례를 받았다. 바울에게 있어서 세례는 예수 운동의 모든 구성원들(유대인들과 이방인들 모두)이 생각하는 바와 마찬가지로 칭의(최후의 심판이 임박한 때 과거의 죄를 용서받는 일)를 의미했기 때문이다.

그러나 바울의 기독론에는 두 가지의 독특한 요소들이 있다. 아담과의 평행 구도(불순종한 아들인 아담과 비교할 경우 예수는 순종적인 아들이다)와, 그리스도의 희생에 대한 강조(용서는 예수의 죽음, 곧 그의 가르침과 언행에 대한 언급 없이 그의 피를 통한 결과로 제시된다)이다. 이 두 가지 요소들은 그리스도의 나타남을 악의 근원의 시초론(protology)과 직접적으로 연결하는 한편, 또 다른 한편으로는 그 사건(그리스도의 나타남)의 은혜성을 강조하려는 묵시적 바울의 열망을 암시한다. 하나님께서는 더 이상 수동적이지 않으시다. 아들의 사명은 회개하는 죄인들이 처해있는 곤경을 마지막 순간에 덜어주는 일보다 크다. 아들의 사명에는 그보다 더 깊은 우주적 의미들이 담겨있는데, 그것은 곧 악의 문제에 대한 하나님의 결정적인 대답, 즉 악의 세력들을 이기시는 하나님의 승리이다.

Justified by Faith, Judged by Works

믿음에 의해 칭의를 받고, 행위에 의해 심판을 받는다

PAUL'S THREE PATHS TO SALVATION

제7장

믿음에 의해 칭의를 받고, 행위에 의해 심판을 받는다

바울신학의 핵심인 믿음에 의한 칭의

전통적인 루터계 바울 읽기 독법에 의하면 믿음에 의한 칭의(justification by faith)는 바울신학의 핵심이며 또한 하나님의 최종적 심판에 대한 바울의 생각에 직접적인 영향을 끼쳤다. 루터계 칭의 개념의 토대에는 사람이 자신의 구원을 결정하거나 혹은 구원에 영향을 줄 수 있는 그 무엇도 할 수 없다는 아우구스티누스계 사상이 있다. 원죄는 인간의 자유를 완전히 파괴했다는 사상적 토대 위에서 루터는 오직 은혜(sola gratia)라는 교리를 구축했다. 이와 같은 사상에 의하면 율법은 사람이 마땅히 행해야 하는 일들을 명기하고 있으나 사람은 원죄 때문에 율법을 지킬 수 없다. 율법은 오직 죄에 대한 지식만 제공할 뿐, 궁극적으로는 사람을 정죄에 이르게 한다. 그러므로 구원은 오직 하나님께서 주신 은혜로운 선물의 결과일 뿐이다. 선행조차도 은혜의 결과이기 때문에 어떤 방식으로도 구원의 조건으로 이해될 수 없다. "선을 행할 능력이 없는 죄인들은 오직 예수 그리스도를 믿음으로 말미암아(through faith) 하나님의 은혜에 의해(by God's grace) 의롭다 함을 받을 수 있다."[1] 기독교의 "우월성"은 기독교가 오직 믿음(sola fides)을 통해 받은 오직 은혜(sola gratia) 위에 세워진 종교라는 데 있다. 반면 유대교는 행위(works)의 "열등한" 종교로서, 그 종교의 추종자들에게 거짓되고 오만한 자기 정당화라는 환상을 안겨준다. 전통적인 루터계 관점에 의하면 "믿음에 의한 칭의"는 "믿음에 의한 구원"과 동일하다.

믿음에 의한 칭의라는 바울의 개념은 고대 유대교 문헌 및 다른 1-2세기의 기독교 자료에서 유사점을 찾기 어렵다. 기독교 학자들과 신학자들은 이와 같은 현상을 유대교와 이질적인 바울의 독특성 — "사도의 사상의 독립성과 유대교로부터의 완전한 단절성"[2] — 을 강조함으로써 설명하려 했다. 사실 모든 현대 해석가들이 관찰한 바와 같이, "유대교에는 인간의 '본질적 죄성'에 대한 교리가 결여되어 있다."[3] 다른 한편으로, 토마스 F. 토랜스(Thomas F. Torrance)는 바울이 초기 예수 운동 안에서 유대주의자들(Judaizers)을 향해 보였던 투쟁 — 진정한 "기독교"의 메시지를 유대주의자들에게 확증하기 위

---

1 Stephen Westerholm, *Justification Reconsidered: Rethinking a Pauline Theme* (Grand Rapids: Eerdmans, 2013), 49. [= 『칭의를 다시 생각하다』, IVP, 2022]

2 Henry St. John Thackeray, *The Relation of St. Paul to Contemporary Jewish Thought* (London: Macmillan, 1900), 80.

3 Westerholm, *Justification Reconsidered*, 34.

해 보였던 투쟁—을 후대의 기독교 자료들이 믿음에 의한 칭의에 대해 "침묵"했던 이유를 (충분히) 설명할 수 있는 근거로 생각했다. 토랜스에 의하면 바울의 메시지는 그의 시대에 비해 무척 "진보"되어 있었기 때문에, 아우구스티누스와 루터에 의해 "재발견"되기 전까지 바울 이후의 전통에서 대부분 "잊혀졌다."[4] 필립 필하우어(Philipp Vielhauer)에 따르면, 사도행전은 바울을 율법에 충실하고 유대인에게 율법의 타당성을 강조한 유대-기독교인으로 재탄생시킴으로써 바울의 혁명적 메시지를 정상화하는 첫 번째 사례를 제공한 문서이다.[5]

최근 수십 년 동안 점점 더 많은 수의 학자들은 "칭의 이론"을 바울의 시대보다 훨씬 후대에 생성된 기독교의 패러다임이 역사적 바울에게 역으로 덧입힌 교리로 일축하고 있다. 바울신학에 나타나는 칭의는 보편적인 개념이 아니라 이방인의 합류라는 특정한 문제에 대한 그의 대답이었다. 스티븐 웨스터홈(Stephen Westerholm)과 같은 다른 진영의 학자들은 칭의에 대한 전통적 관점에서 가장 경멸적인 요소들을 제거할 경우, 수정된 그 관점은 바울과 그의 독특성을 설명할 수 있는 유일하게 그럴듯한 해석이라는 주장을 통해 전통적인 관점을 재차 확언하기 위해 노력했다. "바울의 칭의에 대한 메시

---

4 Thomas F. Torrance, *The Doctrine of Grace in the Apostolic Fathers* (Edinburgh and London: Oliver and Boyd, 1948).

5 Philipp Vielhauer, "Zum 'Paulinismus' der Apostelgeschichte," *EvT* 10 (1950–51): 1–15. ET: "On the 'Paulinism' of Acts," *Perkins School of Theology Journal* 17 (1963): 5–17.

는 … 이방인들의 필요가 아니라 모든 인간들의 필요를 다루고 있다. … 모든 인간들이 죄인이기 때문이다."[6]

　바울의 칭의에 대한 논의는 서로 다른 진영들 사이에 그 어떤 대화도 오갈 수 없을 정도로 양극화 수준에 이르렀다. 하지만 바울에 대한 아우구스티누스와 루터의 입장은 완전히 옳거나 완전히 틀리지 않았다. 각각의 진영들은 그들의 주장을 지지하는 몇 가지 괜찮은 논증들을 가지고 있다. 웨스터홈은 "베드로나 바울과 같은 유대인들이 그리스도 안에서 칭의를 구했다면 유대인들에게도 칭의가 필요했다는 점"을 근거로 확실히 강력한 주장을 펼친다.[7] 다른 한편으로, 유대교 안에서 바울을 읽는 독법을 지지하는 학자들은 바울이 그 어디에서도 토라의 비유효성과 유대교의 비타당성을 주장하지 않는다는 사실을 정확하게 지적한다. "그 어디에도 … 율법에 대한 바울의 문제는 인간이 율법을 온전히 지킬 수 없다는 점이나 혹은 하나님께서 율법을 주신 이유가 은혜를 더 넘치게 하려고 죄를 더하기 위함이라는 점과 연결된다는 증거가 없다."[8]

　양쪽 진영 모두에 약점들이 있다. 하나는 서로 상대방의 의견에 귀를 기울이지 않는다는 점이다. 또 하나는 양쪽 진영 모두 완전히 독특한 바울—유대교에 남아있기 위해서 후대 기독교로부터 완전히 격리된 바울 혹은 기독교에 남아있기 위해서 유대교로부터 완전

6　Westerholm, *Justification Reconsidered*, 15.

7　Westerholm, *Justification Reconsidered*, 15.

8　Daniel Boyarin, *A Radical Jew: Paul and the Politics of Identity* (Berkeley: University of California Press, 1994), 156.

히 격리된 바울―을 창조하려는 경향이 있다는 점이다.

하지만 만약 우리가 『비유의 책』에 비추어 그리고 공관복음의 전통에 따라 바울을 읽는다면 어떨까? 우리가 이전 장(章)들에서 정의한 대로 바울을 제2성전기의 묵시적 유대인이자 예수를 추종하는 메시아적 구성원으로 본다면 어떨까? 악의 기원, 인간의 자유 의지, 죄 사함의 문제들은 의심할 여지 없이 바울 사상의 중심에 위치하고 있다. 그러나 우리가 보았듯이 그와 같은 요소들은 바울만의 문제가 아니라 제2성전기를 살던 유대인들의 문제였다.[9] 그러므로 바울의 독창성은 그러한 질문이 아니라 그 질문에 대한 답변에 있다. 에녹계 묵시주의 맥락과 죄 용서에 대한 강조는 우리로 하여금 바울의 칭의의 문제를 새로운 관점에서 재평가할 수 있도록 허락해 줄지도 모른다.

모든 인류는 "죄의 권세 아래" 있다

바울은 로마서를 통해 로마에 있는 예수 공동체, 곧 예수를 메시아로 고백하고 세례를 받은 사람들(유대인들과 비유대인들)의 공동체에게 편지를 썼다. 왜 그들은 그러한 고백을 하고 세례를 받았을까? (바울을 포함한) 예수의 첫 번째 추종자들이 그와 같은 행동을 했던 이유와 동일한 이유 때문이었다. 즉, 마지막 때가 임박했고 바로 그때

---

9   Gabriele Boccaccini, "The Evilness of Human Nature in 1 Enoch, Jubilees, Paul, and 4 Ezra: A Second Temple Jewish Debate," in *4 Ezra and 2 Baruch: Reconstruction after the Fall*, ed. Matthias Henze and Gabriele Boccaccini (Leiden: Brill, 2013), 63-79.

가 하나님께서 회개한 죄인들을 용서해 주시는 기간이라는 말을 들었기 때문이었다. 바울은 로마에서 중요한 인맥들, 특히 그가 고린도와 에베소에서 함께 있었던 브리스길라와 아굴라와 같은 인맥들을 의존할 수 있었다는 사실을 알고 있었다. 하지만 바울은 자신이 설립하지 않은 공동체에게 편지를 보냈다. 그는 자신이 전하는 복음에 담긴 독특한 요소들을 로마의 성도들에게 강조해야 했지만, 모든 예수 추종자들에게 전했던 신조(信條)들을 다시 한번 반복할 필요는 없었다. 몇 가지 암시만으로 그 신조들을 상기시키기에 충분했다. 이 세상은 마귀에 의해 지배를 당하고 있지만, 그의 세력이 끝나는 때가 빠르게 다가오고 있었다. "평화의 하나님께서 곧 사탄을 쳐부수셔서 여러분의 발 밑에 짓밟히게 하실 것입니다"(롬 16:20). 바울은 심판의 때, 즉 "불의한 행동으로 진리를 가로막는 사람의 온갖 불경건함과 불의함을 겨냥하여"(롬 1:18) 하나님의 진노의 때가 임박했다는 초기 예수 운동의 공통된 믿음을 공유했다. 그때는 주 예수가 "유대 사람을 비롯하여 그리스 사람에게 이르기까지 모든 믿는 사람"(롬 1:16)들을 향한 하나님의 자비를 나타내는 대리자로 자신을 계시했던 시기이기도 하다.

우선 바울은 독자들에게 하나님의 계획에 따라 유대인들의 도덕적 삶은 모세 율법에 의해 규제되는 반면, 이방인들의 도덕적 삶은 우주의 자연법에 의해 규제된다는 점을 상기시킨다. "[모세의] 율법을 가지지 않은 이방 사람이 사람의 본성을 따라 율법이 명하는 바를 행하면, 그들은 율법을 가지고 있지 않아도 자기 자신이 자기에게 율법입니다. 그런 사람은 율법이 요구하는 일이 자기의 마음에 적혀 있음을 드러내 보입니다. 그들의 양심도 이 사실을 증언합니다"(롬 2:15). 바울은 토라가 선재한다는 후기 랍비들의 개념을 알지 못했다.[10] 바울에 의하면 "아담 시대로부터 모세 시대에 이르기까지 … 율법이 없었다"(롬 5:13-14). 따라서 바울은 마치 랍비들이 주후 3세기에 말한 것과 같이(토세프타, 아보다 자라[*Avodah Zarah*] 8[9]; 바빌론 탈무드, 산헤드린[*Sanhedrin*] 56a-57a, 아보다 자라 63a), 자연법을 가리켜 "노아의 일곱 율법들"(혹은 노아계 율법들)[A]이라고 언급할 수 없었다. 바울은 헬레니즘계 유대교(Hellenistic Judaism)로부터 보편적인 불문율과 그것이 강조하는 창조적 질서(혹은 지혜)를 하나님의 뜻이 계시되는 일차적 수단으로 강조하는 개념을 차용했다. "이 세상 창조 때로부터 하나님의 보이지 않는 속성, 곧 그분의 영원하신 능력과 신성은 사람이 그 지으신 만물을 보고서 깨닫게 되어 있습니다"(롬 1:20).[11]

유대들인과 이방들인들 모두 각각 책임져야 할 율법을 하나님으로부터 받았음을 단언한 바울은 심판의 날에 하나님께서 "각 사람에게 그가 한 대로 갚아 주실 것"(롬 2:6)이라는 제2성전기의 반박할 수 없는 믿음을 반복한다. 바울은 유대인들과 이방인들이 (각각 율

10   Gabriele Boccaccini, "The Pre-Existence of the Torah: A Commonplace in Second Temple Judaism, or a Later Rabbinic Development?," *Henoch* 17 (1995): 329-50.

11   Gabriele Boccaccini, "Hellenistic Judaism: Myth or Reality?," in *Jewish Literatures and Cultures: Context and Intertext*, ed. Anita Norich and Yaron Z. Eliav (Providence: Brown Judaic Studies, 2008), 55-76.

법과 자신들의 양심에 따라) "선한 일"을 하면 구원을 받는다는 개념에 결코 의문을 제기하지 않았다. 행악자들은 벌을 받고 의인들은 차별 없이 구원을 받게 된다. "악한 일을 하는 모든 사람에게는, 먼저 유대 사람을 비롯하여 그리스 사람에게 이르기까지, 환난과 고통을 주실 것이요, 선한 일을 하는 모든 사람에게는, 먼저 유대 사람을 비롯하여 그리스 사람에게 이르기까지, 영광과 존귀와 평강을 내리실 것입니다. 하나님께서는 사람을 차별함이 없이 대하시기 때문입니다"(롬 2:9-11).

이와 같은 개념은 바울이 고린도후서에서 반복하고, 로마서의 끝부분에 재차 반복하는 사상과 동일하다. "우리는 모두 그리스도의 심판대 앞에 나타나야 합니다. 그리하여 각 사람은 선한 일이든지 악한 일이든지, 몸으로 행한 모든 일에 따라, 마땅한 보응을 받아야 합니다"(고후 5:10). "우리는 모두 다 하나님의 심판대 앞에 서게 될 것입니다. … 우리는 각각 자기 일을 하나님께 사실대로 아뢰어야 할 것입니다"(롬 14:10-12). 바울은 그의 서신 어디에서도 이와 다른 방식으로 최후의 심판을 이해했다는 언급을 하지 않는다.

"열방 가운데 의인들"이 존재한다는 생각은 제2성전기 유대교에 낯선 개념이 아니다. 『꿈 - 환상의 책』에 따르면 도래할 세상은 이스라엘과 열방에서 모여드는 의인들로 인해 인류의 본래적 단일성이 회복되는 세상이다. "멸망당했고 흩어졌던 모든 [양들]과 모든 들짐승들과 공중의 모든 새들이 그 집에 모였다. 이들이 모두 선하게 되었고 자신들의 집으로 돌아왔으니 양들의 주께서 크게 기뻐했다"(에녹1서 90:33).

이러한 생각은 비(非)묵시적 진영들 안에도 널리 퍼져 있었다. 필론은 "열방들 중에서 의인," 즉 "그리스인들이나 야만인들 가운데 지혜를 행하므로 흠 없고, 책망받을 일 없이 생활하며, 어떤 불의도 행하지 않기로 작정한 사람들 … 그리고 온 세상을 본인들의 고향 도시로 생각하는 사람들, 그리고 지혜를 따르는 모든 자들을 본인들의 동료 시민으로 생각하는 사람들"(세부 규정에 대하여 2.44-45)에 관해서 말했다. 그들은 "소수"(세부 규정에 대하여 2.47)일지 모르나 늘 주위에 있으며 또한 그들의 행위에 따라 심판을 받을 예정이다. 랍비 유대교에도 이와 같은 가능성에 열려 있었다. 그러나 랍비들에게 있어서 자연법의 가장 높은 표출은 모세의 율법이 아니라 선재하는 토라를 따라 만들어진 자연법(natural law)이었다. "노아의 일곱 율법들"(혹은 노아계 율법들)은 자연법을 대체하여 이방인들을 구원에 이르게 하는 기초가 되었다.[B] 이 견해는 12세기 마이모니데스(Maimonides)에 의해 규범적인 믿음으로 제시되었다. "의로운 이방인들은 도래할 세상에서 자신들의 지분을 가진다"(미쉬네 토라[*Mishneh Torah*], 왕들의 율법[Laws of Kings] 8:11).

묵시적 유대인과 예수의 추종자로부터 기대할 수 있듯이 바울의 관심은 의인이 아니라 죄인에게 있었다. 우선적으로 바울은 모세의 율법을 받지 않은 이방인들에게 그들 역시도 심판의 대상이라는 점을 상기시킨다. "자기의 마음에 적혀 있[는]"(롬 2:15) 율법은 이방인들로 하여금 본인들의 범죄에 책임지도록 하는데 충분하다.

"그러므로 사람들은 핑계를 댈 수가 없습니다. 사람들은 하나님을 알면서도 하나님을 하나님으로 영화롭게 해드리거나 감사를 드리기는커녕 …"(롬 1:20-21).

반면 바울은 동료 유대인들에게 토라를 소유하고 있다고 해서 그들 모두가 의인들 가운데 자동적으로 포함되지는 않는다는 점을 상기시킨다. "하나님 앞에서는 율법을 듣는 사람이 의로운 사람이 아닙니다. 오직 율법을 실천하는 사람이라야 의롭게 될 것이기 때문입니다"(롬 2:13). 유대인이라는 신분이 어떠한 보장이나 특별 대우를 의미하지 않는다. "율법을 지키면 할례를 받은 것이 유익하지만, 율법을 어기면 그대가 받은 할례는 할례를 받지 않은 것으로 되어버립니다"(롬 2:25). 바울은 "유대인들이 하나님의 말씀을 맡고"(롬 3:1-2) 있기 때문에 그들에게 "이점"이 있음을 부인하지 않았다. 하지만 이런 이점이 하나님께서 당신의 정의를 범법자들에게 적용하는 일을 막을 수는 없었다. 바울은 마지막 심판이 "각 사람에게 그가 한 대로"(롬 2:6) 집행된다는 사실을 받아들였다.

하지만 문제가 하나 있었다. 묵시적 유대인이었던 바울은 악의 세력을 극적(劇的)으로 이해했다. 이와 같은 관점에 의하면 악의 세력은 단지 이방인의 문제가 아니라 보편적인 문제였다. 바울은 이 문제를 핵심 논점으로 이어나간다. "유대 사람이나 그리스 사람이나, 다같이 죄 아래에 있음을 우리가 이미 지적하였습니다"(롬 3:9). 바울은 자신의 논점을 증명하기 위해 일련의 성경 구절들을 인용—더 정확히 말하자면, 악의 확산을 보여주는 다른 성경 구절들(시편에서 이

사야서까지)을 조합하여 만든 인용—했다(롬 3:10-18). "성경에 이렇게 기록되어 있습니다. 의인은 없다. 한 사람도 없다 깨닫는 사람도 없고 하나님을 찾는 사람도 없다"(롬 3:9-11).

이 구절은 전통적으로 모든 사람들이 죄를 범한다는 단순한 인식이 아니라 선을 행할 수 없는 인간의 무력함을 주장하는 일반적인 진술로 해석되어 왔다. 그 결과 "사도는 아우구스티누스, 루터, 칼빈과 같은 선상에서 … 선을 행할 능력이 없는 죄인들은 오직 예수 그리스도를 믿음으로 말미암아 하나님의 은혜에 의해 칭의를 받을 수 있다는 식으로 생각하게 되었다."[12]

기독교적 해석은 이와 같은 주객전도 방식으로 담론의 순서를 뒤바꾸었다. 본문의 강조점은 인용문이 아니라(롬 3:10-18) 인용문이 증명하고자 하는 진술(롬 3:9)임에도 불구하고, 인용문 자체가 바울이 만든 논증의 핵심이 되어버렸다. 바울의 요점은 (모든 사람들이 죄의 권세 아래 있다는 사실에 의해 증명되었듯이) 모두가 죄인이라는데 있지 않다. 바울의 요점은 유대인들과 이방인들 모두 (모든 사람들이 죄를 짓는다는 사실에 의해 증명되었듯이) "죄의 권세 아래에서" 악의 영향을 받고 있다는 데 있다. 즉, 바울의 목표는 죄가 유대인들과 비유대인들의 공통된 경험이며, 그렇기 때문에 그 누구도 악에서 벗어났다고 주장할 수 없음을 보여주는 데 있다.

죄 없는 사람은 아무도 없다는 인식은 히브리성경("좋은 일만 하고 잘못을 전혀 저지르지 않는 의인은 이 세상에 하나도 없다"[전 7:20])과 **로기아**(*logia*)^C

---

12   Westerholm, *Justification Reconsidered*, 48-49.

의 토대에 있는 예수의 가르침에 공통적으로 나타난다. "먼저 네 눈에서 들보를 빼내어라. 그리해야 그때에 네가 똑똑히 보게 되어서, 남의 눈 속에 있는 티를 빼 줄 수 있을 것이다"(눅 6:42), "너희 가운데서 죄가 없는 사람이 먼저 이 여자에게 돌을 던져라"(요 8:7). 마가복음은 같은 규칙을 예수에게조차 적용시킨다. "예수께서 그에게 말씀하셨다. '어찌하여 너는 나를 선하다고 하느냐? 하나님 한 분 밖에는 선한 분이 없다'"(막 10:18). 제2성전기 모든 유대인들은 이러한 개념에 동의했을 것이다. 문제는 인간의 죄악이 아니라 의인이 없다는 상황이 끼치는 영향과 그에 대한 해결책이었다.

모든 사람이 "죄의 권세 아래" 있다는 사실은 모두가 너무 악해서 아무도 심판을 통과하지 못한다는 뜻일까? 예수의 추종자들은 "심판하지 말라"는 예수의 명령에 따라 같은 척도로 헤아림을 받는 것을 두려워하면서 질문의 답을 하나님께 맡기기를 기뻐했다. "너희가 심판을 받지 않으려거든 남을 심판하지 말아라. 너희가 남을 심판하는 그 심판으로 하나님께서 너희를 심판하실 것이요, 너희가 되질하여 주는 그 되로 너희에게 되어서 주실 것이다"(마 7:1-2; 6:37-38 참조). 비록 바울은 공동체 내에서 부도덕성을 용납하지 않았지만("여러분은 그 악한 사람을 여러분 가운데서 내쫓으십시오"[고전 5:13]), 그도 역시 최종적 심판은 오직 하나님께 속해 있음을 고린도인들에게 상기시켰다("밖에 있는 사람들은 하나님께서 심판하실 것입니다"[고전 5:13]). 학자들은 바울에게 있는 믿음에 의한 칭의라는 "기독교적" 개념과 각자의 행위에 따른 심판이라는 "유대적" 개념 사이에 일종의 긴장이 있음을 오랫동안 인지해 왔다. 만약 모든 사람이 죄인이고 또한 "율법의 행위(works of the law)로 말미암지 않고" 오직 "예수 그리스도를 믿음으로"(갈 2:16) 칭의를 받는다면, 바로 몇 줄 앞에서 하나님께서 최후의 심판 때 "각 사람에게 그가 한 대로 갚아 주실 것"(롬 2:6)이라는 확언이 무슨 의미가 있을까?

우리는 단순히 악에 대한 바울의 교리가 일관성이 없다고 결론을 내리거나, 혹은 "각 사람의 행위에 따라" 받는 심판에 대한 진술은 새로운 기독교의 교리에 의해 대체된 의미 없는 유대교의 잔재라고 결론을 내리는 식으로 이 문제를 묵살해서는 안 된다. 믿음에 의한 칭의(justification by faith)라는 바울의 가르침은 이방인들에게만 적용되는 반면, 각 사람의 행위에 따른 심판은 율법 아래에 있는 유대인들에게 적용된다는 주장이 매력적인 해결책으로 보일 수도 있다. 그러나 바울은 이 문제에 관해서 유대인들과 이방인들을 구별하지 않았음을 기억해야 한다.

E. P. 샌더스(Sanders)는 이 두 가지 사상들(믿음에 의한 칭의, 행위에 따른 심판)을 "언약적 율법주의"(covenantal nomism)라는 개념 아래 조화시키는 가장 성공적인 모델을 제시함으로써 둘 사이에 갈등이나 모순이 없음을 보여주었다. 유대교와 기독교에서 말하는 구원은 은혜에 의한 결과지만, 그 "안에 머물러 있기"(remain in) 위해서는 분명 "행위들"(works)이 필요하다. "행위에 근거하여 심판을 받고 심판 때 (혹은 현세에서) 형벌 혹은 상급을 받는다는 한편의 개념과, 하나님의 은혜로운 선택에 의해 구원을 받는다는 또 다른 한편의 개념을 구별하

는 것은 랍비 문헌에 등장하는 일반적인 견해였다. … 은혜에 의한 구원은 행위에 따른 형벌 및 상급과 양립할 수 있다."[13] 샌더스에 이어 켄트 L. 잉어(Kent L. Yinger) 역시 동일한 결론에 도달했다. 행위에 따른 심판이 "사람의 성격과 신분이 의로운지 악한지를 드러내지 않기"[14] 때문에 [믿음에 의한 칭의와] 갈등이나 모순을 일으키지 않는다. 두 개념, 즉 믿음에 의한 칭의와 행위에 의한 구원은 모두 영생을 결정하는 의(義)에 대한 마지막 판결이 남아있다는 가정을 담고 있다.

그러나 악의 초인간적인 힘을 믿는 묵시적 유대인들—예수의 초기 추종자와 같은 유대인들—의 관점은 "언약적 율법주의"라는 개념을 복잡하게 만들었다. 칭의와 구원은 동의어가 아니었다. 에녹계 진영의 사람들은 구원이 궁극적으로 은혜의 행위라는 점을 부인하지 않았다. 하지만 그들이 믿는 『비유의 책』에 등장하는 우주적 악에 대한 교리는 회개하는 죄인들에게 주어지는 은혜와 용서의 추가적 선물에 대한 기대를 내포하고 있었다. 이와 같은 묵시적 전제들에 비추어 보자면, 예수의 초기 추종자들은 믿음에 의한 칭의라는 추가적인 선물이 종말의 임박함 속에서 예수를 메시아로 환영했던 자들에게 이미 제공되었다고 믿었다. 마지막 심판은 각 사람의

---

13 E. P. Sanders, *Paul and Palestinian Judaism: A Comparison of Patterns of Religion* (London: SCM, 1977), 517. [= 『바울과 팔레스타인 유대교』, 알맹e, 2018]

14 Kent L. Yinger, *Paul, Judaism, and Judgment according to Deeds* (Cambridge: Cambridge University Press, 1999), 16.

행위에 따라 집행된다. 하지만 예수는 "땅에서 죄를 용서하는 권세를 가진 인자"(막 2:10; 마 9:6; 눅 5:24)의 자격으로 죄인들을 칭의하기 위해 이 땅에 보내졌다.

바울도 『비유의 책』과 공관복음의 전통을 반영하는 언어로 독자들(유대인들과 비유대인들 모두)에게 마지막 때는 하나님의 복수의 기간일 뿐만 아니라 하나님의 자비가 죄인들을 회개로 초대하는 기간임을 상기시켰다. "하나님께서 인자하심을 베푸셔서 그대를 인도하여 회개하게 하신다는 것을 알지 못하 … 는 것입니까?"(롬 2:4). 회개하는 죄인들은 용서를 받는 반면 회개하지 않는 죄인들이나 "마음이 완고한" 죄인들은 "하나님의 공정한 심판이 나타날 진노의 날에 자기가 받을 진노를 스스로 쌓아 올리고"(롬 2:5) 있다.

묵시적 관점으로 보자면 믿음에 의한 칭의와 행위에 의한 구원 사이에 모순은 없다. 에녹계 문헌에 나타나는 바와 같이 문제는 율법이 아니라 악의 세력이다. 묵시적 유대인이자 예수의 추종자인 바울은 악이 인간의 범죄에 의한 결과일 뿐만 아니라 하늘에서 발생한 반역의 산물이라는 점도 알았다. 이러한 관점은 선행(善行)이 단순히 인간의 선택적 문제가 아니라는 것을 지적하며, 선한 행위가 (비록 불가능하지는 않지만) 어렵다는 것을 보여준다. 즉, 인간을 희생시키고 억압하는 우주적 악이 선을 택할 수 있는 인간의 능력을 방해한다는 의미이다. 일부 묵시적 유대인들은 유대인들이 언약으로 보호를 받고 있기 때문에 우주적 악은 이방인들의 문제일 뿐이라고 반응했다. 그러나 이와 같은 생각은 바울의 입장과 달랐다. 바울은

『희년서』에 반대하는 『꿈-환상의 책』의 편에 서서 우주적 악이 모든 인간들에게 영향을 미친다는 견해, 즉 유대인들은 악으로부터 보호를 받는다는 개념과 반대되는 견해를 지지했다("유대 사람이나 그리스 사람이나, 다같이 죄 아래에 있[다]"[롬 3:9]). 유대인들의 유일한 장점은 "율법을 통해 죄를 인식"(롬 3:20)하게 된다는 것 뿐이었다.

바울이 전한 복음

하지만 바울신학에는 특별한 강조점이 하나 있다. 바울의 견해에 따르면 예수는 단순히 신적 용서의 전달자이자 대리인이 아니다. 예수는 악의 확산에 대한 신적 응답이기도 했다. 예수를 통한 하나님의 은혜는 팽배한 우주적 악의 세력을 상쇄시킴으로 하나님과 인간들(모든 인간들, 곧 유대인들과 비유대인들)의 관계를 회복시킨다. "거기에는 아무 차별이 없습니다. 모든 사람이 죄를 범하였습니다. 그래서 사람은 하나님의 영광에 못 미치는 처지에 놓여 있습니다. 그러나 사람은 그리스도 예수 안에서 얻는 구원으로 말미암아, 하나님의 은혜로 값없이 의롭다는 선고를 받습니다. 하나님께서는 이 예수를 속죄제물로 내주셨습니다. 그것은 그의 피를 믿을 때에 유효합니다"(롬 3:22-25).

종말적 용서라는 선물은 전적으로 하나님의 은혜에 기인한다. 이 은혜는 (율법에 대한 인간의 순종에 의존하지 않기 때문에) "율법에 기록된 행위들과 별개로" 주어지고, (모든 인간들이 악의 영향 아래 놓여 있듯이) 유대인들과 이방인들에게 차별없이 제공되며, 동일한 요구(그리스도에 대한 신

蕢)를 통해 효력을 발휘한다. "하나님께서는 할례를 받은 사람도 믿음을 보시고 의롭다고 하시고, 할례를 받지 않은 사람도 믿음을 보시고 의롭다고 하십니다"(롬 3:30). 이와 같은 개념은 율법에 대한 도전이 아니라 오히려 율법 자체가 말하고자 하는 바를 확증한다는 것을 바울은 즉각적으로 명시한다. "그러면 믿음으로 말미암아 우리가 율법을 폐합니까? 그럴 수 없습니다. 도리어 율법을 굳게 세웁니다"(롬 3:31). 로마서 3:30-31에 기록된 현상이 일어나는 이유는 (아브라함의 경우를 통해 증명된 것처럼) 단지 하나님께 "믿음으로" 죄를 용서하시는 능력이 있다고 성경이 확언하기 때문만은 아니다. 바울은 여기에 더해 그리스도의 죽음이 아담의 죄로 인해 잃어버렸던 인간의 자유를 회복함으로써 언약과 율법을 확증했기 때문이라고 말한다.

바울의 기독론의 중심에 있는 아담과 예수의 유사성은 바울의 칭의 개념의 기초이기도 한데, 이는 바울로 하여금 악의 초인간적 기원과 그리스도를 통한 용서의 선물 사이에 연결고리와 병행론(並行論)을 구축하도록 허용한다.

창세기에는 마귀가 등장하지 않는다. 뱀은 "여호와 하나님께서 지으신 모든 들짐승보다 간교한"(창 3:1) 동물이다. 뱀은 유혹하는 자의 역할을 했고 또 분명히 죄를 범했지만, 악은 아담의 자유의지로 말미암았다고 설명되어 있다. 그 결과 뱀과 아담이 모두 처벌을 받았다. 최초의 묵시적 전통 역시도 아담의 죄를 마귀와 연결시키지 않았다. 악은 "야렛의 시대"(에녹1서 6:6) 즉, 아담 이후로 몇 세대가 지난 후에 발생했던 천사들의 우주적 반란의 결과로 인해 확산되었다.[D] 그러나 시간이 흐름에 따라 점차 해석이 바뀌기 시작했다. 『비유의 책』은 "하와를 미혹한" 뱀을 타락한 천사들 중 하나인 "가드리엘"(Gadreel)과 명시적으로 동일시 한다(에녹1서 69:6).[E] 그리고 요한계시록(12:9; 20:2) 및 요한계시록보다 더 구체적으로 뱀을 특정 짓는 『아담과 이브의 생애』는 고대의 뱀을 변장한 "마귀 혹은 사탄"으로 밝힌다.[F]

바울은 그 어디에서도 명시적으로 아담의 죄를 마귀나 그의 대리자의 시험과 연결시키지 않았다. 하지만 그도 예수 운동의 일원이었기 때문에 이와 다른 관점을 지녔다고 상상하기는 어렵다. 바울은 악의 초인간적 근원을 믿었고, 마귀의 존재를 믿었다. 아울러 하나님과 마귀 사이에 본질적인 갈등이 있다는 점도 믿었다. 마귀는 "이 세상의 신"(고후 4:4)이고 "평화의 하나님께서 … 사탄을 쳐부수셔서 [성도들]의 발 밑에 짓밟히게 하실"(롬 16:20) 시간이—창세기에 기록된 "옛 뱀"을 향한 저주를 직접적으로 반영하는 예언(여자의 후손이 "네 머리를 칠 것"[창 3:15])—이 다가오고 있다.

하나님과 사탄의 갈등은 하나님의 두 아들들(아담과 예수)에게 직접적인 영향을 끼친다. 불순종의 아들인 아담은 마귀의 편에 섰던 반면, 순종의 아들인 예수는 마귀를 대적하며 하나님 편에 섰다("그리스도와 벨리알이 어떻게 화합하는가?"[고후 6:15]). 이러한 대조는 바울로 하여금 악과 은혜, 혹은 아담의 타락과 예수의 "값 없이 주는 선물" 사이에 용이한 병행론을 확립하게 하고, 그리스도의 사명에 우주적 차원들을 부여할 수 있게 했다. 예수는 단순히 용서하는 자로 보냄을 받은 메시아가 아니었다. 오히려 예수를 통한 하나님의 은혜는 우주적 악의 세력을 상쇄시킴으로 하나님과 인간들의 관계를 회복시켰다. "그러니 한 사람의 범죄 행위 때문에 모든 사람이 유죄 판결을 받았는데, 이제는 한 사람의 의로운 행위 때문에 모든 사람이 의롭다는 인정을 받아서 생명을 얻게 되었습니다. 한 사람이 순종하지 않음으로 말미암아 많은 사람이 죄인으로 판정을 받았는데, 이제는 한 사람이 순종함으로 말미암아 많은 사람이 의인으로 판정을 받을 것입니다"(롬 5:18-19).

그렇다면 위에 인용한 로마서의 내용은 아담의 후손들이 모두 악하다는 의미로 읽어야 할까? 꼭 그렇게 해석할 필요는 없다. 바울은 "사람들"을 수식하는 형용사를 "모든"에서 "다수"로 신속하게 바꾸었다. "모든 인간들"(*pantes anthropoi*)은 아담의 타락으로 인해 죄의 권세 아래에서 정죄를 받았지만, "다수"(*hoi polloi*)만이 "죄인들"이 되었다. 마치 "모두"가 아닌 "많은" 사람들이 그리스도가 모든 인류에게 허락한 칭의라는 선물로 인해 "의롭게 만들어진" 것처럼 말이다.

역설적이게도 샌더스(와 다른 해석자들)는 "모든"과 "많은"의 전환을 통해 생겨난 강조점의 이동을 인지했지만, 샌더스가 이것(강조점의 이동)을 인지한 이유는 오로지 바울이 "모든 인간들이 구원을 받을 것"이라고 말한 것이라는 해석을 부인하기 위해서였다.[15] 아담/예수의 유비(類比)는 죄와 은혜 사이는 물론 죄인들과 의인들 사이의 완전한

---

15   Sanders, *Paul and Palestinian Judaism*, 473.

평행성도 내포한다. 은혜가 모든 사람들에게 영향을 끼치지만 모든 사람들이 "의롭게" 되는 것은 아니듯이, 죄도 "모두"에게 영향을 끼치지만 오직 "다수"만 "죄인들"이다. 마치 지금 모든 사람들이 은혜의 권세 아래 있지만 모두가 구원을 받는 것은 아니듯이, 모든 사람들이 죄의 권세 아래 있지만 모두가 죄인들은 아닌 셈이다.

전체적인 에녹계 묵시주의 전통과 일치하게도, 바울은 인간이 자유 의지를 잃어버렸고, 그렇기 때문에 선을 행할 수 있는 능력이 전혀 없다고 제안하지 않는다. 그는 모세의 율법 및 자연법의 거룩함과 효과를 전혀 부정하지 않으며 그것들의 실패를 암시하지도 않는다. 오히려 그와는 반대로 바울은 타락 후에 악의 확산을 제한하기 위해 구제책으로 주어진, 모세의 토라와 유대교의 언약이 거룩하고 공의롭다는 점을 거듭해서 강조한다. 모세 덕분에 유대인들은 타락(롬 3:10)과 메시아의 도래에 대한 예언을 온전히 인식하게 되었다. 즉, 비난을 받아야 할 대상은 죄이지 율법이 아니다.

그러므로 율법은 거룩하며, 계명도 거룩하고 의롭고 선한 것입니다.

그러니 그 선한 것이 나에게 죽음을 안겨 주었다는 말입니까? 그럴 수 없습니다. 그러나 죄를 죄로 드러나게 하려고, 죄가 그 선한 것을 방편으로 하여 나에게 죽음을 일으켰습니다. 그것은 계명을 방편으로 하여 죄를 극도로 죄답게 되게 하려는 것이었습니다.

우리는 율법이 신령한 것인 줄 압니다. 그러나 나는 육정에 매인 존재로서, 죄 아래에 팔린 몸입니다. 나는 내가 하는 일을 도무지 알 수가 없습니다. 내가 해야겠다고 생각하는 일은 하지 않고, 도리어 해서는 안 되겠다고 생각하는 일을 하고 있으니 말입니다. 내가 그런 일을 하면서도 그것을 해서는 안 되겠다고 생각하는 것은, 곧 율법이 선하다는 사실에 동의하는 것입니다. 그렇다면, 그와 같은 일을 하는 것은 내가 아니라, 내 속에 자리를 잡고 있는 죄입니다.

나는 속사람으로는 하나님의 법을 즐거워하나, 내 지체에는 다른 법이 있어서 내 마음의 법과 맞서서 싸우며, 내 지체에 있는 죄의 법에 나를 포로로 만드는 것을 봅니다. 아, 나는 비참한 사람입니다. 누가 이 죽음의 몸에서 나를 건져 주겠습니까?(롬 7:12-17; 22-24)

바울로 하여금 『비유의 책』이 이미 행한 일—(하나님의 정의에 따라) 율법에 영웅처럼 붙어있는 "소수의" 의인들만을 위해서가 아니라 하나님의 자비로운 간섭을 통해 (하나님의 정의 및) "율법과 별개로" 주어지는 은혜로운 죄 사함 안에 들어있는 "다수의" 죄인들을 위해서도 희망을 추구하는 일—을 하도록 이끈 것은, 죄에 지배를 당하고 있는 현실적인 상황이지 "거룩한" 율법의 본성적 약점이 아니다. "그러나 이제는 율법과는 상관없이 하나님의 의가 나타났습니다. 그것은 율법과 예언자들이 증언한 것입니다. 그런데 하나님의 의는 예수 그리스도를 믿는 믿음을 통하여 오는 것인데, 모든 믿는 사람에게 미칩니다. 거기에는 아무 차별이 없습니다"(롬 3:21-22).

그리스도를 신뢰하는 믿음과 율법을 지키는 행위(works of the law)는 구원에 이르는 상호 배타적인 길이 아니다. 율법의 행위로 이해되는 종교로서의 유대교에는 잘못된 점이 없다. 그리스도의 도래는 율법의 선물을 대체하지 않고 보충한다. 율법은 악의 존재를 규탄하기 위해 죄의 권세 아래 주어졌기 때문에 의인들은 구원을 받고 의롭지 못한 자들은 심판을 받을 수 있게 되었다. "율법의 행위에 근거하여 살려고 하는 사람은 누구나 다 저주 아래에 있습니다. 기록된 바 '율법책에 기록된 모든 것을 계속하여 행하지 않는 사람은 다 저주 아래에 있다' 하였습니다"(갈 3:10; 신 27:26 참조). 하나님께서는 자비로우시고 "악인의 죽음을 기뻐하지 않으신다." 그래서 죄인들은 자신들의 삶을 변화시키도록 초대받는다. 결국 죄인들의 모든 잘못들은 자비롭게 잊혀지게 된다. "그러나 악인이라도 자기가 저지른 모든 죄악에서 떠나 돌이켜서, 나의 율례를 다 지키고 법과 의를 실천하면 … 그가 지은 모든 죄악을, 내가 다시는 더 기억하지 않을 것이다. 그는 자신이 지킨 의 때문에 살 것이다"(겔 18:21-23). 그러나 율법은 율법의 규칙들을 따르지 않는 자들을 정죄한다. "[하나님]의 모든 법도를 지키지" 않고 "합법적이고 옳은 일을 행하지" 않는 죄인들을 향한 죄 사함은 별개의 문제이고, 율법이 허용할 수 없으며, 또한 기대해서도 안 된다. "하나님 앞에서는, 율법으로는 아무도 의롭게 되지 못한다는 것이 명백합니다"(갈 3:11; 갈 2:16와 롬 3:20 참조).

이제 종말이 임박하여 용서의 추가적인 선물이 은혜의 능력 아래서 그리스도를 믿는 죄인들에게 주어진다. "그리스도께서 우리를 위하여 저주를 받은 사람이 되심으로써, 우리를 율법의 저주에서 속량해 주셨습니다"(갈 3:13). 그리스도 안에서 받는 칭의는 죄인들(의롭지 않고, 자신들의 삶을 바꿀 힘도 없으며, 율법의 저주 아래 있는 자들)에게도 주어진 종말적 기회이다. 그러므로 종말적 칭의는 자비로운 신적 행위 그 이상이다. "사람은, 그리스도 예수 안에서 얻는 구원으로 말미암아, 하나님의 은혜로 값없이 의롭다는 선고를 받습니다. 하나님께서는 이 예수를 속죄제물로 내주셨습니다. 그것은 그의 피를 믿을 때에 유효합니다"(롬 3:24-25). 죄가 "율법과 별개로" 왔듯이 ("율법이 있기 전에도 죄가 세상에 있었[다]"[롬 5:13]) 하나님께서는 "율법과 별개로" 극적인 고난의 시기에 극적인 자비로운 행동으로 반응하셨고 또한 마귀의 행동을 상쇄하셨다. "우리가 아직 약할 때에, 그리스도께서는 제 때에, 경건하지 않은 사람을 위하여 죽으셨습니다. 의인을 위해서라도 죽을 사람은 거의 없습니다. 더욱이 선한 사람을 위해서라도 감히 죽을 사람은 드뭅니다. 그러나 우리가 아직 죄인이었을 때에, 그리스도께서 우리를 위하여 죽으셨습니다. 이리하여 하나님께서는 우리들에 대한 자기의 사랑을 실증하셨습니다. 그러므로 지금 우리가 그리스도의 피로 의롭게 되었으니, 그리스도로 말미암아 하나님의 진노에서 구원을 얻으리라는 것은 더욱 확실합니다"(롬 5:6-9).

아담이 범죄한 결과로 "죽음"이 온 세상에 퍼진 반면, "생명"은 예수가 순종한 결과로 이제 온 세상에 퍼져나간다. "한 사람으로 말미암아 죽음이 들어왔으니, 또한 한 사람으로 말미암아 죽은 사람의 부활도 옵니다. 아담 안에서 모든 사람이 죽는 것과 같이, 그리스도 안에서 모든 사람이 살아나게 될 것입니다. … 성경에 '첫 사람 아담은 산 영이 되었다'고 기록한 바와 같이, 마지막 아담은 생명을 주시는 영이 되셨습니다"(고전 15:21-22, 45).

예수의 (긍정적인) 행동이 아담의 (부정적인) 행동을 따라 형성되었기 때문에, 악의 초인간적 확산에 대한 묵시적 개념이 없다면 바울의 전체적인 교리는 이치에 맞지 않게 된다. "한 사람이 순종하지 않음으로 말미암아 많은 사람이 죄인으로 판정을 받았는데, 이제는 한 사람이 순종함으로 말미암아 많은 사람이 의인으로 판정을 받을 것입니다"(롬 5:19).

악이 우주의 선한 질서를 어지럽혔기 때문에 은혜는 질병과 싸울 수 있는 항체를 만들기 위해 세상의 정맥에 주입된 해독제이다. 종말은 아직 오지 않았지만 사람들은 더 이상 소망 없이 지금 이 자리에 홀로 남겨지지 않았다. 건강한 사람들(의인들)은 더 이상 두려움 속에 살지 않고, 병든 사람들(죄인들)도 더 이상 절망 가운데 살지 않아도 된다. 의사가 왔기 때문이다. "죄가 많은 곳에, 은혜가 더욱 넘치게 되었습니다. 그것은 죄가 죽음으로 사람을 지배한 것과 같이, 은혜가 의를 통하여 사람을 지배하여, 우리 주 예수 그리스도로 말미암아 얻는 영원한 생명에 이르게 하려는 것입니다"(롬 5:20-21).

그리스도의 은혜는 우주적 의미를 지니고 있다. 그 은혜는 온 우주에 영향을 끼친 악의 세력에 의해 야기된 점진적 부패를 되돌려 놓는 사건의 전조(前兆)이다. 모든 피조물은 "하나님의 자녀들이 나타나기를" 갈망하고 있다. 피조물은 "허무한 데 굴복"했는데(롬 8:19-20), 이는 피조물의 죄에 의해 만들어진 상황이 아니라 마귀적인 세력들의 반역으로 말미암은 결과이다("그것은 자의로 그렇게 한 것이 아니라, 굴복하게 하신 그분이 그렇게 하신 것입니다"[롬 8:20]). "피조물도 썩어짐의 종살이에서 해방되어서, 하나님의 자녀가 누릴 영광된 자유를 얻게" 되는 시간이 드디어 온 것이다(롬 8:19-22).

바울의 칭의 및 구원에 관한 모든 논쟁은 후기 기독교 신학의 틀, 다시 말해 인간이 선을 행할 능력이 없다는 보편적 무능력을 주장하는 틀에 의해 여전히 지나치게 많은 영향을 받고 있다. 하지만 바울은 아우구스티누스의 제자가 아니었다. 묵시적 유대인이자 예수의 추종자인 바울은 예수가 마귀의 세력들에 맞서 싸웠(고 승리했)던 우주적 전투에서 유대인들과 이방인들 모두를 위해 이루어낸 주요 업적이 곧 죄 사함이라고 주장했다. 칭의는 죄인들(유대인들과 이방들인 모두)에게 우주적 악이 지닌 압도적인 힘을 상대로 해독제, 혹은 적어도 간절하게 필요한 안정제를 제공한다. 그러므로 칭의는 소망이 없는 사람들에게 주어진 두 번째 기회이다. 그들은 "원수들"이었지만 그리스도는 그들을 위해 죽었다. 『비유의 책』에 사용된 표현을 빌리자면, 세례를 받은 유대인 및 이방인 죄인들은 "다른 자들," 즉 한때 죄인들이었으나 지금은 하나님의 자비에 의해 칭의를 받은 죄인들, 회개하는 죄인들 사이에 자신들을 위치시켰다. 그들은 하나님의 공의에 따라 주장할 "영예(선행이나 공로)는 없지만" 하나님의 자비로 인해 칭의를 받은 사람들이다.

문제는 임박한 심판 앞에서 누가(유대인들이든 이방인들이든) 어떻게 구원을 찾는지가 아니다. 이방인들이 구원을 구하는 방식도 아니다. 바울의 질문은 "죄인들이 어떻게 구원을 찾는가?"였다. 죄인들에게 있어서 믿음에 의한 칭의(죄 용서)는 종말의 임박함 속에서 은혜롭게 주어진 두 번째 기회이다. (바울을 포함한) 예수의 모든 첫 추종자들은 예수가 "의인을 부르러 오지 않고 죄인을 부르러" 온 "의사"라는 믿음을 공유했다(막 2:17; 마 9:12-13; 눅 5:31-32). 바울에게 있어서 죄인들은 유대인들과 이방인들, 즉 이스라엘 집의 잃어버린 양들과 열방 가운데 잃어버린 양들을 모두 포함하는 집단이었다.

초기 에녹계 문헌의 우울했던 "불평의 신학"은 이제 먼지 묻은 추억이 되었다. 그리고 그 먼지 속에서 빛나는 희망이 태어났다. 바울은 이와 같은 용서의 메시지를 전달하는 자가 되었음을 무척이나 기쁘게 생각했다. 바울의 사역은 모세의 사역보다 훨씬 더 위대했다. 의인들을 구원하는 율법은 죄인들을 향해서는 오로지 정죄할 뿐이었다. 하지만 그리스도 안에 있는 용서에는 죄인들까지도 의롭게 할 수 있는 능력이 있다. "유죄를 선고하는 직분에도 영광이 있었으면, 의를 베푸는 직분은 더욱더 영광이 넘칠 것입니다"(고후 3:9).

칭의를 받은 자들/의롭게 된 자들도 구원을 받는가?

교회의 구성원들은 의로운 사람들이 아니라 그리스도를 믿음으로 칭의를 받아 의롭게 된 회개하는 죄인들(유대인들과 이방인들 모두 마찬가지로)이다. 그렇다면 마지막 심판 때에는 그들에게 어떤 일이 일어날까?

샌더스는 (칼 돈프리드[Karl Donfried]와 함께) 사람들이 믿음에 의해 의롭게 "되었지만" 행위에 의해 구원을 "받게 된다"는 바울의 말을 인지했다(롬 5:9-10; 13:11; 살전 5:8; 고전 1:18).[16] 예수 운동의 구성원들의 입장에서 보자면 믿음에 의한 칭의는 과거에 속하는 반면 각기 행위에 따른 심판은 미래에 속한다. 하지만 샌더스는 그러한 바울의 언어를, 모든 사람들—유대인들과 이방인들 모두—이 (그리스도 안에 있는 새 언약에 포함되어 있기 때문에) 은혜로 구원을 받고, 마지막 심판 때 선행, 곧 "안에 머물러"(remain in) 있고자 했던 의지를 보여주는 선행에 의해 구원의 확정을 받는 보편적 과정의 증거로 해석했다. "그러므로 바울의 핵심 견해는 그리스도인들은 정결해졌고, 믿음 안에 굳게 세워졌으며, 또한 그런 상태에 머무름으로 주님의 날에 흠 없이 발견되어야 한다는 내용으로 보인다. … (하지만) 바울은 모든 사람들이 한결같이 깨끗한 상태에 머물러 있지 않다는 사실을 알고 있다."[17]

크리스 반랜딩햄(Chris VanLandingham)이 지적했듯이 이러한 해석의 문제점은 믿음에 의한 칭의를 "마지막 심판 때 신자가 받게 될 무죄 판결"과 연결 짓는다는 점이다. 믿음에 의한 칭의는 "그리스도인의 삶의 끝이 아닌 시작 때에 발생하는 일을 설명한다. … [믿음에 의한 칭의는] 자신의 죄를 용서받고 죄의 권세로부터 해방된 사람을 묘

---

16   Sanders, *Paul and Palestinian Judaism*, 516; Karl Donfried, "Justification and Last Judgment in Paul," *ZNW* 67 (1976): 90–110.

17   Sanders, *Paul and Palestinian Judaism*, 452.

사한다."[18] 분명히 죄인들에게 믿음에 의한 칭의는 구원에 이르는 길이다. 바울에 따르면, "복음은 유대 사람을 비롯하여 그리스 사람에게 이르기까지, 모든 믿는 사람을 구원하는 하나님의 능력"(롬 1:16)이다. 그러나 믿음에 의한 칭의는 믿음에 의한 구원이 아니다. 바울이 염두에 두고 있는 부분은 인류의 운명이 아니라 죄인들의 운명이다. 예수의 모든 첫 추종자들도 그렇듯이, 바울에게 있어서 세례를 통해 죄인들(회개했고 인자[人子]의 권세를 받아들인 사람들)이 이미 받은 것은 그들이 과거에 지었던 죄들에 대한 용서이다.

바울은 그리스도 안에서 "믿음에 의해 칭의를 얻은" 모든 사람들이 의인들과 연합하게 되고 또한 마지막 심판 때 각자의 행위에 따라 "구원을 받게" 된다고 확신한다. "그러므로 지금 우리가 그리스도의 피로 의롭게 되었으니, 그리스도로 말미암아 하나님의 진노에서 구원을 얻으리라는 것은 더욱 확실합니다"(롬 5:9).

바울의 신뢰는 무엇보다도 하나님을 향하고 있다. "나는 여러분이 그리스도 예수 안에서 받은 하나님의 은혜를 생각하고, 여러분의 일로 언제나 하나님께 감사를 드립니다. … 우리 주 예수 [그리스도]께서 나타나실 날에 여러분이 흠잡을 데 없는 사람으로 설 수 있도록, 주님께서 여러분을 끝까지 튼튼히 세워주실 것입니다"(고전 1:4, 8; 빌 1:6 참조). "평화의 하나님께서 친히, 여러분을 완전히 거룩하게 해 주시고, 우리 주 예수 그리스도께서 오실 때에 여러분의 영과 혼

---

18   Chris VanLandingham, *Judgment & Justification in Early Judaism and the Apostle Paul* (Peabody, MA: Hendrickson, 2006), 17.

과 몸을 흠이 없이 완전하게 지켜 주시기를 빕니다. 여러분을 부르시는 분은 신실하시니, 이 일을 또한 이루실 것입니다"(살전 5:23-24). "하나님께서는 신실하십니다. 여러분이 감당할 수 있는 능력 이상으로 시련을 겪는 것을 그분께서 허락하지 않으십니다"(고전 10:13). 하지만 바울의 신뢰는 또 다른 대상을 향하고 있기도 하다. 그 대상은 곧 용서의 선물을 받은 사람들, 다시 말해 더 이상 죄의 권세 아래 있지 않기 때문에 선한 일을 행할 수 있고, 또한 흠이 없는 상태를 유지할 수 있는 능력을 지닌 사람들이다.

바울은 빌립보 교인들에게 말한다. "내가 기도하는 것은 여러분의 사랑이 지식과 모든 통찰력으로 더욱 더 풍성하게 되어서, 여러분이 가장 좋은 것이 무엇인가를 분별할 줄 알게 되는 것입니다. 그리하여 여러분이 그리스도의 날까지 순결하고 흠이 없이 지내며, 예수 그리스도께서 주시는 의의 열매로 가득 차서 하나님께 영광과 찬양을 드리게 되기를, 나는 기도합니다"(빌 1:9-11). 바울은 다음과 같은 상태로 그들을 초대한다. "그리하여 여러분은, 흠이 없고 순결해져서, 구부러지고 뒤틀린 세대 가운데서 하나님의 흠없는 자녀가 되어야 합니다. 그리하면 여러분은 이 세상에서 별과 같이 빛날 것입니다. 생명의 말씀을 굳게 잡으십시오. 그리하면 내가 달음질한 것과 수고한 것이 헛되지 아니하여서, 그리스도의 날에 내가 자랑할 수 있을 것입니다"(빌 2:15-16).

과거의 죄들(복수형)이 사함을 받았을 뿐만 아니라 또한 세례를 받은 사람들은 이 악한 세대에서 "죄로부터 해방"(단수; 롬 6:18, 22)되었다. 바울은 갈라디아 교인들에게 "주 예수 그리스도께서 … 우리를 이 악한 세대에서 건져 주시려고, 우리의 죄를 위하여 자기 몸을 바치셨고"(갈 1:3-4), 바울은 이제 갈라디아 교인들은 "그리스도 안에서" 살면서 성령의 도우심을 받을 것이라고 확언한다. "우리는 세상의 영을 받은 것이 아니라, 하나님에게서 오신 영을 받았습니다. 그것은, 하나님께서 우리에게 은혜로 주신 선물들을 우리로 하여금 깨달아 알게 하시려는 것입니다"(고전 2:12). 바울은 신자들이 많은 양의 선행("사랑과 희락과 화평과 오래 참음과 자비와 관대함과 충성과 온유와 절제"[갈 5:22-23])을 만들어내고, "흠 없는 상태"를 유지하기를 기대했다. 신자들은 참 많은 것들을 받았고, 종말까지의 시간은 너무나도 짧았다. 그렇지 않은가?

그러나 다시 한번 말하지만, 믿음에 의한 칭의만으로는 최후의 심판 때 구원에 이를 수 없다. 죄인들에게 있어서 과거의 죄들을 용서받고 악의 세력으로부터 해방된다는 것은 분명 구원으로 향하는 길에 거쳐야 할 중요한 단계이다. 하지만 믿음에 의한 칭의가 오직 행실만을 평가하는 마지막 심판에서 미래의 구원을 보장하지는 않는다. 칭의는 죄 보험 혹은 언제든지 쓸 수 있는 백지 수표가 아니다. 긍정적인 결과에 대한 그의 (과한) 확신에도 불구하고, 바울은 자신의 독자들과 예수 추종자 동료들에게 구원이 아직 확보되지 않았음을 상기시켜야 할 필요성을 느꼈다. "우리가 육체의 몸을 입고 살고 있는 동안에는, 주님에게서 떠나 살고 있음을 압니다. … 우리는 모두 그리스도의 심판대 앞에 나타나야 합니다. 그리하여 각 사람은 선한 일이든지 악한 일이든지, 몸으로 행한 모든 일에 따라, 마땅한 보응을 받아야 합니다"(고후 5:6-10). 마태복음과 누가복음에 등장하는 불충실한 종의 비유와 다르지 않게, 바울은 세례를 받은 자들에게 과거의 죄들을 용서받은 후에 세워야 할 목표는 이제 "우리 주 예수 그리스도께서 나타나실 날에 … 흠잡을 데 없는" 상태로 발견되는 일이라고 경고한다(고전 1:8). 그들이 받은 자비는 하나님의 공의를 무효화하지 않는다. "그러므로 하나님의 인자하심과 준엄하심을 생각해 보십시오. 하나님께서는 넘어진 사람들에게는 준엄하십니다. 그러나 그대가 하나님의 인자하심에 머물러 있으면, 하나님께서 그대에게 인자하게 대하실 것입니다. 그렇지 않으면, 그대도 잘릴 것입니다"(롬 11:22).

"믿음에 의해" 우주적 죄로부터 해방되는 일은 구원을 향한 중요한 단계이다. 그렇지만 해방만으로는 충분하지 않다. "형제자매 여러분, 하나님께서는 여러분을 부르셔서, 자유를 누리게 하셨습니다. 그러나 여러분은 그 자유를 육체의 욕망을 만족시키는 구실로 삼지 말고, 사랑으로 서로 섬기십시오. 모든 율법은 '네 이웃을 네 몸과 같이 사랑하여라' 하신 한 마디 말씀 속에 다 들어 있습니다. … 내가 또 말합니다. 여러분은 성령께서 인도하여 주시는 대로 살아가십시오. 그러면 육체의 욕망을 채우려 하지 않을 것입니다. … 내가 전에도 여러분에게 경고하였지만, 이제 또다시 경고합니다. 이런 짓을 하는 사람들은 하나님의 나라를 상속받지 못할 것입니다"(갈 5:13-21).

성령을 소유하는 일은 축복이자 "보증"(고후 5:5)이지만 동시에 막중한 책임이 부과되기도 한다. "여러분은 하나님의 성전이며, 하나님의 성령이 여러분 안에 거하신다는 것을 알지 못합니까? 누구든지 하나님의 성전을 파괴하면, 하나님께서도 그 사람을 멸하실 것입니다. 하나님의 성전은 거룩합니다. 여러분은 하나님의 성전입니다"(고전 3:16-17). "여러분은 자기가 믿음 안에 있는지를 스스로 시험해 보고, 스스로 검증해 보십시오"(고후 13:5).

앞에 인용된 구절들은 열방에 있는 죄인들에게만 국한된 메시지가 아니다. 유대인 바울의 개인적인 경험은 믿음에 의한 칭의가 모든 죄인들(유대인들과 이방인들 모두)에게 주어지고 또한 모든 사람들이 행위에 따라 받게 될 동일한 심판이 기다리고 있음을 보여준다. 바울은 "너희"에서 "우리"로 대상을 전환한다. "우리는 모두 그리스도의 심판대 앞에 나타나야 합니다"(고후 5:10). "우리는 모두 다 하나님의 심판대 앞에 서게 될 것입니다. … 그러므로 우리는 각각 자기 일을 하나님께 사실대로 아뢰어야 할 것입니다"(롬 14:10-12). 바울은 빌립보 성도들에게 더욱 가깝게 다가가 자신이 처한 개인적인 상황도 이와 다르지 않다고 선언한다. "나는 율법에서 생기는 나 스스로의 의가 아니라, 그리스도를 믿는 믿음으로 말미암아 오는 의 곧 믿음에 근거하여, 하나님에게서 오는 의를 얻으려고 합니다"(빌 3:9). 여기에 언급된 의(義)가 바울을 자동적으로 구원하지는 않는다.

내가 바라는 것은 그리스도를 알고 그분의 부활의 능력을 깨닫고 그분의 고난에 동참하여 그분의 죽으심을 본받는 것입니다. 그리하여 나는 어떻게 해서든지 죽은 사람들 가운데서 살아나는 부활에 이르고 싶습니다.

나는 이것을 이미 얻은 것도 아니며, 이미 목표점에 다다른 것도 아닙니다. 그리스도 예수께서 나를 사로잡으셨으므로 나는 그것을 붙들려고 좇아가고 있습니다. 형제자매 여러분, 나는 아직 그것을 붙들었다고 생각하지 않습니다.

내가 하는 일은 오직 한 가지입니다. 뒤에 있는 것은 잊어버리고 앞에 있는 것을 향하여 몸을 내밀면서 그리스도 예수 안에서 하나님께서 위로부터 부르신 그 부르심의 상을 받으려고 목표점을 바라보고 달려가고 있습니다(빌 3:10-14).

바울은 고린도 성도들에게 자신의 구원조차도 확신할 수 없다고 인정했다. "이런 경우에 관리인에게 요구하는 것은 신실성입니다. 내가 여러분에게서 심판을 받든지, 세상 법정에서 심판을 받든지, 나에게는 조금도 문제가 되지 않습니다. 그뿐만 아니라, 나도 나 자신을 심판하지 않습니다. 나는 양심에 거리끼는 것이 없습니다. 그러나 이런 일로 내가 의롭게 된 것은 아닙니다. 나를 심판하시는 분은 주님이십니다. 그러므로 여러분은 주님께서 오실 때까지는, 아무것도 미리 심판하지 마십시오. 주님께서는 어둠 속에 감추인 것들을 환히 나타내시며, 마음 속의 생각을 드러내실 것입니다. 그때에 사람마다 하나님으로부터 칭찬을 받을 것입니다"(고전 4:2-5). 이경고들은 진실하다(고전 1:18; 살전 3:13; 5:23; 빌 2:15; 골 1:22 참조). 의롭게 된 죄인들은 선행(good works) 가운데 버티는 일에 실패함으로 지위를 잃을 수 있다.[19]

바울이 믿음에 의한 칭의를 말할 때, 그는 각 사람이 자신의 행위에 따라 받는 최후의 심판과 다른 개념을 말하고 있다. 믿음에 의한 칭의는 예수를 믿고 회개하는 죄인들에게 조건없이 주어지는 용서의 선물이다. 하지만 구원은 모든 인간들이 자신들의 행위대로 심판을 받는 최종적 심판의 결과이다. 크리스 반랜딩햄이 그의 연구물인『초기 유대교와 사도 바울이 말하는 심판과 칭의』(Judgment & Justification in Early Judaism and the Apostle Paul)를 통해 내린 결론들은 완전히 옳았다. "'의롭게 된' 사람은 과거의 죄들을 용서받고(그러면 죄들은 더 이상 문제거리가 아니다), 죄(sin)의 죄책(guilt)과 부정(impurity)으로부터 깨끗해지며, 죄에 끌리는 인간의 성향으로부터 해방되고, 또한 순종할 수 있는 능력을 받는다. 그러면 마지막 심판은 사람들이 그리스도의 죽음에서 비롯된 그러한 혜택을 의지적인 행위를 통해 따랐는지를 판단할 것이다. 만약 따랐다면 영원한 생명을 상으로 받게 되고, 그렇지 않았다면 형벌을 받게 된다."[20]

---

19 Preston M. Sprinkle, *Paul & Judaism Revisited: A Study of Divine and Human Agency in Salvation* (Downers Grove, IL: IVP Academic, 2013), 204-7.

20 VanLandingham, *Judgment & Justification*, 335.

이것이 "사랑"이 궁극적으로 가장 중요한 덕목이 되는 이유이다 (고전 13). 믿음은 칭의를 생산하기 때문에 중요하다. 소망은 미래를 향한 인내를 의미한다. 그러나 사랑은 모든 사람들에게 마지막 심판의 토대가 되기 때문에 가장 위대하다. "그러므로 믿음, 소망, 사랑, 이 세 가지는 항상 있을 것인데, 그 가운데서 으뜸은 사랑입니다"(고전 13:13).

초기 기독교 전통 속의 바울

이런 방식으로 바울의 생각들(믿음, 칭의, 행위, 구원, 마지막 심판)을 이해할 경우, 믿음에 의한 칭의를 말하는 바울의 담론은 제2성전기 유대교 속에서 (의심스러운 독특함과 기괴함이라는) 오해를 벗게 된다. 이제 바울의 담론은 『비유의 책』에 등장하는 예언 및 1-2세기에 예수 추종자들이 전했던 메시지, 즉 믿음에 의한 칭의와 각 사람의 행위에 따른 심판이라는 두 개념이 조화롭게 공존하는 메시지와 완벽히 일치한다.[21] 비시디아의 안디옥에서 전했던 바울의 가르침은 모든 교회들의 가르침이었다. 그리고 종말적 죄 사함의 선언은 메시아 예수의 핵심 사명이었다. "그러므로 동포 여러분, 바로 이 예수로 말미암아 여러분에게 죄 용서가 선포된다는 것을 알아야 합니다. 여러분이 모세의 율법으로는 의롭게 될 수 없던 그 모든 일에서 풀려납니

---

21 브라이언 J. 아놀드(Brian J. Arnold)가 제시한 토랜스(Torrance)의 논제 - 2세기 기독교에서 "믿음에 의한 칭의"라는 바울계 개념이 폐기되었다 - 에 대한 비판은 여전히 "믿음에 의한 칭의"와 "행위에 기인한 심판"이란 개념들이 상호 배타적이라는 가정에 근거하고 있다.

다."(행 13:38-39).

교부들의 글과 신약성경에 보존된 초기 예수 운동의 글에는 믿음에 의한 칭의와 각 사람의 행위에 따른 심판이 나란히 등장한다. 초기 예수 운동에 가담했던 사람들 중 그 누구도 마지막 심판이 행위에 따라 집행된다는 점에 의문을 제기하지 않았다. "인자(人子)가 자기 아버지의 영광에 싸여, 자기 천사들을 거느리고 올 터인데, 그 때에 그는 각 사람에게, 그 행실대로 갚아 줄 것이다"(마 16:27). "남들 앞에서" 예수를 시인(이나 부인)하면 상급(이나 형벌)을 받는다는 메시지는 오직 제자들을 향한 특별한 메시지이다(마 10:32-33; 눅 12:8-9). 외부인들에게 주어진 기준은 그들이 이웃들을 향해 가지고 있는 (혹은 가지고 있지 않은) 사랑이다. "인자가 모든 천사와 더불어 영광에 둘러싸여서 올 때에, 그는 자기의 영광의 보좌에 앉을 것이다. 그는 모든 민족을 그의 앞에 불러모아, 목자가 양과 염소를 가르듯이 그들을 갈라서, 양은 그의 오른쪽에, 염소는 그의 왼쪽에 세울 것이다. … 그때에 임금은 자기 오른쪽에 있는 사람들에게 말하기를… '너희가 여기 내 형제자매 가운데, 지극히 보잘 것 없는 사람 하나에게 한 것이 곧 내게 한 것이다.' 그때에 임금은 왼쪽에 있는 사람들에게도 말할 것이다. … '여기 이 사람들 가운데서 지극히 보잘 것 없는 사람 하나에게 하지 않은 것이 곧 내게 하지 않은 것이다' 하고 말할 것이다. 그리하여 그들은 영원한 형벌로 들어가고, 의인들은 영원한 생명으로 들어갈 것이다"(마 25:31-46).

요한계시록에는 유사한 심판 장면이 요한에게 소개되는 장면이 있다. "나는 크고 흰 보좌와 거기에 앉으신 분을 보았습니다. … 나는 또 죽은 사람들이, 큰 자나 작은 자나 할 것 없이, 다 그 보좌 앞에 서 있는 것을 보았습니다. 그리고 책들을 펴놓고, 또 다른 책 하나를 펴놓았는데, 그것은 생명의 책이었습니다. 죽은 사람들은, 그 책에 기록되어 있는 대로, 자기들의 행위대로 심판을 받았습니다. 바다가 그 속에 있는 죽은 사람들을 내놓고, 사망과 지옥도 그 속에 있는 죽은 사람들을 내놓았습니다. 그들은 각각 자기들의 행위대로 심판을 받았습니다. … 이 생명책에 기록되어 있지 않은 사람은 누구나 다 이 불바다에 던져졌습니다"(계 20:11-15). 요한계시록의 끝 부분에는 부활한 그리스도가 직접 언급한 경고의 말이 있는데, 그 말은 마태복음 16:27을 직접적으로 연상시킨다. "보아라, 내가 곧 가겠다. 나는 각 사람에게 그 행위대로 갚아 주려고 상을 가지고 간다"(계 22:12).

이러한 메시지는 바울서신의 내용과 동일하다(롬 2:5-16; 14:10-12; 고후 5:10). 그리고 바울서신이 말하는 바와 같이, 각 사람의 행위대로 집행될 마지막 심판에 대한 언급은 세례를 통해 칭의라는 선물과 하나님의 성령을 받았으나 흠이 없는 상태를 유지하지 못한 자들을 향한 경고이다. 이와 같은 경고들이 초기 예수 운동의 문헌에 흔히 나타나는데, 다음은 베드로전서의 내용이다.

여러분이 그리스도의 이름으로 모욕을 당하면 복이 있습니다. 영광의 영 곧 하나님의 영이 여러분 위에 머물러 계시기 때문입니다. 여러분 가운데에 아무도 살인자나 도둑이나 악을 행하는 자나 남의 일을 간섭하는 자로서 고난을 당하는 일이 없도록 하십시오. … 하나님의 집에서부터 심판을 시작할 때가 되었기 때문입니다. 심판이 우리에게서 먼저 시작[됩니다]. … 그러므로 하나님의 뜻을 따라 고난을 받는 사람은, 선한 일을 하면서 자기의 영혼을 신실하신 조물주께 맡기십시오. … 여러분은 하나님의 능력의 손 아래로 자기를 낮추십시오. 때가 되면, 하나님께서 여러분을 높이실 것입니다. … 정신을 차리고, 깨어 있으십시오. … 모든 은혜를 주시는 하나님, 곧 그리스도 안에서 여러분을 자기의 영원한 영광에 불러들이신 분께서, 잠시동안 고난을 받은 여러분을 친히 온전하게 하시고, 굳게 세워 주시고, 강하게 하시고, 기초를 튼튼하게 하여 주실 것입니다(벧전 4:14-5:10).

히브리서도 역시 "하나님의 아들을 멸시"한 자들에 대한 강한 표현들을 담고 있다. 그들은 모세의 율법에 저촉을 받는 죄를 범한 대가로 받아야 할 심판은 피할 수 있었다. 그러나 그리스도의 피를 통해 칭의를 받은 후에 범한 죄들 때문에 더욱 가혹한 형벌을 받게 되었다.

우리가 진리에 대한 지식을 얻은 뒤에도 짐짓 죄를 짓고 있으면, 속죄의 제사가 더 이상 남아 있지 않습니다. 남아 있다고 예상할 수 있는 것은 무서운 심판과 반역자들을 삼킬 맹렬한 불뿐입니다. 모세의 율법을 어긴 사람도 두세 증인의 증언이 있으면 가차없이 사형을 받는데, 하나님의 아들을 짓밟고, 자기를 거룩하게 해 준 언약의 피를 대수롭지 않게 여기고, 은혜의 성령을 모욕한 사람은, 얼마나 더 무서운 벌을 받아야 하겠는가를 생각해 보십시오. "원수를 갚는 것은 내가 할 일이니, 내가 갚아 주겠다" 하고 말씀하시고, 또 "주님께서 그의 백성을 심판하실 것이다" 하신 분을, 우리는 알고 있습니다. 살아 계신 하나님의 징벌하시는 손에 떨어지는 것은 무서운 일입니다(히 10:26-31).

『클레멘트1서』(1 Clement)는 바울이 사용한 표현과 다르지 않은 표현들로 교회의 구성원들에게 그들이 은혜롭게 칭의를 받았음을 상기시킨다. "우리, 곧 하나님의 뜻대로 그리스도 예수 안에서 부르심을 받은 자들 역시도 우리 자신이나 지혜나 총명이나 경건함이나 마음의 거룩함이 초래한 행위들로 인해 칭의를 받지 않았다. 믿음, 곧 태초부터 전능하신 하나님께서 모든 사람을 의롭게 하시는 그 믿음을 통해서 칭의를 받았다. 이 하나님께 영광이 세세토록 있을 것이다. 아멘"(클레멘트1서 1:32).[22] 그 후에 클레멘트는 마지막 심판 때 두 번째 칭의, 곧 최후의 칭의에 직면하게 된다고 경고하는데, 이번에는 각자의 행위에 따라 칭의의 여부가 결정된다고 말한다. "항상 절제를 훈련하고, 모든 속삭임과 악담을 멀리하며, 우리 말들이 아

---

22 『클레멘트1서』와 『헤르마스의 목자』에 대해서는 *The Apostolic Fathers*, edited and translated by Bart D. Ehrman, 2 vols. (Cambridge: Harvard University Press, 2003)를 보라.

닌 행함들로 의롭다 함을 얻음으로 화합와 겸손으로 옷을 입어야 합니다"(클레멘트1서 1:30).

베드로후서는 죄로 다시 돌아가는 세례받은 자들을 향한 큰 경멸의 태도를 숨기지 않는다.

> 사람들이 [우리의] 주님이시며 구주이신 예수 그리스도를 앎으로 세상의 더러운 것들에서 벗어났다가, 다시 거기에 말려들어서 정복을 당하면, 그런 사람들의 형편은 마지막에 더 나빠질 것입니다. 그들이 의의 길을 알고서도 자기들이 받은 거룩한 계명을 저버린다면, 차라리 그 길을 알지 못했던 편이 더 좋았을 것입니다. 다음과 같은 속담이 그들에게 사실로 들어맞았습니다. "개는 자기가 토한 것을 도로 먹는다." 그리고 "돼지는 몸을 씻고 나서, 다시 진창에 뒹군다"(벧후 2:20-22).

아마도 『헤르마스의 목자』(Shepherd of Hermas)보다 예수의 첫 추종자들의 칭의에 대한 생각을 더 명확하게 표현한 고대의 문서는 없을 것이다. "내가 말했다. '주여, 제가 어떤 교사들에게 듣기를 우리가 물에 내려가 과거에 지었던 죄들을 용서받을 때 임하는 그 회개를 떠나서는 회개가 없다고 들었습니다.' 주께서 내게 답하셨다. '네가 바르게 들었다. 정녕 그러하다. 죄 사함을 받은 자는 반드시 다시 죄를 범하지 말고 거룩함 속에서 살아야 한다'"(헤르마스의 목자 31).

바울이 말한 내용도 이와 동일하다. 위에 인용한 『헤르마스의 목자』는 더욱 주목할 만한데, 그 이유는 저자가 어려운 상황에 처한 자신을 발견하기 때문이다. 한편으로, 그는 일반적인 규칙에 한 가지 예외를 허용한다. 다른 한편으로, 그는 일반적인 규칙의 타당성을 재확인하기를 원한다. 그는 최근에 일어난 박해로 인해 배교한 자들이 하나님의 은혜로 돌아갈 수 있다고 선언한다. "죄를 짓고 회개한 자는 다시 받아들여야 한다. … 그러나 이러한 일이 반복적으로 일어날 수는 없다. 하나님의 종들에게는 오직 한 번의 회개가 있기 때문이다"(헤르마스의 목자 29). 그러나 배교자들에게 주어진 예외적인 회개의 가능성이 교회의 신실한 구성원들로 하여금 본인들의 책임을 잊고, 구원을 당연하게 여기도록 둘 수는 없었다. 역설적이게도, 그리스도를 믿는 세례받은 신자들은 이교도들—"마지막 때 까지" 용서의 선물을 이용할 기회가 주어진 이교도들—보다 더 가혹한 위치에 처하게 된다. "이 날의 기한이 정해져 있다. 만일 그들이 여전히 죄를 범한다면 의인들[즉, 세례 받은 예수의 추종자들]이 회개할 수 있는 기간이 끝났기 때문에 그들은 구원을 받지 못한다. … 비록 이교도들[즉, 세례를 한 번도 받지 않은 자들]에게는 마지막 날까지 회개할 가능성이 있지만, 모든 성도들에게 주어진 회개의 날들은 끝났다. … 네가 계속해서 죄를 더한다면, 주님으로부터 구원과 반대되는 결과를 받게 될 것이다. … 이 모든 것은 회개의 천사인 목자가 나에게 기록하도록 명한 내용이다"(헤르마스의 목자 6; 25).

믿음에 의한 칭의와 마지막 심판의 임박성 사이의 종말적 연결성이 예수 추종자들의 삶의 경험에서 희미해지자, 기독교 신학은 죄 용서와 "각 사람의 행위대로 받는" 구원 사이의 연결성을 설명하는데 어려움을 겪었다. 그 결과 새로운 종류의 질문들이 생겨났다. 유아에게 세례를 베풀어야 하는가, 혹은 될 수 있으면 세례를 뒤로 연기해야 하는가? 세례를 반복적으로 받을 수 있는가? 그렇다면 몇 번을 반복해서 받을 수 있는가? 세례를 받은 자들에게 모든 죄들은 "필멸의 것"인가? 그렇지 않다면 무엇이 (그들이 받은) 은혜로부터 그들을 분리시키는가?[23] 묵시적 급박함이 멈추자 많은 사람들은 콘스탄티누스(Constantine)나 유니우스 바수스(Junius Bassus)의 경우처럼, "회개와 세례를 뒤로 연기하는 방법, 즉 삶을 충분히 즐김으로 세례가 주는 용서의 범위를 최대치로 늘려서 받고자 하는 욕망에 기인한 유보(留保)"를 합리적인 방법으로 여겼다.[24] 종말의 지연은 아우구스티누스나 루터가 아니라 유대인 바울이 전했던 본래의 묵시적 메시지를 잘못 이해한 데에 일차적 책임이 있다.

결론

기독교 신학은 **칭의**를 **구원**의 동의어로 받아들였다. 하지만 칭의와 구원은 동의어가 아니다. 바울이 이해한 바에 따르면 칭의는 "과거의 죄들로부터의 용서, 씻김, 그리고 정화됨"이고 "그리스도를 신뢰하는 믿음"을 기반으로 "인간을 지배하는 대상인 죄로부터의 해

---

23 Everett Ferguson, *Baptism in the Early Church: History, Theology, and Liturgy in the First Five Centuries* (Grand Rapids: Eerdmans, 2009).

24 Joachim Jeremias, *Infant Baptism in the First Four Centuries* (London: SCM Press, 1960), 88.

방"[25]이다. 그리고 구원은 각 사람의 행위에 따라 집행될 마지막 심판의 결과이다.

(바울이 죄인들에게 설교했던) 믿음에 의한 칭의와 (바울이 결코 설교하지 않았던) 믿음에 의한 (영원한) 구원을 동일시하는 일은 바울에 대한 기독교적 재해석이 만든 주된 왜곡들 중 하나이다. 이러한 왜곡은, 마치 아담의 죄가 후대의 사람들로 하여금 의롭게 사는 것을 불가능하게 만들었다는 주장처럼, 악의 권세에 대한 묵시적 애통을 선행에 대한 존재적 불가능성으로 바꾸어 놓았다. 그리고 이와 같은 왜곡은 하나님께서 "다수"(즉, 죄인들)에게 주신 종말적 선물인 용서를 각 개인의 구원에 필요한 전제 조건으로 변형시켰다.

웨스터홈은 "[바울이] 믿음에 근거한 예견적 칭의(anticipatory justification)와 다른 기준('율법의 행위들'의 수행)에 기초한 최종적 칭의(final justification)를 구별하려 했다는 점은 상상할 수 없는 일"이라고 봤다.[26] 하지만 이러한 구별은 『비유의 책』, 공관복음, 초기 예수 운동의 모든 문서들, 그리고 『클레멘트 1서』에 아주 명백한 용어로 나타나고 있다. (회개한 죄인들에게만 해당되는) 믿음에 의한 칭의와 (모든 사람들에게 해당되는) 각 사람의 행실에 따라 집행되는 하나님의 마지막 심판이라는 개념은 제2성전기 유대교의 묵시적 문서들과 초기 기독교의 문서들 가운데서 조화롭게 공존한다. 유대교의 묵시적 자료들과 초기 기독교의 자료들 사이에는 절대적인 연속성이 있다. 바울만 다르게

---

25   VanLandingham, *Judgment & Justification*, 245.

26   Westerholm, *Justification Reconsidered*, 84.

260 바울이 전하는 세 가지 구원의 길

생각했다고 가정할 이유가 없다. 루터계(Lutheran) 바울, 새 관점(New Perspective)의 바울, 혹은 "두 길(two-path)"의 바울과는 달리, 묵시적 바울(apocalyptic Paul)은 제2성전기 유대교뿐만 아니라 초기 예수 운동 속에서도 완벽한 동질성을 보인다.

바울은 유대인 죄인들과 이방인 죄인들 사이, 혹은 이스라엘 집의 잃어버린 양들과 열방의 잃어버린 양들 사이에 차이를 보지 못했다. 그들은 모두 같은 은혜의 신적 행위, 즉 용서에 의해 칭의를 받는다. 바울신학에 들어 있는 이와 같은 평등적 요소가 바울을 이방인들을 위한 사도로 만들었다. 또한 그것이 바울로 하여금 예수 운동 내에서 적잖은 논란을 일으키게 했던 원인이었다.

Chapter 8

Paul the Apostle to the Lost Sheep among the Nations

열방 중에 있는 잃어버린 양들을 위한 사도, 바울

PAUL'S THREE PATHS TO SALVATION

제8장

열방 중에 있는 잃어버린 양들을 위한 사도, 바울

논란의 여지가 있는 인물

이제 우리는 바울이 제2성전기의 다른 유대인들에게(특히 그의 옛
바리새인 동료들에게) 어째서 의심스럽게 보였는지를 이해할 수 있다. 그
들은 악의 초인간적 기원이란 묵시적 개념을 공유하지 않았고, 또
한 바울이 강조했던 부분—메시아 예수를 통해 완성된 용서의 사
명—을 받아들이지 않았다. 바울은 초기 예수 운동 내에서도 논쟁
의 여지가 있는 인물이기도 했다. 왜 일까? 죄 사함을 중심에 둔 그
의 가르침은 다른 사도들의 가르침과 근본적으로 다르지 않았다.
하지만 바울서신들은 지속적인 논쟁의 분위기를 드러낸다. 질문의
해답을 초기 기독교인들이 오랫동안 예수 운동의 "적(敵)"으로 여겼
던 바울, 곧 스스로를 가리켜 교회를 핍박했던 자로 고백했던 바울
을 향한 당연한 의심 때문이라고 한정할 수는 없다.

(페르디난드 크리스티안 바우어[Ferdinand Christian Baur]와 튀빙겐학파[Tübingen School of Theology]에 의해 시작된) 현대의 바울신학은 바울과 예수 운동의 구성원들 사이에 있었던 논쟁의 이유를, 초기 기독교 내의 유대인 분파와 기독교 분파 사이의 투쟁으로 돌렸다. 바우어와 튀빙겐학파들은 그렇게 밖에 볼 수 없었다. 헤겔주의적 틀은 요한복음과 기독교의 우월한 합(synthesis)을 만들기 위해 새로운 정(thesis, 바울의 기독교)이 그것의 반(antithesis, 베드로, 야고보, 유대교에 대한 그들의 집착)을 타파할 것을 요구했기 때문이다.[A] 그 결과 바울은 종교에 대한 보편주의적 이해라는 명목 아래 유대교의 특수주의에 반대하여, 기독교를 유대교로부터 해방시킨 자로 칭송을 받았다. 그러나 우리가 살펴본 것처럼 이러한 접근법은 완전히 시대착오적이고 또 지나치게 이념적이다.

바울은 자신을 "이방인의 사도"(롬 11:13)로 불렀는데, 이 표현은 "할례를 받은 자의 사도"(갈 2:8)라고 불리는 베드로와 자신을 구별하려는 정체성의 표식으로 사용된 것처럼 보인다. 실제로 바울신학에는 (베드로와 야고보와 같은) 예수 운동의 다른 지도자들의 신학과 차별화되는 요소들이 있다. 일부 지도자들은 (야고보서의 서두에 나타난 바와 같이) 이스라엘의 12지파의 회복에 더 많은 관심을 보였지만, 바울은 이방인들의 합류에 특별한 중점을 두었다.

그렇다면 바울이 자신을 이방인의 사도라고 주장함으로 의도한 것은 무엇이었을까? 바울을 제2성전기의 유대인으로 해석하는 독법은 지나친 단순화를 피하고 언뜻 보이는 상황보다 실제의 상황이 훨씬 더 복잡하고 다각적이었음을 기억하라는 경종(警鐘)을 울린다.

이방인들이 합류하는 경쟁적 모델들: 하나님 경외자들과 개종자들

이방인들의 사도인 바울이 이방인들을 위한 설교와 이스라엘 종교에 그들을 합류시키는 일을 장려한 최초의 제2성전기 유대인은 아니었다. 헬레니즘계 유대인들(Hellenistic Jews)은 이방인들을 자신들의 공동체에 "하나님 경외자들"(God-fearers)로 합류시키는 모델들을 바울보다 훨씬 더 이전부터 개발했었다.[1]

많은 비유대인들은 유대교가 유일신 종교라는 점, 그리고 유대교의 도덕적 가르침 때문에 (유대교가) 매력적이라고 생각했다. "그들은 오래전부터 우리의 종교적 의식을 채택하기를 열망했다. 그리고 일곱째 날에 일을 멈추는 우리의 관습이 퍼지지 않은 도시는 그리스나 야만국이나 그 어떤 나라에도 없다. … 하나님께서 우주에 스며드시듯이 율법은 모든 인류들에게 스며들 방법을 찾았다"(아피온 반박문 2.282-284). 그들은 개종자들(proselytes)이 아니었다. 오히려 자연법에 따라 사는 것이 도덕적 목표였던 동조자(同調者)들이었다. 요세푸스는 일반적인 용어로 모세가 "그들을 은혜롭게 환영했는데, 그 이유는 관계를 구성하는 요소는 가족의 유대만 있는 것이 아니라 행동원칙에 대한 동의도 있기 때문"이라고 설명한다(아피온 반박문 2.210).

필론은 의로운 이방인들이 보다 공식적으로 유대인들과 연합할수 있다고 보았다. 필론이 그러한 견해를 가졌던 이유는 유대교를 유대인들만의 종교가 아니라 우주 전체의 종교로 이해했던 관점 때

---

[1]   Terence L. Donaldson, *Judaism and the Gentiles: Jewish Patterns of Universalism to 135 CE* (Waco, TX: Baylor University Press, 2008).

문이었다. "우리는 우주의 세계를 하나님의 가장 높고 참된 성전으로 봐야 한다"(세부 규정에 대하여 1.66). 유대인들은 태생적으로 인류의 제사장들이었다. "제사장은 유대 민족들이 인류가 거주하는 온 세상과 맺는 관계와 동일한 관계를 도시와 맺고 있다"(세부 규정에 대하여 2.163). 그렇기 때문에 유대교의 대제사장은 "세상의 모형이자 표상"인 가운을 입었다. 그 가운은 제사장으로 하여금 그도 자연법에 따라 살아야 하며, 그의 봉사는 "온 인류를 위한 것"(세부 규정에 대하여 1.97)임을 상기시켜주는 도구이다.[B] "하나님께서는 우선적으로 대제사장이 그에 대한 우주의 가시적 묘사를 지니도록 의도하셨다. 그리하여 제사장이 가운을 지속적으로 바라볼 때마다 먼저 그의 삶을 우주의 본성에 걸맞는 삶으로 만들어야 한다는 점을 상기시켜 주셨다. 그리고 그 다음으로는 온 세상이 그가 집도하는 신성한 예식 속에서 그와 함께 작동할 수 있도록 하셨다"(세부 규정에 대하여 1.96). 레위 자손이 태생적으로 이스라엘의 제사장이 되는 것처럼, 유대인들은 태생적으로 인류의 제사장들이 된다. 정의를 추구한다는 공통된 사명 아래 연합한 이방인들, 곧 하나님 경외자들(God-fearers)은 우주적 종교에서 일반인의 역할을 감당하고 있다.

물론 이와 같은 개념에 모두가 동의한 것은 아니다. 아디아베네의 왕 이자테스(Izates)에 관한 에피소드는 제2성전기 유대교 내에 이방인을 합류시키는 올바른 방법에 대한 열띤 논쟁이 있었음을 보여준다. "아나니아스(Ananias)라는 이름의 한 유대인 상인"(유대고대사 20.34)은 왕에게 하나님을 경외하는 자가 되라고 지도했다. 아나니아스는 "비록 왕이 유대인의 율법을 온전히 지키기로 결심했다고 할지라도 할례를 받지 않은 상태에서 예배를 드릴 수도 있는데, 그 이유는 하나님을 예배하는 것이 할례보다 우월한 본성을 지니고 있기 때문"이라고 말했다(유대고대사 20.41). 그러나 그때 "엘르아살(Eleazar)이라는 이름의 다른 유대인이 갈릴리로부터 왔는데, 그는 자신이 속한 나라에서 학문에 능통한 자로 존경을 받고 있었다"(유대고대사 20.43). 왕이 "모세의 율법을 읽는다는 것"을 알게 된 엘르아살은 왕이 할례를 받지 않은 일에 대해서 그를 꾸짖은 후 율법에 기록된 바를 준행하라고 권면했다. "오, 왕이시여, 당신은 그 율법들의 원리를 부당하게 어기고 하나님께 해를 끼치고 있습니다. 당신은 율법들을 읽을 뿐만 아니라 그것들이 당신에게 명령한 것을 우선적으로 실천해야 합니다"(유대고대사 20.44). 왕은 더 이상 할례를 미루어서는 안되겠다는 결론을 내렸다. 그래서 "그는 다른 방으로 물러나 의사를 부른 후 명령을 받은 대로 시행했다"(유대고대사 20.46).

개종에 관한 아나니아스와 엘르아살의 상반된 가르침은 무엇이 더 중요한지—듣기인가 읽기인가, 그리고 의미인가 글자인가—에 대한 『아리스테아스의 편지』(Letter of Aristeas)와 『집회서』의 서문(Sirach Prologue) 간의 논쟁을 반영하는 언어로 표현되어 있다. 『아리스테아스의 편지』는 "좋은 삶은 법을 지키는 데 있고, 이러한 목표는 읽기보다 듣기를 통해 훨씬 더 많이 달성된다"고 말한다(아리스테아스의 편지 127). 토라(Torah)의 그리스어 번역은 히브리어 본문과 동일한 의미를 전달하기 때문에 동일한 위엄(威嚴)을 지니고 있다. 그러나 『집회서』

의 서문은 읽기의 우수성을 주장했다. "그러므로 너희들은 호의를 가지고 집중하여 이 책을 읽도록 초대받았다. 우리가 성실히 번역했음에도 불구하고 몇 개의 문구들을 불완전하게 번역했을 가능성이 있다. 만약 이와 같은 경우를 만나거든 관대함을 보이라. 왜냐하면 본래 히브리어로 표현된 문장들이 다른 언어로 번역되면 정확하게 동일한 의미를 지니지 않게 되기 때문이다. 이 책뿐만 아니라 토라 그 자체, 예언서들, 그리고 나머지 책들도 원서로 읽으면 번역서와 적지 않은 차이를 발견하게 된다"(집회서 서문 15-26).[C]

예수 운동과 이방인들

초기 예수 운동에서 이방인의 합류에 관한 논쟁을 시작한 사람은 이방인의 사도로 불리는 바울이 아니었다. 새로운 메시아(적) 집단의 구성원들은 처음에 이방인들을 전도하는 데 그리 큰 관심을 두지 않은 것처럼 보인다. 용서의 문제는 (마치) 그것이 이방인들에게만 국한되거나 이방인들이 해결해야 할 일차적인 문제인 것처럼 제시되진 않았다. 세례 요한과 예수가 회개하라고 부른 죄인들은 이방인들이 아니라 유대인들이었다.

종말적 용서는 이스라엘 자손들 중에 있는 죄인들을 위해 독점적으로 혹은 주로 그들을 위해 예비된 선물이었다. "이방 사람의 길로도 가지 말고, 또 사마리아 사람의 고을에도 들어가지 말아라. 오히려 길 잃은 양 떼인 이스라엘 백성에게로 가거라"(마 10:5-6). 예수가 수로보니게 여인을 만난 이야기가 보여주듯이, 소수의 이방인이 합류하는 경우는 (용서의 선물이 "자손들"에게 제공된다는 점을 부인하지 않은 채로) 그러한 규칙에 대한 예외로 용인되었다. "예수께서 그 여자에게 말씀하셨다. '자녀들을 먼저 배불리 먹여야 한다. 자녀들이 먹을 빵을 집어서 개들에게 던져 주는 것은 옳지 않다.' 그러나 그 여자가 예수께 말하였다. '주님, 그러나 상 아래에 있는 개들도 자녀들이 흘리는 부스러기는 얻어먹습니다'"(막 7:27-28; 마 15:21-28). 특히 마태는 그 여인의 믿음을 참으로 경이롭게 생각했지만("여자여, 참으로 네 믿음이 크다"[마 15:28]), 그것을 표현하기에 앞서 이방인을 합류시키는 경우는 예외적이라는 점을 먼저 반복했다("나는 오직 이스라엘 집의 길을 잃은 양들에게 보내심을 받았을 따름이다"[마 15:24]). 용서라는 특별한 선물의 수혜자(의 자리)로부터 이방인들을 명시적으로 배제시킨 이 구절은 도래할 세상에 존재할 "열방 가운데의 의인들"까지 배제하지는 않는다. 왜냐하면 최후의 심판은 "각 사람의 행위대로" 집행될 예정이기 때문이다. 그러나 아무리 그렇다고 해도 이방인의 합류에 대한 주제는 세례를 받은 대다수의 사람들이 이방인들이었던 환경—예를 들어 누가복음이 그려내는 환경—속에서 다소 기이하게 들렸을 것이 분명하다. 이와 같은 이유로 누가는 수로보니게 여인의 내러티브를 완전히 생략했다.

수로보니게 여인 외에 예수가 가깝게 접촉한 또 다른 이방인에 대한 이야기가 공관복음 전통에 한 번 더 등장한다. 마태복음(8:5-13)과 누가복음(7:1-10)에 기록된 만남, 곧 가버나움에서 일어난 예수와 "백부장"과의 만남이다. 하지만 이들의 만남은 요한복음 속 평행본문(4:46-53)과 비교해 볼 때, 희망 사항에 불과하다. 왜냐하면 그 평행 본문은 예수가 활동했을 시대, 즉 헤롯 안티파스가 통치하던 시대에는 유대인이었을 "왕실의 관리"에 대해서 말하기 때문이다. 마태와 누가는 교회의 새로운 경험을 반영하고, 예수에게 이방인들의 믿음을 칭찬하며 또한 하나님의 나라 안에서 도래할 그들의 구원을 예언할 기회를 제공하기 위해 개정된 이야기를 물려받았다. "내가 진정으로 너희에게 말한다. 나는 지금까지 이스라엘 사람 가운데서 아무에게서도 이런 믿음을 본 일이 없다[눅 7:9]. 내가 너희에게 말한다. 많은 사람이 동과 서에서 와서, 하늘 나라에서 아브라함과 이삭과 야곱과 함께 잔치 자리에 앉을 것이다"(마 8:10-11).

하지만 상황이 빠르게 변했다. 1세기 중반이 되자 예수 전승은 당시에 널리 확산되어 있는 이방인 구성원들의 경험을 뒷받침할 이야기가 필요해졌다. 하지만 사도행전은 초기 예수 공동체가 그와 같은 상황에 완전히 대비하지 않고 있었다고 묘사한다. "결국 최초의 선교 목표는 이스라엘에 복음을 전하는 일이었다. 그리고 그 운동의 묵시적 메시지에 대한 이방인들의 긍정적인 반응은, 초기 사도들의 허를 찔러 그들을 놀라게 했을 가능성이 크다. 사도들은 그와 같은 만일의 사태에 대한 어떠한 준비도 하고 있지 않았다."[2]

예수가 이방인들의 합류에 관한 가르침을 식섭 남기지 않았다

---

2 Paula Fredriksen, *Paul the Pagans' Apostle* (New Haven: Yale University Press, 2017), 94. [= 『바울, 이교도의 사도』, 도서출판 학영, 2022]

는 점은 유일하게 분명해 보이는 사실이다.[3] 또한 누가는 사도행전을 통해 예수의 초기 추종자들이 용서에 대한 메시지를 오로지 유대인들에게만 전하는 모습을 보여준다. "하나님께서는 이분을 높이 시어 자기 오른쪽에 앉히시고, 영도자와 구주로 삼으셔서, 이스라엘이 회개를 하고 죄 사함을 받게 하셨습니다"(행 5:31-32).

사도행전에 따르면 예수의 첫 추종자들은 이방인들을 향한 그어떤 운동도 계획하지 않았고, 이방인들을 위한 세례도 시작하지 않았다. 후자의 경우, 이방인들의 요청으로 인해 시작되었다. 이방인에게 베풀어진 첫 세례는 예수의 첫 제자나 열두 제자가 아닌 스데반의 동반자이자 헬레니즘계 유대인이었던 전도자, 빌립을 통해 이루어졌다. 빌립은 예수의 사후에 기독교 운동에 참여했던 자인데, 사실 그가 내시─이스라엘의 성경을 잘 아는 하나님 경외자(God-fearer)로 소개된 내시─에게 세례를 주려는 의도로 접근한 것은 아니었다. 즉, 빌립과 내시와의 만남은 계획된 사건이 아니었다. 정작 빌립에게 갑작스럽고 직접적인 질문을 던진 사람은 내시였다. "내가 세례를 받는 데에, 무슨 거리낌이 되는 것이라도 있습니까?"(행 8:36).

하나님을 경외하는 백부장 고넬료의 이야기 역시 동일한 양식을 따른다(행 10:2, 22). "아마도 디아스포라 회당의 혼합된 인구 구조에 익숙하지 않은"[4] 사도들은 새로운 관점을 수용해야 한다는 현실

---

3   Fredriksen, *Paul the Pagans' Apostle*, 30.

4   Fredriksen, *Paul the Pagans' Apostle*, 95.

을 어려워 했을지도 모른다. 실제로 베드로는 마지못해 고넬료의 초대에 응했다. 베드로가 품은 많은 의심을 풀기 위해서는 하늘의 환상, 그것도 세 번이나 반복된 환상이 필요했다. "하나님께서 깨끗하게 하신 것을 속되다고 하지 말아라"(행 10:15; 11:9). 고넬료와 그의 가족에게 세례를 주기로 한 결정은 긍정적이거나 미리 계획된 약속에서 나오지 않았다. 이번에도 역시 수사학적 질문의 형태로 사건이 시작되었다. "이 사람들도 우리와 마찬가지로 성령을 받았으니, 이들에게 물로 세례를 주는 일을 누가 막을 수 있겠습니까?"(행 10:47).

위에 언급한 이방인 사건에 대한 소식으로 인해 할례를 받은 구성원들은 예루살렘에서 큰 비판을 가했다(행 11:1-3). 그들을 놀라게 했던 부분은 도래할 세상에 이방인들도 존재한다는 개념이 아니었다. 그러한 개념은 묵시적 전통과 일반적인 유대인들의 전통에 이질적이지 않았다. 예수의 첫 추종자들을 놀라게 했던 부분은 종말적 용서라는 선물이 유대인들과 이방들인 모두에게 동일하게 제공되었다는 점이었다. "이제 하나님께서는, 이방 사람들에게도 회개하여 생명에 이르는 길을 열어 주셨다"(행 11:18). 사도행전의 저자는 [이방인들의 사도인] 바울이 할 수 있었던 연설을 [할례를 받은 자의 사도인] 베드로의 입에 넣었다. "베드로가 입을 열어 말하였다. '나는 참으로, 하나님께서는 사람을 외모로 가리지 아니하시는 분이시고, 하나님을 두려워하며 의를 행하는 사람은 그가 어느 민족에 속하여 있든지, 다 받아 주신다는 것을 깨달았습니다. … 그를 믿는 사람은 누구든지 그의 이름으로 죄 사함을 받는다고 하였습니다'"(행 10:34-35, 43).

바울의 개인적인 역할

이방인들의 사도인 바울은 위에 언급했던 모든 사건 속에서 딱히 맡은 역할이 없었다. 바울은 이방인들에게 설교를 하거나 세례를 주었던 최초의 예수 추종자가 아니었다. 그는 예수 운동에 합류한 이후로 몇 년 동안 이방인들에게 접근하려는 목표를 세우지도 않았고, 그와 같은 목표를 세우기 위해 특정한 계획을 짜지도 않았다. 즉, 바울은 자신을 이방인을 위한 사도로서 구별하지 않았던 것이다. 사도행전에 의하면 "사울을 찾으려고 다소로 가서, 그를 만나 안디옥으로 데려"(행 11:25-26) 온 사람은 바나바이다. 사도행전은 안디옥 공동체의 지도자들("예언자들과 교사들")을 언급하는 명단의 후미(後尾)—"바나바와 니게르라고 하는 시므온과, 구레네 사람 루기오와 분봉왕 헤롯과 더불어 어릴 때부터 함께 자란 마나엔" 다음—에서 바울을 언급한다(행 13:1).

결국 바울은 소위 "바울의 첫 번째 전도 여행"이라고 불리는 여행에서 바나바와 합류하게 되었다. 사실 바울이 바나바의 조력자의 역할, 곧 비유대인들조차도 알 수 있는 종속적 역할을 담당했기 때문에(행 13:2, 7에는 바울이 바나바 다음, 즉 두 번째 순서로 언급된다), 그 여행은 "바나바의 첫 번째 전도 여행"이라고 불려야 한다. 루스드라 거리에서 두 설교자(바울과 바나바)가 군중들에 의해 신들(gods)로 오인되었을 때도 군중들은 둘 사이의 관계를 분명히 이해하고 있었던 것 같다. "그들은 바나바를 제우스라고 부르고, 바울을 헤르메스라고 불렀는데, 그것은 바울이 말하는 역할을 주로 맡았기 때문이다"(행 14:12).ᴰ 바울은 뛰어난 웅변술을 지니고 있었을지 모르나 선교 원정대의 수장은 분명 바나바였다.

사도행전은 바나바와 바울이 안디옥으로 돌아온 후 초대 교회에서 논쟁―이방인 신자들이 "구원을 받으려면" "할례를 행하고, 모세의 율법을 지켜야 하는지"에 대한 논쟁―이 일어났다고 밝힌다(행 15:1-5). 논쟁의 발단은 "바리새파에 속하였다가 신도가 된 사람 몇"(행 15:5)이었는데, 그러한 사실은, 헬레니즘계 유대인들(스데반이 이끄는 "헬레니즘계 사람들")의 등장과 함께 이미 발생했던 것처럼, 유대교 내부의 분열이 초대 교회 내부에서 되풀이되는 경향이 있었음을 알리는 표시이다.

파울라 프레드릭슨(Paula Fredriksen)에 따르면 세례를 받은 하나님 경외자들(God-fearers)이 할례를 받고 개종을 해야 한다는 압력은 일부 예수 추종자들의 "종말의 지연"에 대한 반응이었을 가능성이 있다. "예수 추종자들 중 일부는 초기 기독교 운동에 속한 이방인들이 할례를 받음으로써 공식적으로 이스라엘과 연계되어야 한다고 주장하기 시작했다."[5] 이와 같은 주장의 배후에 무엇이 있었든 간에 바나바와 바울은 그에 반대했다. 그래서 안디옥에서 대표단을 이끌고 예루살렘으로 간 후 "사도들과 장로들과 함께" 그 문제에 대해서 논

---

5   Fredriksen, *Paul the Pagans' Apostle*, 103.

의했다. 베드로와 야고보는 "더 이상의 짐"이 이방인 신자들에게 부과되어서는 안 된다는 바나바와 바울의 의견에 동의했다. 대신 이방인들은 "우상에게 바친 더러운 음식과 음행과 목매어 죽인 것과 피를 멀리하라"(행 15:20)라는 당부를 받았다. 즉, 초대 교회의 지도자들은 헬레니즘계 유대인 공동체가 하나님 경외자들(God-fearers)과의 관계를 위해 이미 성공적으로 채택했던 해결책에 동의했던 것이다. "이는 우상을 섬기지 말라는 의미이다. 그러나 할례를 받을 필요도 없다는 의미이기도 하다. 그리스도 안에 있는 이방인들은 끝까지 이방인들로 남아있어야 한다."[6] 하나님 경외자들은 개종자들이 되지 않고 새로운 운동에 합류했다. 여기서 바울은 결국 모든 사람이 공유하는 집단적 결정을 만드는데 적극적인 역할을 했다. 하지만 아직까지 바울은 개인적이고 독특한 위치를 가진 존재처럼 보이지는 않는다.

사도행전에 따르면 바울이 자신의 위치를 이방인의 사도로 확립했을 때조차도, 그는 예수 추종자들에게 나타나는 초기 선교의 역동성을 극적으로 바꾸지 않았다. 바울은 지속적으로 "유대 사람들과 이방 사람 예배자들이 모여 있는 회당에서"(행 17:17) 설교했고, 당시 디아스포라 유대인들의 주요 중심지를 방문했으며, 이미 이스라엘의 하나님에 대한 믿음을 수용한 하나님 경외자들에게 접근했다. 아테네에서 "일부 에피쿠로스 학파와 스토아 철학자들이 … 그를 아레오바고스로 데려갔을 때", "아테네인들과 그곳에 사는 외국

---

6   Fredriksen, *Paul the Pagans' Apostle*, 104.

인들"에게 "알 수 없는 신"에 대해 알리려 했던 바울의 시도는 다소 어색한 연설과 더불어 거의 재앙과 같은 결과를 초래했다. 그래서 바울은 그 도시를 떠났고, 아레오바고스보다 더 익숙한 유대인들의 환경이 조성되어 있던 고린도로 향했다. 그렇다면 도대체 무엇이 바울을 이방인들의 옹호자로 만들었단 말인가?

바울이 갈라디아서를 통해 보여줬듯이, 냉혹한 현실은 곧 예루살렘 공의회에서 만들어진 만장일치라는 결과가 모든 문제를 해결하진 못했다는 것이다. 이방인 신자들이 할례를 받거나 모세의 율법을 지킬 필요가 없다는데 의거하여 유대인들과 이방인들의 관계에 대한 논쟁이 (공동식사 중에) 터졌다. 유대 - 헬레니즘계 모델은 평등을 의미하지 않았다. 비록 그들은 같은 종교를 따르는 사람들이었지만, 유대인들은 태생적으로 제사장들이었고, 하나님 경외자들은 일반인들이었다. 그렇다면 이 두 종류의 사람들은 서로 다른 식탁에 앉아야 하나, 같은 식탁에 앉아야 하나? 얼마 안가 안디옥에서 일어난 사건은 지도자들 사이에 심각한 의견의 불일치─한편에는 바울, 다른 한편에는 베드로, 야고보, 바나바로 갈라진 불일치─가 있었음을 드러낸다.

율법과 죄의 권세

1세기의 일부 유대인들은 이방인들과 같은 식탁에 앉는다는 생각을 거부했을 것이다. "요셉은 절대 애굽 사람들과 함께 먹지 않았는데, 이는 그에게 가증한 일이었기 때문이다"(요셉과 아스낫 7:1). 요셉은 아스낫의 사심없는 환영의 입맞춤조차도 거절했다. "하나님을 경배하는 사람, 즉 … 복된 생명의 빵을 먹고 복된 불멸의 잔으로 음료를 마시는 사람이 … 이방인들의 식탁에서 교살의 빵을 먹고 음행의 잔으로 헌주(獻酒)를 마시는 … 낯선 여자에게 입맞추는 것은 합당하지 않다"(요셉과 아스낫 8:5-6). 고넬료는 "경건한 사람으로 온 가족과 더불어 하나님을 두려워하[며] … 늘 하나님께 기도하는 사람이었다. 그리고 끊임없이 하나님께 기도했다. … [또한] 그는 의롭고, 하나님을 두려워하는 사람이었다. 그는 온 유대 백성에게 존경을 받았다"(행 10:2, 22). 하지만 베드로는 바나바에게 다음과 같은 우려를 표했다. "유대 사람으로서 이방 사람과 사귀거나 가까이하는 일이 불법이라는 것은 여러분도 아십니다"(행 10:28).

그러나 『아리스테아스의 편지』는, 토라를 그리스어로 번역한 72명의 현자들이 왕의 궁정에서 그랬던 것처럼, 일부 헬레니즘계 유대인들이 특정한 상황에 봉착할 경우 유대인들과 이방인들의 식탁 공유를 허용했음을 밝혀준다.[7] 헬레니즘계 유대인들 사이에서 시행됐던 관습이 모든 사람에게 공유되지는 않았던 것이다. 이미 헬레니즘계 유대인들과 히브리인들의 구별 및 헬레니즘계 유대인들이 공동식사 중에 무시되었다는 비난은 초기 예수 운동(행 6:1-6) 내의 두 집단 사이에 긴장감이 돌고 있었음을 보여준다.

"야고보가 보낸 사람들"은 유대들인과 이방들인의 식탁 공유를

---

7   『아리스테아스의 편지』에 관해서는 Benjamin G. Wright, *The Letter of Aristeas* (Berlin: de Gruyter, 2015)를 보라.

반대했지만 바울은 그것을 찬성했다. 베드로는 그들 중간에 끼어 있었다. 베드로는 처음에 안디옥 교회의 관습을 따랐지만(그리고 헬레니즘계 유대인들은 하나님 경외자들과 같은 식탁을 공유하는 데 문제가 없었지만), 야고보의 대표단이 도착하자 곧 "꽁무니를 뺐다." 바나바 역시 베드로와 동일한 태도를 보였다. 베드로와 바나바가 소신을 가지고 그렇게 행동했는지, 아니면 예루살렘에서 온 손님들을 후대하고 존경하는 마음으로 그랬는지, 아니면 바울이 말했듯이 "할례 받은 사람들을 두려워하여"(갈 2:12) 그랬는지, 우리는 알 길이 없다. 우리가 알 수 있는 것은 바울이 그들의 행동에 격렬히 대응했다는 점이다. 바울은 베드로의 "면전에다가" 그와 바나바의 "위선"(갈 2:11, 13)을 비난했다.

바울은 갈라디아서에서 이방인 신자들이 개종자가 되고 할례자가 되어야 한다는 개념에 다시 한번 반대한다. 마크 나노스(Mark Nanos)는 "바울은 비유대인이 예수의 추종자가 된 후에 유대인이 되는 것에 반대했다"고 제대로 이해한다.[8]

무엇보다도 바울은 개종 후 유대인이 되지 않는 일이 안디옥뿐 아니라 예루살렘에서도 수년 동안 행해지고 있는 교회의 관행이었음을 상기시킨다. "내가 … [인정받는 지도자들을 만나기 위해] 바나바와 함께 디도를 데리고, 다시 예루살렘으로 올라갔습니다. … 나와 함께 있는 디도는 그리스 사람이지만 할례를 강요받지 않았습니다"(갈 2:1-3). 하지만 바울은 자신이 이방인의 변호인 정도라는 사

---

8   Mark Nanos, *Reading Paul within Judaism* (Eugene, OR: Cascade Books, 2017), 131.

실에 만족하지 않았다. 그는 스스로를 "사도"(예수 그리스도께서 그리고 그 분을 죽은 사람들 가운데서 살리신 하나님 아버지께서 임명하신 사도[갈 1:1])이자, "사람이 맡겼기 때문이 아니라 … 예수 그리스도의 계시를 통해" 그에게 주어진 복음을 전달하는 사람(갈 1:11-12)으로 소개한다. 그는 개종 거부의 문제와 공동식사 관련 문제를 신학적인 문제로 변형시킴으로써, 그 문제를 원리에 대한 질문이자 그의 독특한 복음 사역의 중심으로 그리고 특별한 신학의 출발점으로 삼았다. 예수의 추종자 바울은 바로 여기에서 자신을 이방인들에게 보냄을 받은 사도로 발견하게 된다. "그러나 나를 모태로부터 따로 세우시고 은혜로 불러주신 하나님께서 … 그 아들을 이방 사람에게 전하게 하시려고"(갈 1:15-16). 바울에게 있어서 세례를 받은 이방인들은 새로운 운동(예수 운동) 안에서 하나님 경외자들이라는 분리된 집단으로 취급되어서는 안되고, 도리어 공동체의 동등한 구성원들로 취급되어야 했다.

바울은 이러한 맥락 속에서 "율법의 행위로 인한 칭의"와 상반된 개념으로서의 "그리스도를 향한 믿음에 의한 칭의"에 대해 처음으로 언급했다. "우리는 본디 유대 사람이요, 이방인 출신의 죄인이 아닙니다. 그러나 사람이 율법을 행하는 행위로 의롭게 되는 것이 아니라, 예수 그리스도를 믿는 믿음으로 의롭게 되는 것임을 알고, 우리도 그리스도 예수를 믿은 것입니다. 그것은 우리가 율법을 행하는 행위로가 아니라, 그리스도를 믿는 믿음으로 의롭다 하심을 받고자 했던 것입니다. 율법을 행하는 행위로는 아무도 의롭게 될 수 없기 때문입니다"(갈 2:15-16). 유대인과 이방인 죄인들이 그리스도 안에서 받은 용서의 선물은 모세의 율법으로부터 완전히 독립적인데, 그 이유는 율법은 우주의 악을 지배할 수 있는 힘과 죄인들을 칭의할 수 있는 힘이 없기 때문이다.

거듭 말하지만 문제는 율법이 아니라 죄의 힘이다. 칭의는 율법이 선고하는 형벌을 무효화한다. "그리스도께서 우리를 위하여 저주를 받은 사람이 되심으로써, 우리를 율법의 저주에서 속량해 주셨습니다"(갈 3:13). 그러나 바울은 모세의 율법과, 율법과 별개로 죄인들에게 주어지는 칭의의 약속―"하나님께서 아브라함과 그의 후손 … 그리스도"(갈 3:16)에게 주신 약속―사이에 모순을 느끼지 못했다. 죄인들을 위한 칭의의 약속이 주어진지 130년 후에 모세에게 하달된 율법은, "하나님께서 이미 맺으신 언약을 … 무효로 하여 그 약속을 폐하지 못한다"(갈 3:17). 그렇다면 "[순종하는 자들에게 구원을 주지만 칭의는 제공하지 않는] 율법은 [하나님의] 약속과 반대되는 것인가? 그렇지 않다!"(갈 3:21). 율법은 "약속을 받으신 그 후손[예수]이 오실 때까지 범죄들 때문에 덧붙여 주신 것"(갈 3:19)이다. "율법은 그리스도께서 오실 때까지, 우리에게 개인교사 역할을 하였습니다. 그것은 우리로 하여금 믿음으로 의롭다고 하심을 받게 하시려고 한 것입니다"(갈 3:24). 이제 칭의의 선물이 그리스도 안에서 드러났으니 세례를 받은 자들은 "그리스도께 속해있다. 이들은 아브라함의 후손이요, 약속을 따라 정해진 상속자들"(갈 3:29)이다.

그러므로 이방인들은 구원을 받기 위해 개종자들이 될 필요가 없을 뿐만 아니라, 개종자들이 됨으로 그리스도 안에서 받은 칭의가 어떤 식으로든 율법과 관련되어 있음을 보여줄 필요도 없다. "나 바울이 여러분에게 말합니다. 여러분이 할례를 받으면, 그리스도는 여러분에게 아무런 유익이 없습니다. … 그리스도 예수 안에서는, 할례를 받거나 안 받는 것이 문제가 되는 것이 아닙니다. 가장 중요한 것은, 믿음이 사랑을 통하여 일하는 것입니다"(갈 5:1-6). 만약 율법에게 우주적 악을 지배할 힘이 있었다면 그리스도의 희생은 무의미했을 것이다. "나는 하나님의 은혜를 헛되게 하지 않습니다. 의롭다고 하여 주시는 것이 율법으로 되는 것이라면, 그리스도께서는 헛되이 죽으신 것이 됩니다"(갈 2:21).

죄의 노예들, 죄 앞에서의 평등

예루살렘 공의회에서 모든 예수의 추종자들은 다음과 같은 점에 분명히 동의했다. 곧 이방인 죄인들은 유대인 죄인들에게 주어진 동일한 종말적 선물에 의해 의롭게 되었다는 것이다("하나님께서는 그들의 믿음을 보셔서, 그들의 마음을 깨끗하게 하시고, 우리와 그들 사이에 아무런 차별을 두지 않으셨습니다"[행 15:9]). 그러나 안디옥 사건은 예루살렘 공의회의 재투표가 아니었다. 바울의 강경한 입장은 그로 하여금 독특한 신학을 공식화하도록 이끌었다. 헬레니즘계 유대인들이 칭의의 추구(追求)라는 공통된 목표로 유대인들과 하나님 경외자들을 연합시켰다면, 바울은 인간의 본성을 악하게 보는 비관적 묵시주의 견해를 이용해 새로운 운동에 합류한 유대인들과 이방인들이 "죄 앞에서 평등"하다는 사실을 단언했다. 그는 유대인들과 이방인들 모두에게 그리스도에 의한 죄 사함의 선물은 "오직 믿음에 의해서만" 효력이 발생한다고 주장했다. 그 선물은 전적으로 은혜로운 것이었다. 왜냐하면 세상에서 죄의 힘 아래 "종들"로 살아가는 인간에게는 죄 사함을 위한 어떤 전제 조건도 붙일 수 없기 때문이다. 바울은 율법 자체가 그와 같은 개념을 하갈과 사라의 "알레고리"를 통해 가르친다고 봤다(갈 4:21-5:1). 하갈의 자녀들은 죄의 힘 아래 "노예로" 살아가며 율법을 지키는 자들이며, 사라의 자녀들은 칭의의 약속을 통해 이 악한 세상으로부터 해방된 자들이다. "그리스도께서 우리를 해방시켜 주셔서 자유를 누리게 하셨습니다. 그러므로 굳게 서서, 다시는 종살이의 멍에를 메지 마십시오"(갈 5:1).

바울이 갈라디아서와 로마서에 언급한 종은 율법에 종속된 종이 아니다. 바울이 말하는 종은 우주를 다스리는 우주적 악의 세력, 즉 갈라디아서가 말하는 "본성상 신이 아닌 존재들"인 원소의 영들(elemental spirits)에게 종속된 종을 의미한다. 에녹계 전통에 따르면 사람들(유대인들과 이방인들 모두)은 악한 세력의 영향력과 마귀의 유혹에 맞서 어렵게 투쟁하고 있다. 바울은 이러한 견해를 급진적으로 발전시키고 "유대 사람이나 그리스 사람이나, 다같이 죄 아래에 있[는]" 전후(戰後)의 시나리오를 구상했다(롬 3:9). 이에 따르면 아담과 이브는 마귀와의 싸움에서 패했고, 그 결과 그들의 모든 후손들이 "죄의 종이 되었다"(롬 6:6).

노예 제도는 로마제국에 굳게 안착된 사회 제도였다. 바울이 전쟁에서 패한 결과로 종이 된 사람들에 대해 말할 때, 그는 모든 사람이 이해할 수 있는 "사람의 방식"(롬 6:19)대로 말했던 것이다.[9] 모든 사람들은 노예 제도가 노예와 그들의 자녀들에게 어떤 의미를 뜻하는지 정확히 알고 있었다. 일단 전쟁이 끝나면 종들은 죽을 때까지 본인들의 신분을 그대로 받아들여야 했다. 요세푸스는 당시에 통용됐던 상식에 기대어 목소리를 내며, 포위된 예루살렘 주민들에게 다음과 같은 부분을 연설했다. "자유를 위한 투쟁은 옳은 일이다. 하지만 처음부터 그렇게 했어야만 했다. … 지금 [로마인들의] 멍에를 벗어버리려는 시늉을 하는 것은 비참하게 죽으려는 마음을 지닌 자들의 행동이지 자유를 사랑하는 자들의 모습이 아니다. … 자신들과 비교할 수 없을 정도로 강한 상대에게 양보하는 일은 폭력적인 야수들은 물론 인간들 사이에서도 통하는 강력하고 확고한 법칙이다"(유대전쟁사 5.365-67). 로마인들은 자유를 위해 용감히 싸운 자들을 흠모했고 존경했지만, 반항적인 종들은 경멸했고 그들을 십자가에 매달아 죽여야 한다고 규탄했다. 그리고 그 누구도 마귀가 로마인들보다 약하리라고 예상하지 않았다.

그렇다면 모든 종들이 악하다는 의미일까? 꼭 그런 것은 아니다. 다시 한번 말하지만, 위에 언급했던 노예 제도에 대한 내용은 일반적인 경험의 문제였다. 종(심지어 악한 주인의 종)이 되는 것이 반드시 죄인이 되는 것을 가리키는 것은 아니다. 하지만 종(특히 악한 주인의 종)

---

9   John Byron, *Slavery Metaphors in Early Judaism and Pauline Christianity: A Traditio–Historical and Exegetical Examination* (Tübingen: Mohr Siebeck, 2003).

은 자유롭지 못한 신분인 탓에 매우 난처한 상황에 처해 있고, 주인은 언제라도 종에게 악한 일을 시킬 수 있다. 이는 의롭게 되기를 원하는 자들에게 위태롭고 두려운 상황으로 보인다. "나 자신은, 마음으로는 하나님의 법을 섬기고 육신으로는 죄의 법을 섬기고 있습니다"(롬 7:25).

그러므로 종의 유일한 소망은 누군가가 속량의 값을 지불하고 그/그녀를 자유롭게 하는 일이다. 바울에게 있어서 그 값은 예수의 피, 곧 "믿음을 통해 효력이 나타나는" 예수의 피이다(롬 3:25). 여기에서 종에게 요구되는 유일한 일은 그/그녀가 의식적으로 "예"라고 답하는 것 뿐이다. 자유가 없는 자에게는 대답 외의 어떤 일도 요구할 수 없다. 바울에 의하면 이와 같은 상황이 곧 모든 죄인들이 봉착한 상황이다. 유대인들과 이방인들은 죄 앞에서 동등하고, 그리스도의 용서의 선물은 오직 믿음에 의해서만 효력이 발생한다.

그러므로 유대인들과 이방인들 사이에 구별이 있을 수 없다. 그들 모두는 동등하게 죄인이었고 또한 동등하게 예수 그리스도를 통한 하나님의 은혜에 의해 칭의를 받았다. 칭의("믿음으로부터 오는 의")에 대해서 (하나님의 은혜를 부인하지 않는 한) 유대인들은 자신들의 우월성을 주장할 수 없다. "거기에는 아무 차별이 없습니다. 모든 사람이 죄를 범하였습니다. 그래서 사람은 하나님의 영광에 못 미치는 처지에 놓여 있습니다. 그러나 사람은, 그리스도 예수 안에서 얻는 구원으로 말미암아 하나님의 은혜로 값없이 의롭다는 선고를 받습니다. 하나님께서는 이 예수를 속죄제물로 내주셨습니다. 그것은 그의 피를 믿을 때에 유효합니다"(롬 3:22-25). 이방인들이 칭의의 선물을 이용하는 데 있어서 유대인들보다 훨씬 더 많은 열성을 보인다는 점은 역설적이다. 바울은 이러한 현상을 가리켜 "나에게 있는 큰 슬픔과 내 마음에 있는 끊임없는 고통"(롬 9:2)의 원인이라고 말한다. "의를 추구하지 않은 이방 사람들이 의를 얻었습니다. 그것은 믿음에서 난 의입니다. 그런데 이스라엘은 의의 율법을 추구하였지만, 그 율법에 이르지 못하였습니다(롬 9:30-31).

바울의 견해에 따르면 믿음에 의한 의는 행위에 의한 의를 무효화하거나 대치하지 않고 오히려 보완한다. 마지막 심판은 각 사람의 행위에 따라 집행되기 때문이다. "우리는 모두 다 하나님의 심판대 앞에 서게 될 것입니다. … 그러므로 우리는 각각 자기 일을 하나님께 사실대로 아뢰어야 할 것입니다"(롬 14:10-12). 이스라엘 일부에서 나타나는 문제는 예수 추종자들의 묵시적 가르침—하나님께서 율법과 별개로 행위가 아닌 믿음에 근거한 또 다른 의(義)의 가능성을 그리스도 안에서 제시하셨다는 가르침—을 수용하지 않는다는 것이다. 유대인들은 "하나님을 섬기는 데 열성"(롬 10:2)이 있다. 그러나 (바울이 보기에는) 그 열성은 올바른 지식에서 생긴 것이 아니었다. 아울러 유대인들은 율법에 의해 선언된 바를 이해하지 못한다. "그러나 이제는 율법과는 상관없이 하나님의 의가 나타났습니다. 그것은 율법과 예언자들이 증언한 것입니다. 그런데 하나님의 의는 예수 그리스도를 믿는 믿음을 통하여 오는 것인데, 모든 믿는 사람에게 미칩니다. 거기에는 아무 차별이 없습니다"(롬 3:21-22). 이런 의미에서 "그리스도는 율법의 끝마침이 되어서, 모든 믿는 사람에게 의가 되어 주었다"(롬 10:4). 종말적 선물은 유대인들과 이방인들 모두에게 "차별 없이" 제공된다. "유대 사람이나, 그리스 사람이나, 차별이 없습니다. 그는 모든 사람에게 똑같이 주님이 되어 주시고, 그를 부르는 모든 사람에게 풍성한 은혜를 내려주십니다"(롬 10:12).

이와 같은 제안을 받아들인 유대인들은 "남은 자"(롬 11:5)일 수 있다. 하지만 바울 자신을 포함하여, 믿는 자들 가운데 남은 자들이 있다는 사실은 "하나님께서 자기 백성을 버리지 않으셨음"(롬 11:1-2)을 증명한다. 유대인들은 여전히 하나님의 거룩한 백성이다. "내 동족은 이스라엘 백성입니다. 그들에게는 하나님의 자녀로서의 신분이 있고, 하나님을 모시는 영광이 있고, 하나님과 맺은 언약들이 있고, 율법이 있고, 예배가 있고, 하나님의 약속들이 있습니다. 족장들은 그들의 조상이요, 그리스도도 육신으로는 그들에게서 태어나셨습니다"(롬 9:4-5).

이스라엘 일부가 "강퍅해짐"은 "구원이 이방인들에게 이르게"(롬 11:11) 되는 섭리적인 결과를 낳았다. "하나님께서 그들을 버리심이 세상과의 화해를 이루는 것입니다"(롬 11:15). 이러한 상황은 유감스럽기는 하지만 일시적일 뿐이다. "이방 사람의 수가 다 찰 때까지 이스라엘 사람들 가운데서 일부가 완고해진 대로 있으리라는 것과, 온 이스라엘이 구원을 받게 되리라는 것입니다"(롬 11:25-26). 그러므로 이방인 신자들은 자랑할 필요가 없다. 그들은 "참올리브 나무가지들 가운데서 얼마를 잘라 내고, 그 자리에다 돌올리브 나무를 접붙이는"(롬 11:17) 방식으로 접붙여졌기 때문이다. 그러므로 이방인 신자들은 "자신들이 뿌리를 지탱하는 것이 아니라, 뿌리가 그들을 지탱한다는 것을 명심해야"(롬 11:18) 한다.

바울에 대한 반대

"그리스도의 피"가 죄를 용서받기 위해 지불된 값이라는 생각은 초기 예수 운동에 널리 퍼져 있었다. 이와 같은 개념은 마태복음("인자는 섬김을 받으러 온 것이 아니라 섬기러 왔으며, 많은 사람을 위하여 자기 목숨을 몸값으로 치러 주려고 왔다"[마 20:28])과 베드로전서("그것은 은이나 금과 같은 썩어질 것으로 된 것이 아니라, 흠이 없고 티가 없는 어린 양의 피와 같은 그리스도의 귀한 피로 되었습니다"[벧전 1:18-19]) 그리고 요한계시록("주님은 죽임을 당하시고, 주님의 피로 모든 종족과 언어와 백성과 민족 가운데서 사람들을 사서 하나님께 드리셨습니다"[계 5:9])에 가장 명백히 나타난다.

바울과 이후의 바울계 전통은 이 사건(예수의 피를 통한 신적 용서 - 역주)의 완전한 은혜성을 주장했다. "여러분은 하나님께서 값을 치르고 사들인 사람입니다"(고전 6:20; 7:23). "우리는 이 아들 안에서 하나님의 풍성한 은혜를 따라 그의 피로 구속 곧 죄 용서를 받게 되었습니다"(엡 1:7). "여러분은 믿음을 통하여 은혜로 구원을 얻었습니다. 이것은 여러분에게서 난 것이 아니요, 하나님의 선물입니다. 행위에서 난 것이 아닙니다"(엡 2:8-9). 그러나 모두가 이 견해에 동의한 것은 아니었다. 마르틴 루터는 바울에 대한 주요 비판이 야고보서에 나타난다는 점을 바르게 인지했지만, 그 서신을 "유대교"의 전통적인 견해를 표현하는 "지푸라기 서신"으로 일축해 버렸다.[10] 하지만 루터의 일축은 재고(再考)되어야 한다. 야고보는 율법을 말하는 경우에 국한해서 바울과 같은 표현을 사용했다. "누구든지 율법 전체를 지키다가도 한 조목에서 실수하면, 전체를 범한 셈이 되기 때문입니다. '간음하지 말라' 하신 분이 또한 '살인하지 말라'고 말씀하셨습니다. 어떤 사람이 간음은 하지 않는다고 하더라도 살인을 하면, 결국 그 사람은 율법을 범하는 것입니다"(약 2:10-11).

인용된 구절에 담겨있는 야고보의 관점은 바울이 신명기 27:26을 근거로 갈라디아서에 표출했던 관점과 동일하다. "율법의 행위에 근거하여 살려고 하는 사람은 누구나 다 저주 아래에 있습니다. 기록된 바 '율법책에 기록된 모든 것을 계속하여 행하지 않는 사람은 다 저주 아래에 있다' 하였습니다. … 내가 할례를 받는 모든 사람에게 다시 증언합니다. 그런 사람은 율법 전체를 이행해야 할 의무를 지닙니다"(갈 3:10; 5:3). 야고보도 (바울과 마찬가지로) 문제는 율법이 아니라 인간으로 하여금 율법에 순종하기 어렵도록 만드는 초인적인 악의 세력이라고 판단했다. 많은 사람들에게 하나님의 심판을 마주하는 일은 피할 수 없는 정죄로 귀결됨을 의미한다. 그러므로 죄인들에게 다른 길, 곧 하나님의 긍휼에 기초한 칭의의 길을 제시해야 한다. 바울과 야고보는 율법과 별개로 은혜와 용서라는 선물의 대행자(代行者)를 예수 안에서 봤다.

우리가 살펴봤듯이 바울은 "그리스도가 … 우리를 율법의 저주

---

10   1522년에 출판된 『9월 성서』(Septemberbibel)의 서문을 보라.

에서 속량해 줬다"(갈 3:13)고 말한다. 야고보의 소망은 회개한 후 예수가 설교한 "자유의 법"을 따르는 사람들을 위해 마지막 심판 때 하나님의 자비가 하나님의 정의를 이기리라는 확신에 기인한다. "여러분은 자유를 주는 율법을 따라 앞으로 심판을 받을 각오로, 말도 그렇게 하고 행동도 그렇게 하십시오. 심판은 자비를 베풀지 않는 사람에게는 무자비합니다. 그러나 자비는 심판을 이깁니다"(약 2:12-13).

물론 초기 예수 운동의 두 지도자들(바울과 야고보) 사이에 깊은 견해의 차이가 있었다. 하지만 이 차이가 기독교와 유대교를 갈라놓거나 혹은 예수 추종자들과 바리새인을 갈라놓지 않았다. 그 차이는 초인간적 악의 힘에 대한 다른 부분을 강조하는 데서 비롯된 문제이다. 야고보는 인간이 "죄의 종들"이라는 바울계 사상을 단호히 거부했다.

야고보의 언어는 우리가 『열두 족장의 유언』(Christian Testaments of the Twelve Patriarchs)에서 볼 수 있는 표현들과 매우 흡사하다.[11] 우리는 『열두 족장의 유언』에서 마귀가 인간의 자아에 직접 접근할 수 있는 열쇠를 소유하고 있다는 사상을 접하게 된다. 즉, 벨리알은 "기만

---

11 현재의 형태로 남겨진 『열두 족장의 유언』은 기독교적 양식으로 구성되어 있다. 이 문서가 기독교 이전의 문헌에 어느 정도 기반을 두었는지는 학자들 사이에서 논의될 문제이다. 본서는 『열두 족장의 유언』이 초기 예수 운동 내에서 나타난 생각의 흐름을 증거하는 것으로 여긴다. 『열두 족장의 유언』은 야고보서와 생각을 공유하는 것처럼 보인다. Robert A. Kugler, *The Twelve Patriarchs* (Sheffield: Sheffield Academic Press, 2001)를 보라.

하는 일곱 영들"이 인간을 대항하도록 세상에 풀어 놓았다(르우벤의 유언[T. Reu.] 2:1-2 참조).^E 이 영들은 인간의 욕망들이다. 일단 사람이 "욕망의 정욕에 굴복하여 그것의 종이 됨"(요셉의 유언[T. Jos.] 7:8)으로 청렴함을 잃으면, 그 사람은 "죽음으로 향하는 죄"(*hamartia eis Thanaton*)로 인도된다(잇사갈의 유언[T. Iss.] 7:1).

"두 개로 갈라진 혀"(double tongue)는 모든 인간들에게 영향을 끼치는 내적 투쟁의 상징이자 그것의 가장 확실한 현현이다. 하나님께서는 당신의 모든 피조물이 "순전한 마음으로"(잇사갈의 유언 7:7) 사랑하기를 원하시지만, 벨리알은 "순전함과 거리가 멀다"(베냐민의 유언 [T. Ben] 6:7). 야고보도 혀의 위험성에 대한 생각을 공유하고 있었다. "그런데 혀는 불이요, 혀는 불의의 세계입니다. 혀는 우리 몸의 한 지체이지만, 온 몸을 더럽히며, 인생의 수레바퀴에 불을 지르고, 결국에는 혀도 게헨나^F의 불에 타버립니다. … 그러나 사람의 혀를 길들일 수 있는 사람은 아무도 없습니다. 혀는 걷잡을 수 없는 악이며, 죽음에 이르게 하는 독으로 가득 차 있습니다. … 또 같은 입에서 찬양도 나오고 저주도 나옵니다. 나의 형제자매 여러분, 이렇게 해서는 안 됩니다"(약 3:2-12).

야고보는 악의 근원이 죄악된 세상이라는 『열두 족장의 유언』의 사상에 동의했다. 구체적으로 말하자면, 악의 근원은 마귀, 곧 통제할 수 없는 정욕들의 출현을 통해 자신의 힘을 나타내는 마귀이다. "무엇 때문에 여러분 가운데 싸움이나 분쟁이 일어납니까? 여러분의 지체들 안에서 싸우고 있는 육신의 욕심에서 생기는 것이 아

닙니까? 여러분은 욕심을 부려도 얻지 못하면 살인을 하고, 탐내어
도 가지지 못하면 다투고 싸웁니다"(약 4:1-2).

이로 인해 바울이 말하는 원인과 결과의 고리들이 대거 수정된
다. 바울은 죄를 모든 정욕들의 근원으로 본다("죄는 … 내 속에서 온갖 탐
욕을 일으켰습니다"[롬 7:8]). 욕망(desire)과 죽음 모두 죄의 힘에 의한 결과
이다. 반면 야고보는 인간이 비록 유혹을 받고 있다 할지라도 여전
히 마귀가 선동하는 욕망─한 번 범하면 죽음으로 인도하는 죄로
이끄는 욕망─과 싸우고 있다고 본다. 야고보는 다음과 같이 말했
다. "시험을 당할 때에, 아무도 '내가 하나님께 시험을 당하고 있다'
하고 말하지 마십시오. 하나님께서는 악에게 시험을 받지도 않으시
고, 또 시험하지도 않으십니다. 사람이 시험을 당하는 것은 각각 자
기의 욕심에 이끌려서, 꾐에 빠지기 때문입니다. 욕심이 잉태하면
죄를 낳고, 죄가 자라면 죽음을 낳습니다"(약 1:13-15).

유혹은 "시험"이며 그 시험을 성공적으로 이기는 사람들은 "하
나님께서 당신을 사랑하는 자들에게 주기로 약속하신 생명의 면류
관을 받게 된다"(약 1:12). "변함이나 회전하는 그림자가 없으신"(약
1:17) 하나님께서는 인류에게도 동일하게 순전하고 완전한 사랑을 요
구하신다. "간음하는 사람들이여, 세상과 벗함이 하나님과 등지는
일임을 알지 못합니까? 누구든지 세상의 친구가 되려고 하는 사람
은 하나님의 원수가 되는 것입니다. '하나님께서는 우리 안에 살게
하신 그 영을 질투하실 정도로 그리워하신다'라는 성경 말씀을 여
러분은 헛된 것으로 생각합니까?"(약 4:4-5).

인간은 두 가지 상반된 원칙들—스스로에게 적이 되게 하는 내면의 양면가치(兩面價値)적 원칙들—사이에 찢겨져 있는 자신을 발견하지만, 자유와 순전함을 완전히 박탈당하지는 않았기 때문에 노예(종)는 아니다. 노예 제도는 투쟁이 가져올 수 있는 위협이자 가능한 결과이지 인류의 신분은 아니라는 의미이다. 야고보가 말하는 총체적 영성은 선을 행한다는 긍정적인 개념에서 영감을 받았다. "누가 스스로 경건하다고 생각하면서도, 혀를 다스리지 않고 자기 마음을 속이면 이 사람의 신앙은 헛된 것입니다. 하나님 아버지께서 보시기에 깨끗하고 흠이 없는 경건은 고난을 겪고 있는 고아들과 과부들을 돌보아주며 자기를 지켜서 세속에 물들지 않게 하는 것입니다"(약 1:26-27).

그리스도가 가져온 칭의의 선물은 마귀에 대항하는 현재 진행형적 투쟁의 한 단계로도 여겨진다. 칭의는 무조건적인 선물이 아니라 인간과 하나님 사이의 시너지 효과의 결과이다. "그러나 하나님께서는 더 큰 은혜를 주십니다. 그러므로 성경에 이르기를 '하나님께서는 교만한 자들을 물리치시고, 겸손한 사람들에게 은혜를 주신다'라고 말합니다. 그러므로 하나님께 복종하고, 악마를 물리치십시오. 그리하면 악마는 달아날 것입니다. 하나님께로 가까이 가십시오. 그리하면 하나님께서 가까이 오실 것입니다. 죄인들이여, 손을 깨끗이 하십시오. 두 마음을 품은 사람들이여, 마음을 순결하게 하십시오. 여러분은 괴로워하십시오. 슬퍼하십시오. 우십시오. 여러분의 웃음을 슬픔으로 바꾸십시오. 기쁨을 근심으로 바꾸십시오. 주님 앞에서 자신을 낮추십시오. 그리하면 주님께서 여러분을 높여주실 것입니다"(약 4:6-10).

만일 죄인들이 죄의 종이기 때문에 오로지 "예"라는 대답만 요구된다면 행위가 들어갈 자리가 없고, 또한 칭의는 오직 믿음에 의해서 주어진다. 반면 죄가 유혹이고 죄인들이 어느 정도의 자유를 유지하고 있다면, 그들은 행위를 통해 자신들의 믿음을 증명할 수 있어야 하고, 아울러 그렇게 요청을 받아 마땅하다. 야고보는 후자의 사상을 "사람은 행함으로 의롭게 되는 것이지, 믿음으로만 되는 것이 아닙니다"와 "행함이 없는 믿음은 죽은 것입니다"(약 2:19-26)라는 표현들을 통해 지지한다.

야고보서에 예수의 죽음조차 언급되어 있지 않다는 사실은 그리 놀랍지 않다. 바울이 예수의 희생적인 죽음만을 일방적이고 은혜로운 자비의 행위로 간주했다면, 야고보는 칭의의 전제 조건을 예수의 설교 곧 예수가 전한 "자유의 (율)법"(law of liberty)에서 봤기 때문이다.

바울은 유대인들과 이방인들의 구별을 폐지했는가?

믿음에 의한 칭의라는 바울의 개념은 기독교와 유대교를 구분하는 분수계(分水界)가 아니라, 교회 안에서 유대인 죄인들과 비유대인 죄인들의 평등을 주장하는 신학적 근거였다. 야고보가 율법을 지키는 유대인에게 장점이 있다고 본 이유는 용서의 선물은 어느 정도 인간의 행동을 요구하기 때문이다. 율법 덕분에 유대인들은 마귀의 유혹을 더 잘 이해하고 예수가 설교한 자유의 법을 보다 잘 따를 수 있게 되었다. 다른 한편으로, 노예 제도에 빗대어진 바울의 비유는 오직 개인적으로 "예"라고 답할 수 있는 공간을 남겨두었다. 이러한 사실은 앞에 언급했던 전제 조건이란 개념—예수가 전한 "자유의 법"에 대한 설교가 칭의의 기반이라는 야고보의 개념—과 유대인이 이방인보다 우월하다는 주장을 무의미하게 만든다. 따라서 새로운 공동체 안에서 두 집단을 구분하려는 시도는 그 근거를 잃는다. 종말적 칭의의 선물은 율법과 별도로 유대인들과 이방인들 모두에게 동등하게 주어졌고, 두 집단들 모두 그 선물을 받기 위해서는 동일한 믿음의 행동—그 어떠한 율법적 행위도 없는 행동—을 취해야 한다고 바울은 결론 내렸다. 유대인 죄인들과 이방인 죄인들 사이에는 구별이 없다. 두 집단들 모두 (메시아의 죽음이라는) 온전히 은혜로운 사건에 의해 칭의를 받았고, 칭의는 오직 그들의 믿음에 의해 수용되었다. 그러므로 유대인들과 이방인들이 칭의를 받는 방식은 완전히 평등했다. 동일한 복음이 "유대 사람을 비롯하여 그리스 사람에게 이르기까지, 모든 믿는 사람"(롬 1:16)들에게 주어진 것이다.

그렇다면 바울이 이 세상에 있는 유대인들과 이방인들의 구별을 폐지했다는 뜻인가? 바울의 동시대 사람들은 분열되어 있었다. 이를테면, 바울이 "이방 사람 가운데서 사는 모든 유대 사람에게 할례도 주지 말고 유대 사람의 풍속도 지키지 말고, 또한 모세를 배척하라고"(행 21:21) 가르쳤다는 소문과 의혹과 비난이 있었다. 성전 정화 의식을 수행하는 일에 열성적이었던 바울도 예루살렘에서 발생한 비난―바울이 "어디에서나 우리 민족과 율법과 성전을 거슬러서 사람들을 가르쳤다"(행 21:28)는 비난―을 막지는 못했다. 하지만 사도행전에 따르면 이 모든 혐의는 거짓이었다. 왜냐하면 "유대 사람 가운데는 믿는 사람이 수만 명이나 되는데, 그들은 모두 율법에 열성적인 사람들"(행 21:20)이었고, 바울도 이러한 상황으로부터 예외는 아니었기 때문이다. 그도 "율법을 지키며 바로 살아가고 있었다"(행 21:24). 반면에 이방인 신자들은 "우상의 제물과 피와 목매어 죽인 것과 음행을 삼가는"(행 21:25) 하나님 경외자들(God-fearers)로 살았다.

오늘날의 학자들 역시 분열되어 있다. 바울이 두 사람을 새로운 "인종"[12]으로 합쳐 한 사람을 만들었다는 전통적인 견해는, 이와 반대되는 견해를 공유하는 많은 전문가들, 이를테면 파멜라 아이젠바움("이방인은 유대인이 되지 않을 것이고, 유대인도 이방인이 되지 않을 것이다"),[13] 파울라 프레드릭슨 ("바울은 이스라엘과 열방 사이의 구별을 유지하지 그 어디에서도 없애지 않는다")[14]에 의해 공개적으로 도전을 받고 있다.

바울의 자서전적 진술인 고린도전서 9:19-23("나는 모든 종류의 사람에게 모든 것이 다 되었습니다. 그것은 내가 어떻게 해서든지, 그들 가운데서 몇 사람이라도

---

12 Love L. Sechrest, *A Former Jew: Paul and the Dialectics of Race* (Edinburgh: T&T Clark, 2009).

13 Pamela Eisenbaum, *Paul Was Not a Christian: The Original Message of a Misunderstood Apostle* (New York: HarperOne, 2009), 255.

14 Fredriksen, *Paul the Pagans' Apostle*, 114.

구원하려는 것입니다")은 전통적으로 앞서 언급된 문제에 대한 바울의 무관심으로 여겨져 왔다. 이 견해에 따르면 바울은 자신이 더 이상 모세의 율법에 매여 있지 않다고 판단했다. 그가 모세의 율법이 유용하다고 생각할 때는 오직 "추문을 제공하는 기회를 피할 때"였기 때문에, 바울은 상황에 따라 모세의 율법을 준수하거나 준수하지 않을 자유를 느꼈다.[15] 그러나 마치 자신의 의심스럽고 기회주의적인 행동을 인정하여 적들이 품을 수 있는 최악의 의심을 확인시켜 주는 사람처럼, 바울이 자신에 대해서 그토록 부정적인 인상을 보여주고 싶어했다고는 상상하기 어렵다.

나노스(Nanos)가 보여주듯이, "같아진다는 것은 같이 행동한다는 의미가 아니라 같이 논쟁한다는 의미이다."[16] 바울은 기만적인 행동을 보이지 않았다. 그는 다양한 청중들이 지니고 있는 다양한 감수성들을 고려하여 메시지를 조정했다. "수사적 융통성(rhetorical adapt-ability)"이라는 바울의 목회 전략을, 그가 더 이상 율법을 준수하는 유대인이 아니며 그리스도 안에 있는 유대인들에게 율법을 버리라고 설교했다는 논증의 증거로 받아들일 수 없다. 바울은 율법과 약속 사이에 갈등이 존재한다고 보지 않았다. 바울에게 있어서 더 이상 "율법 아래" 있지 않다는 의미(고전 9:20)는 자신은 더 이상 죄의 권세 아래 있지 않고 또한 그리스도 안에서 칭의를 받았다는 의미이

---

15   John J. Collins, *The Invention of Judaism: Torah and Jewish Identity from Deuteronomy to Paul* (Oakland: University of California Press, 2017), 164.

16   Nanos, *Reading Paul within Judaism*, 26-29, 98-99.

지, 모세의 언약이 요구하는 의무로부터 해방되었다는 의미가 아니다.

의미심장하게도 유대인과 이방인의 평등에 대한 바울의 유명한 말은 "남성과 여성" 그리고 "종과 자유인"을 포함하는 더 넓은 맥락 안에서 나온다. 이 세상에서 민족, 성별, 사회적 지위를 기본적으로 구분하는 범주는 다음과 같다. "유대 사람도 그리스 사람도 없으며, 종도 자유인도 없으며, 남자와 여자가 없습니다. 여러분 모두가 그리스도 예수 안에서 하나이기 때문입니다"(갈 3:28). 세 종류의 집단들이 다음의 구절들에 각각 차례대로 언급된다. 곧 고린도전서 7장과, 이와 평행구절인 고린도전서 12:13("우리는 유대 사람이든지 그리스 사람이든지, 종이든지 자유인이든지, 모두 한 성령으로 세례를 받아서 한 몸이 되었고 또 모두 한 성령을 마시게 되었습니다"[고전 7장과 비교할 경우 "여자들"이 생략되었다]), 그리고 골로새서 3:11("거기에는 그리스인과 유대인도, 할례 받은 자와 할례받지 않은 자도, 야만인도 스구디아인도, 종도 자유인도 없습니다. 오직 그리스도만이 모든 것이며, 모든 것 안에 계십니다")이다. 놀랍게도 바울의 친서(親書)들과 바울계 전통에 나타나는 이방인들을 대하는 바울의 태도는 결코 단독적인 문맥에서 나타나지 않고 항상 세상에 존재하는 다른 근본적 분열들에 대한 그의 태도와 연결되어 나타난다.

현대의 해석가들은, 바울의 수용 역사(The history of the reception of Paul)가 증명한 바와 같이, 동일한 긴장감과 모호함이 앞서 언급한 각각의 범주들에 영향을 미친다는 점을 알게 되었다. 예컨대, 빌레몬서는 19세기의 노예해방론자들과 비(非)노예해방론자들이 각각 자신들의 결론을 지지하기 위해 언급되었다.[17] 20세기로 접어들자 『여성의 성경』(The Woman's Bible)과 조지 버나드 쇼(George Bernard Shaw)는 바울을 "여성의 영원한 원수"[18]라고 정죄한 반면, 오늘날의 일부 페미니스트 신학자들은 바울을 여성에 대한 해방의 메시지—그러나 그의 추종자들에 의해 "배반당한" 메시지—를 전한 자로 칭송한다.[19]

현대 해석가들이 불일치성과 모호성으로 보는 부분을 묵시적 바울은 양면적으로 보지 않은 듯 하다. 바울은 앞에 언급했던 세 가지 범주들을 모두 같은 방식으로 다루었다.

한편으로 바울은 "그리스도 안에" 완전한 평등이 있다고 주장했는데, 이 평등은 사람들이 죄 앞에서 동일한 상태를 지니고 있고, 또한 절대적인 은혜를 통해서 칭의를 받는다는 점에 기인한다. 이 평등은 특히 새로운 공동체가 천사들 앞에 모여(고전 11:10) 도래할 세상에 대한 실제성을 미리 고대해 보는 공동식사(the communal meals)에서 분명하게 나타난다. 그곳에서는 유대인들과 비유대인들이 같은 식

---

17   Robert Bruce Mullin, "Biblical Critics and the Battle over Slavery," *Journal of Presbyterian History* 61 (1983): 210–26; John Byron, *Recent Research on Paul and Slavery* (Sheffield: Phoenix Press, 2008).

18   Elizabeth Cady Stanton, ed., *The Woman's Bible*, vol. 2 (New York: European Pub. Co., 1898); George Bernard Shaw, "Preface on the Prospect of Christianity" (1912).

19   Kathy Ehrensperger, *That We May Be Mutually Encouraged: Feminism and the New Perspective in Pauline Studies* (London: T&T Clark, 2004); Karen Armstrong, *St. Paul: The Misunderstood Apostle* (London: Atlantic Books, 2015).

탁에 앉아 같은 음식을 먹고, 여자들은 예언을 하며, 종들은 형제들이 된다.

공동식사에서의 평등은 바울이 설교를 통해 지속적으로 다루었던 관심사인 듯하다. 고린도전서 11:17-34에서 바울은 고린도 사람들이 공동식사의 자리를 분열과 불평등의 장소로 만들었다는 이유로 그들을 질책한다. "여러분이 한 자리에 모여서 먹어도, 그것은 주님의 만찬을 먹는 것이 아닙니다. 먹을 때에, 사람마다 제가끔 자기 저녁을 먼저 먹으므로, 어떤 사람은 배가 고프고 어떤 사람은 술에 취합니다. 여러분에게 먹고 마실 집이 없습니까? 그렇지 않으면 여러분이 하나님의 교회를 멸시하고 가난한 사람들을 부끄럽게 하려는 것입니까?"(고전 11:20-22).

"믿음이 약한 이를 받아들이라"(롬 14:1)는 바울의 경고도 종말적 공동식사의 맥락에서 이해될 때 가장 적합한 의미를 가진다. "어떤 사람은 모든 것을 다 먹을 수 있다고 생각하지만, 믿음이 약한 사람은 채소만 먹습니다. … 또 어떤 사람은 이 날이 저 날보다 더 중요하다고 생각하고, 또 어떤 사람은 모든 날이 다 같다고 생각합니다"(롬 14:2, 5). "하나님의 나라"에 대한 명시적 언급은 바울이 이 세상이 아니라 도래할 세상과 연관되어 있는 문제에 관해 말하고 있음을 나타낸다. "하나님의 나라는 먹는 일과 마시는 일이 아니라, 성령 안에서 누리는 의와 평화와 기쁨입니다"(롬 14:17). 공동식사는 공동체의 구성원들이 천사들과 함께 먹고 또한 도래할 세상에서 나타날 바와 같이 그리스도 안에서 하나가 되는 신비로운 시간이다. 바울은 "무엇이든지 그 자체로 부정한 것은 없음"을 "주 예수 안에서 알고 또 확신"(롬 14:14)한다. 평화와 화합은 중요하다. 그리고 이러한 요소들은 완전한 "평등"이 있어야 하는 종말적 맥락에서도 약한 자들에게 신중함을 기울이고 관용을 베풀기를 제안한다. "먹는 사람은 먹지 않는 사람을 업신여기지 말고, 먹지 않는 사람은 먹는 사람을 비판하지 마십시오. … 어떤 날을 더 존중히 여기는 사람도 주님을 위하여 그렇게 하는 것이요, 먹는 사람도 주님을 위하여 먹으며, 먹을 때에 하나님께 감사를 드립니다. 그리고 먹지 않는 사람도 주님을 위하여 먹지 않으며 또한 하나님께 감사를 드립니다"(롬 14:3, 6).

하지만 바울은 평등을 일상생활에 적용할 수 있는 기준으로 보진 않은 것 같다. 그리스도 안에서 "권위의 표"(고전 11:10)를 받았다는 이유로 여성들이 공동식사 중에 천사들 앞에서 예언하는 일을 허용한 바로 그 바울이 "남편은 그의 아내의 머리"(고전 11:3)이고, 여성들은 이 세상의 관습에 따라 교회의 공공 집회에서 "잠잠"해야 한다고 말한다(고전 14:33-36). 마찬가지로 그는 빌레몬에게 그와 오네시모가 이제 형제라는 점을 상기시키지만, 빌레몬에게 그가 소유하고 이는 모든 종들을 풀어주라고 요청하지는 않는다.

고린도전서 7장에서 "각 사람은 부르심을 받은 그때의 처지에 그대로 머물러 있으라"(고전 7:20)는 일반적인 권고는 남자와 여자(남편과 아내, 기혼자와 미혼자[고전 7:1-16]), 유대인들과 이방인들(할례자와 무할례자[고전 7:17-20]), 그리고 종들과 주인들(고전 7:21-24)에게 주어졌다. 초기 예수 운동의 관점에서 볼 때, 그리스도의 도래와 종말의 급속한 다가옴("때가 얼마 남지 않았[음]"[고전 7:29])은 인간들 사이의 관계를 근본적으로 수정("이 세상의 형체는 사라[짐]"[고전 7:31])했지만 아직까지 민족, 성별, 사회적 지위의 구분을 폐지하지는 않았다. 유대인들은 유대인들로 남아있었고, 이방인들은 이방인들로 남아있었다. 남자들과 여자들, 종들과 주인들도 모두 본인들의 현재 상태를 유지했다. 그리스도의 (첫 번째) 도래는 상충되지 않는 관계들의 설립을 가능하게 했다. 나노스의 말을 빌리자면, "차이가 유지되고, 사회적 경계가 인정되지만, 차별은 버려야 한다는 점이 복음이 제시하는 진리의 근본이다."[20]

카린 B. 뉴텔(Karin B. Neutel)이 바울의 "세계적 이상"(cosmopolitan ideal)으로 정의한 것[21]은 박애주의적이거나 철학적인 움직임이나 사회 개혁가의 정치적 선언이 아니라, 이 세상과 도래할 세상의 새로운 현실 사이에 존재하는 묵시적 긴장의 결과였다. 하나님의 나라는 아직 이 땅에 세워지지 않았지만 메시아의 도래로 인해 이미 시작되었다.

남자들과 여자들, 종들과 주인들이 사랑과 조화의 관계 속에 살도록 초대받았듯이, 바울계 전통도 이 세상에서 유대인들과 이방인들 사이에 있는 "적대감"의 종결을 선포한다("그리스도는 우리의 평화이십니다. 그리스도께서는 유대 사람과 이방 사람이 양쪽으로 갈라져 있는 것을 하나로 만드신

---

20 Nanos, *Reading Paul within Judaism*, 40.

21 Karin B. Neutel, *A Cosmopolitan Ideal: Paul's Declaration 'Neither Jew Nor Greek, Neither Slave Nor Free, Nor Male and Female' in the Context of First-Century Thought* (London: Bloomsbury T&T Clark, 2016).

분이십니다. 그분은 유대 사람과 이방 사람 사이를 가르는 담을 자기 몸으로 허무셔서, 원수 된 것을 없애셨습니다"[엡 2:14]). "아내도 모든 일에 남편에게 순종해야 합니다. … 남편 된 여러분, 아내를 사랑하십시오"(엡 5:22-33; 골 3:18-19); "종으로 있는 여러분 … 육신의 주인에게 순종하십시오. … 주인 된 여러분, 정당하고 공정하게 종들을 대우하십시오"(엡 6:5-9; 골 3:22-4:1).

예수 운동에 가담한 종들, 주인들, 남자들, 여자들에 관해 루시 페피아트(Lucy Peppiatt)도 비슷한 결론을 내렸다. "그들은 이제 교회의 환경에서 함께 식사를 했다. … 그래서 당시 사회에서는 기독교인이 된다는 것이 신분의 변화로 직접 이어지지는 않았지만, 교회 안에서 함께 예배할 때는 '그리스도 안에 있는 신분'이 사회적 신분을 지배했다. … 그들은 모두 하나였다. 천국의 맛을 조금 맛볼 수 있는 장소가 교회였다고 말할 수 있겠다."[22]

이것이 바로 바울의 묵시적 관점 속에서 이해되는 유대인들과 이방인들에 대한 상황이다. "그리스도 안"에 있는 평등은 종말적 상태이지 아직 이 세상에서 온전히 성취된 현실은 아니다. 바울은, 공동식사를 위해 모일 때를 제외하고, 할례를 받은 구성원들은 율법을 준수하고 이방인 구성원들은 하나님 경외자들(God-fearers)로 살기를 기대했다. 그는 유대인들과 이방인들이 남편들과 아내들, 그리고 주인들과 종들로 확실하게 행동하기를 바랐다. "그리스도 안"에서 신비적으로 평등하게 된 (그러나 이 세상에서는 아직 평등하지 않은) 이들은 스

---

22 Lucy Peppiatt, *Unveiling Paul's Women: Making Sense of 1 Corinthians 11:2–16* (Eugene, OR: Cascade Books, 2018), 19.

스로 지니고 있는 분명한 정체성을 따라 화합과 (평등은 아닌) 피차 간의 사랑으로 이 세상을 살아내야만 했다. 민족, 성별, 사회적 범주는 이 세상에서 폐지되지 않았고 앞으로도 폐지되지 않을 것이다. 유대인들과 이방인들, 남편들과 아내들, 주인들과 종들은 그 모든 구별이 마침내 사라질 하나님의 나라에 들어갈 때까지 이 세상에서 계속 그렇게 살아가게 된다. 하나님의 나라에 들어가는 그때가 되어야 비로소 그들이 공동식사를 통해 이미 경험한 "천국의 맛"이 그들의 영구적인 지위가 될 것이다.

결론

바울은 이방인들에게 복음을 전한 최초의 유대인도 아니었고, 이방인들에게 세례를 준 예수의 최초 추종자도 아니었다. 그러나 그는 자신을 "이방인들의 사도"로 만들었다(롬 11:13). 그는 유대인 죄인들과 이방인 죄인들 사이에서 차이를 보지 못했다. 또한 이스라엘 집의 잃어버린 양들과 열방 중에 잃어버린 양들 사이에서도 차이를 보지 못했다. 바울은 그들 모두를, 한때 악의 세력 아래 있는 종들이었으나 이제는 그들을 구원하기 위해 자신을 바친 그리스도를 믿는 동일한 믿음으로 칭의를 받은 사람들로 봤다. 그리스도의 피는 그들이 누리는 자유의 대가였다. 그러므로 바울은 새로운 믿음의 공동체 안에서 평등이 있어야 함을 지지했다. 바울은 유대인들과 이방인들의 관계와 관련된 (실천적인) 문제—공동식사 중에 같은 식탁에 함께 앉는 문제—를 그가 오직 믿음에 의한 칭의라는 개념으로 요약한 독특한 신학의 출발점으로 삼았다. 바울의 반대자들은 유대인들과 이방인들의 구별을 유지하기 위해 종말적 용서를 가리켜 믿음과 행위를 조건으로 주어진 선물이라고 주장했다.

바울은 유대인들과 이방인들, 남자들와 여자들, 자유인들과 종들이 "그리스도 안에서" 동등하다는 점—민족, 성별, 사회적 지위의 구분의 몰락—을 선포했다. 모든 사람들이 친족이 되고, 아무도 적이 되지 않지만 앞에 언급한 범주들 중 그 어느 것도 이 세상에서 완전히 폐지되지 않았고, 앞으로도 폐지되지 않을 것이다. 바울은 빌레몬에게 그의 종 오네시모를 그리스도 안에서 형제로 맞이하라고 요청했지만, 예수 그리스도 안에는 더 이상 종들이나 자유인들이 없다는 주장을 사용해 그가 소유하고 있는 모든 종들을 풀어주라고 말하지 않았다. 바울은 그리스도의 사역에서 브리스길라를 그녀의 남편 아굴라보다 먼저 언급했다(롬 16:3-4). 하지만 바울은 예수 그리스도 안에는 더 이상 남자들과 여자들이 없다고 말할 수 있었음에도 불구하고 "남편은 아내의 머리"(고전 11:3)라고 반복해서 말했다. 바울은 유대인들과 이방인들 사이의 모든 반목(反目)이 그리스도 안에서 종식되었음을 선포했다. 그렇다면 바울이 이번의 경우(민족적 차이)에만 유대인과 이방인의 구분이 더 이상 유효하지 않다고 주장했을까? 한스 디터 베츠 (Hans Dieter Betz)가 주장한 것처럼 "유대인들과 그리스인들, 종들과 자유인들, 남자들과 여자들 사이의 종교적, 사회적 구분의 폐지"[23]가 초대 기독교인들의 이상(理想)의 범주에 포

23　Hans Dieter Betz, *Galatians: A Commentary on Paul's Letters to the Churches*

함되어 있다면, 고대에는 아무도—특히 종들과 여자들, 즉 교회가 평등권을 줄 수 있는 힘이 있었을 때조차도 평등권을 주지 않았던 종들과 여자들은—그 이상을 알아차리지 못했다. 기독교 신학은 유대인들과 이방인들의 구분이 이 세상에서, 곧 지금 여기에서 하나님의 명령으로 인해 절대적이고 결정적으로 폐지되었음을 신속히 강조했다. 하지만 역설적이게도 성별과 사회적 지위의 구분에 대한 부분에 있어서는 똑같이 강경한 입장을 취하지 않았다. 바울은 세 가지 범주를 모두 폐지했거나, 그 범주들 중 아무 것도 폐지하지 않았다.

---

in Galatia, Hermeneia (Philadelphia: Fortress, 1979), 190.

Chapter 9

Paul the Herald of God's Mercy toward Sinners

죄인들을 향한 하나님의 자비를 전하는 자, 바울

PAUL'S THREE PATHS TO SALVATION

제9장

죄인들을 향한 하나님의 자비를 전하는 자, 바울

죽음, 파멸, (피할 수 없는) **재앙의 선지자가 아니다**

지금까지의 분석은 바울의 이미지를 미움과 편협함의 설교자가 아닌, 하나님의 사랑과 자비의 설교자로 회복시킨다. 바울은 '자신이 죄인이라고 시인하지 않고 예수 그리스도를 믿지 않는 모든 사람들'(유대인들과 이방인들 모두)에게 지옥을 선고했던 재앙의 선지자가 아니었다. 바울은 죄인들(유대인들과 이방인들 모두)을 향한 하나님의 자비를 선포했던 전령자(傳令使)였다.

바울에 대한 전통적인 루터계 견해는 은혜의 중심적 위치를 강조하고 믿음에 의한 칭의를 하나님의 자비에 기인한 은혜로운 신적 행위로 올바르게 이해했다. "죄인들(그리스도가 대신 죽어준 사람들)이 예수 그리스도를 믿을 때 그들은 하나님에 의해 의롭다는 선언을 받는다.”[1] 그러나 아우구스티누스와 루터는 악의 힘에 대한 묵시적 탄식을 "선을 행할 수 없다"는 존재적 상태로 바꿈으로써, 하나님께서 예수를 통해 죄인들에게 주신 종말적 용서의 선물에 대한 바울의 복음을, 모든 사람들이 구원을 받기 위해 반드시 필요한 전제 조건으로 바꾸었다. 하지만 바울의 메시지는 모든 인간들(유대인들과 이방인들 모두)이 "죄의 힘 아래"(롬 3:9) 있다는 의미이지, 그들이 모두 정죄를 받았다는 의미가 아니다. 비록 제한적이기는 하지만 인간의 자유의지는 원죄로 말미암아 파괴되지 않았으며, 그렇기 때문에 "각 사람의 행위대로"(롬 2:6) 집행될 마지막 심판이 남아 있다.

E. P. 샌더스(Sanders)의 『바울과 팔레스타인 유대인』은 획기적인 업적이자 걸작이었다.[2] 이 책은 가장 경멸적인 반유대적 요소들로부터 바울연구를 (특히 은혜와 율법 사이의 대립이 기독교와 유대교 사이의 화해할 수 없는 분열의 원인이라는 주장을 반증함으로) 구속(救贖)했다. 그러나 샌더스의 결론은 재검토되고 개선될 필요가 있다. 바울은 샌더스의 결론처럼 "팔레스타인 유대 문헌에 나타나는 종교와 근본적으로 다른 유형의 종교"[3]를 제시하지 않았고, "유대교의 언약이 구원에 효과적일 수 있음을 명시적으로 부인하여, 유대교의 기초를 의식적으로 거부"하

---

1   Stephen Westerholm, *Justification Reconsidered: Rethinking a Pauline Theme* (Grand Rapids: Eerdmans, 2013), 22. [= 『칭의를 다시 생각하다』, IVP, 2022]

2   E. P. Sanders, *Paul and Palestinian Judaism: A Comparison of Patterns of Religion* (London: SCM, 1977). [= 『바울과 팔레스타인 유대교』, 알맹e, 2018]

3   Sanders, *Paul and Palestinian Judaism*, 543.

지도 않았다.[4]

이제 제2성전기 유대교와 기독교의 기원에 대한 오늘날의 연구를 통해 얻게 된 새로운 정보들을 (과거의 업적들을 반박하지 않고) 통합할 수 있는 새로운 패러다임의 시기가 무르익었다. 우리는 더 이상 바울의 기독교성(Christianness)을 주장하기 위해, 그를 유대교(Judaism)로부터 분리할 필요가 없다. 그리고 바울의 유대성(Jewishness)을 주장하기 위해 그를 초기 예수 운동으로부터 분리할 필요도 없다. 1세기 유대교의 종교 지도자였던 바울은 완전한 신학적 독특성 속에서 고립되어 살지 않았다. 그는 제2성전기 유대교와 초기 예수 운동 속에서 동일하게 편안함을 느꼈다(그리고 일반적으로 생각하는 것보다 바울은 동시대의 공관복음 전통 및 사도행전과 훨씬 더 밀접하게 연결되어 있다).

자랑스러운 유대인과 자랑스러운 예수의 추종자

바울은 제2성전기의 유대인이었다. 그는 제2성전기의 유대인으로 태어나, 제2성전기의 유대인으로 살다가, 제2성전기의 유대인으로 죽었다. 바울의 주된 종교적, 민족적 정체성에 그 어떤 변화도 없었다. 모든 제2성전기의 유대인들과 마찬가지로 바울은 하나님께서 (선과 악이 무엇인지에 대한) 당신의 뜻을 (유대인에게는 율법을 통해, 이방인들에게는 각 사람의 양심에 새겨진 자연법을 통해) 모든 인간들에게 계시하시고 그들을 의(義)로 부르셨다는 사상을 공유했다. 여기에 "변명"이나 "편애"는 없다. 결국 심판은 "각 사람의 행위대로"(롬 2:1-11) 집행될 것이다.

---

4   Sanders, *Paul and Palestinian Judaism*, 551.

바리새인으로 자란 바울은 초기 예수 운동의 지도자가 되었다. 예수 운동에 합류하기로 한 그의 결심은 회심이 아니라 유대교 내에서 발생했던 움직임, 즉 한 유대교 집단에서 다른 유대교 집단으로의 이동이었다. 제2성전기 유대교의 다양한 세계 속에 살았던 바울에게 나타난 변화는 유대인(Jew)으로 사는 방식, 즉 유대교(Judaism)에 대한 그의 이해의 변화였다. 바울은 1세기의 유대인이자 예수 추종자로서 새로운 신앙에 밀착되었고, 그로 인해 종말이 임박했다는 의식과 예수를 메시아로 믿는 신앙을 얻었다. 더욱이 메시아를 믿는 묵시적 운동에 가담함으로써 본인의 세계관을 변화시키기도 했다. 바울은 초인간적인 악의 기원에 대한 묵시적 관점을 수용했다. 그래서 그의 눈에 비친 죄인들은 본인들의 행동에 책임을 져야하는 개인들이었고 또한 하나님의 은혜로운 개입─마지막 때에 회개하는 자들을 의롭게 하는 신적 개입─으로 인해 죄의 힘으로부터의 해방되어야 할 악의 희생자들이었다.

하나님에 의해 창조된 선한 우주는 마귀와 그의 군대의 반역으로 인해 혼란스럽게 변했다. 율법과 상관없이 일어난 이 우주적 반역은 세상을 타락시켰고, 하나님의 뜻에 순종할 수 있는 인간의 능력을 제한했다. 이로 인해 개인들이 의롭게 되는 일이 (비록 불가능하지는 않지만) 더욱 어려워졌다. 하나님의 불순종한 아들, 곧 (마귀에게 미혹되어 패배한) 아담의 타락으로 인해 모든 인간들(유대인들과 이방인들 모두)이 악의 힘에 영향을 받게 되었고, 모두 "죄의 힘 아래" 놓이게 된 것이다. 바울은 하나님의 불순종한 아들, 곧 아담을 이긴 사탄의 승리로 인해 모든 인간들(유대인들과 이방인들 모두)이 "죄의 종들"이 되었다는 말까지 했다.

하지만 마귀는 에덴동산에서 승리했지만 하나님과의 전쟁에서는 패배했다. 하나님께서는 전능하시고 자비로우시다. 악의 승리는 일시적이었는데, 그 이유는 하늘에 있는 선한 천사들이 타락한 천사들을 이미 물리쳤기 때문만 아니라, 또한 자비로우신 하나님께서 당신의 순종하는 아들인 예수의 사명을 통해 땅에 있는 악의 세력을 상쇄하시려고 개입하셨기 때문이다. 하나님의 두 아들들(아담과 예수) 사이에는 완벽한 대칭이 있다. 악의 힘이 그렇듯이, 은혜의 힘도 그렇다. 아담의 타락은 율법과 별개로 악을 세상에 퍼뜨렸고 인간의 자유를 제한했다. 이와 마찬가지로 예수의 순종은 율법과 별개로 은혜를 세상에 퍼뜨렸고 인간의 자유를 회복했다. 아담의 타락이 많은 사람들을 죄인들로 만들었듯이, 메시아 예수의 자기희생은 많은 사람들—하나님의 칭의의 대리자인 그를 믿는 모든 사람들(유대인들 먼저 그리고 그 다음에 이방인들)—을 의인들로 만들었다.

바울은 모든 죄인들(유대인들과 이방인들 모두)이 이처럼 은혜로운 신적 행위에 의해 칭의를 받고 과거의 죄들을 용서받았다면, 선한 행실로 본인들의 삶을 채우기를 기대했다. 즉, 하나님의 도우심으로 말미암아 "우리 주 예수 [그리스도]께서 나타나실 날에 흠잡을 데 없는 사람으로"(고전 1:8) 남아 있으며, 마지막 심판 때 의인들로 인정받게 되기를 기대했다. "땅에서 죄를 용서하는 권세를 가진 인자"(막 2:10; 마 9:6; 눅 5:24)인 예수가 머지않아 최후의 심판자로 재림할 것이다. "주께서 … 각 사람의 행위대로" 심판을 집도하기 위해 "호령과 천사장의 소리와 하나님의 나팔 소리와 함께 친히 하늘로부터 내려오"(살전 4:16)는데, 그때는 의인들(유대인들과 이방인들 모두)의 구원자 그리고 회개하고 믿음의 의해 칭의를 받아 그리스도 안에 머무른 (이전) 죄인들의 구원자로 나타날 것이다. 그리고 오직 회개하지 않는 자들만 정죄를 받게 될 것이다.

　예수 운동의 다른 구성원들과 달리 바울은 세례를 받은 이방인들이 교회 안에서 (유대인 출신들보다) 다른 지위나 혹은 낮은 지위를 차지해야 한다는 개념을 거부했다. 그는 유대인 죄인들과 이방인 죄인들을 구별하지 않았다. 바울이 보기에는 둘 다 "죄의 종들"이었고 "오직 믿음에 의해서" 용서를 받았기 때문이다. 이러한 바울의 주장을, 그가 유대인들과 이방인들의 차이를 이 세상에서 폐지하려 했다는 논증의 근거로 이해해서는 안 된다. 반대로, 성별과 사회적 구분의 경우와 마찬가지로, 바울은 도래할 세상—모든 구분들이 결국에는 사라지게 될 세상—이 설립될 때까지, 민족적 구분을 '완화는 되지만 폐지는 되지 않을 불가피한 (아마도 섭리적인) 현실'로 받아들였다. 예수가 이스라엘 집의 잃어버린 양들에게 약속한 종말적 용서의 선물을 받은 유대인 바울은 열방 가운데 잃어버린 양들을 위해 일생을 바치기로 결심했다. 이방인들을 향한 사도인 바울은 예수가 이방인 죄인들에게 칭의의 기회를 제공한다는 사실을 알리기 위해 특별히 본인(바울)이 전달자로 부르심을 받았다고 믿었다. 그리고 다른 사도들은 유대인 죄인들에게 집중한다고 주장했다.

바울은 칭의가 율법과 별개로 임하며 또한 오직 믿음으로만 받을 수 있는 종말적 선물이라고 믿었다. 하지만 그는 칭의를 구원의 배타적인 유일한 길로 의도하지 않았다. 왜냐하면 우주적 심판은 각각의 행위에 따라 집도될 예정이기 때문이다. 그는 율법의 타당성에 대해 의문을 제기하지 않았고, 율법을 지키는 행위가 너무 어렵다고 믿지도 않았다. 그의 유일한 관심은 "죄의 권세 아래 있는" 사람들이 율법을 준수하는 데 어려움을 겪고 있다는 점이었다. 율법을 준수하는 유대인이었던 바울은 믿음에 의한 칭의가, 마지막 심판이 임박한 시기에 (이방인들에게만 아니라) 모든 죄인들에게 예수를 통해 주어진 종말적 선물이라고 믿었다. 그렇다면 이는 바울이 유대인들이 율법의 준수를 버려야 하고 세례 없이는 그 어떤 유대인도 구원받을 수 없다고 믿었다는 의미일까? 전혀 그렇지 않다.

바울은 모든 사람들을 죄인으로 보는 유대교의 일반적인 가르침을 따르는 한편, 사람들이 의인들과 비(非)의인들로 나뉜다는 묵시적 사상을 공유하기도 했다. 이제 마지막 때가 이르렀고, 회개하는 불의한 자에게 용서를 통해 칭의를 받을 수 있는 가능성이 열렸다. 바울은 이방인들에게 설교했지만 그의 메시지는 오직 이방인들을 향한, 그리고 이방인들에게만 적용되는 메시지가 아니었다. 동일한 복음—죄인들에게 용서의 선물이 주어졌다는 좋은 소식—이 유대인들과 이방인들에게 모두 선포되었다. "베드로가 할례 받은 사람에게 복음을 전하는 일을 맡은 것과 같이, 내가 할례 받지 않은 사람에게 복음을 전하는 일을 맡았습니다"(갈 2:7). 베드로와 바울 사이의 유일한 차이점은 전자는 이스라엘 집의 잃어버린 양들에게 하나님의 용서를 전했던 반면, 후자는 동일한 메시지를 열방 가운데 있는 잃어버린 양들에게 전했다는 것이다.

바울은 확실히 악의 세력에 대해 비관적인 견해를 지니고 있었다. 그는 인류가 처한 상황을 마귀에게 패하여 마귀의 노예가 된 사람들에 비유했지만, 또한 오직 병자에게만 의사가 필요하다는 원칙을 공유하기도 했다. 유대인들과 이방인들 모두 병자에 포함될 수 있지만, 그렇다고 해서 모두가 다 병자들은 아니다. 그들 중에는 의인들(유대인들과 이방인들 모두 포함)이 존재했는데, 의인들에게는 의사가 필요없었다(막 2:17; 마 9:12-13; 눅 5:31-32).

아무도 제외되지 않았다: 유대인들, 이방인들, 죄인들

바울이 썼던 가장 복잡하고 어려운 구절들조차도 유대교의 묵시적 맥락 안에 놓이게 되면 일관성과 명료성을 회복하게 되고, 오늘과 같은 세상에서 예상치 못했던 공명(共鳴)을 불러일으키게 된다.

이러한 공명은 기독교 신학—특히 기독교인들과 유대인들의 관계에 대한 부분—에 중요한 시사점을 안겨준다. 바울은 대체주의자(supersessionist)가 아니었다. 그는 결코 믿음에 의한 칭의가 사람의 행위에 따른 심판을 대체하거나 모세의 율법을 대체한다고 믿지 않았다. 그는 칭의를 받은 후 그리스도 안에서 사는 모든 사람들이 과거의 죄를 용서받았으며, 또한 선행으로 가득한 삶을 살기 때문에 구원을 받게 될 것이라고 기대했다. 그러나 바울은 그러한 기대를 (심지어 자기 자신을 포함해서) 따 놓은 당상으로 여기지 않았다. 믿음에 의한 칭의는 인간의 책임을 (취소하는 것이 아니라) 회복하고 모세 율법을 포함한 하나님의 언약들을 (폐기하는 것이 아니라) 지지하는 방법이었기 때문이다.

이와 같은 해석은 기독교인들과 다른 종교적 신념의 체계를 추종하는 사람들 사이의 일반적인 관계에 대해서 적잖은 관련성을 제공한다. 모든 사람들이 구원을 받으려면 반드시 그리스도를 믿어야 한다는 주장은 바울의 설교를 왜곡하는 일이다. 바울은 모든 사람들이 맞이할 최후의 심판은 각각의 행위에 따라 집행된다고 선언했다. 또한 유대인들에게 율법이 있고, 이방인들에게 그리스도가 있다는 주장도 바울의 입장을 충실히 대변하지 못한다. 그리스도는 모든 인류에게 제공되는 구원의 **유일무이한** 길도 아니고, 유대인들에게 토라가 주어진 것처럼 이방인들에게 주어진 **두 번째** 구원의 길도 아니다. 오히려 그리스도는 죄인들(유대인들과 이방인들 모두)에게 특별히 주어진 구원에 이르는 **세 번째** 길이다. 다시 말하자면, 하나님께서 유대인 의인들과 이방인 의인들에게 구원의 효과적인 길로 각각 토라와 자연법을 주셨는데, "죄의 권세 아래서" 토라와 자연법대로 살지 못한 유대인들과 이방인들에게 주어진 세 번째 구원의 길이 곧 예수라는 뜻이다.

바울의 관점에 의하면 그리스도는 모든 사람이 아니라 많은 사람들, 곧 죄인들에게 주어진 하나님의 선물이다. 의인들(유대인들과 이방인들 모두)은 스스로의 선한 행동에 의해 구원을 받는다. 바울은 악의 세력이 모든 사람들이 의롭게 되는 일을 어렵게 만들고 있다는 사실을 알았다. 유대인들은 율법을 따르고 이방인들은 자신의 양심을 따라야 한다는 개념은 각각 유대인들과 이방인들의 마음에 새겨져 있었다. 바울은 마지막 때 죄인들(유대인들과 이방인들 모두)이 하나님의 공의와 별개인 그분의 자비로 인해, 그리스도 안에서 회개하고 칭의를 받을 수 있는 놀라운 가능성이 제공된다는 좋은 소식을 전파했다. 죄인들(유대인들과 이방인들 모두)에게 다시 태어나고 과거의 죄들을 용서받을 수 있는 두 번째 기회가 주어진 셈이다. 바울은 루터의 추종자가 아니었다. 바울은 믿음에 의한 구원을 유일무이한 길로 가르치지 않았다. 대신 믿음에 의한 칭의, 즉 과거의 죄들에 대한 용서를 선포했다. 바울은 구원에 이르는 두 개의 분리된 길들(유대인들을 위한 길과 이방인들을 위한 길)이 아니라 세 개의 길들에 대해 외쳤다. 그 길들은 의로운 유대인들에게는 토라요, 의로운 이방인들에게는 양심이며, 죄인들 곧 이스라엘 집의 잃어버린 양들과 악의 권세 아래서 소망 없이 넘어진 열방 중에 있는 자들에게는 용서하는 자, 곧 그리스도이다.

참고 문헌

Ambrose, Kimberly. *Paul Among the Jews: Rehabilitating Paul.* Eugene, OR: Wipf and Stock, 2015.

Armstrong, Karen. *St. Paul: The Apostle We Love to Hate.* Boston: Houghton Mifflin Harcourt, 2015.

Arnold, Brian J. *Justification in the Second Century.* Minneapolis: Fortress, 2013.

Barclay, John M. G. *Paul and the Gift.* Grand Rapids: Eerdmans, 2015. [= 『바울과 선물』, 새물결플러스, 2019]

Baur, Ferdinand Christian. *Paulus der Apostel Jesu Christi: sein Leben und Wirken, seine Briefe und seine Lehre.* Stuttgart: Becher & Müller, 1845. 2nd rev. ed. Edited by Eduard Zeller. 1866–67.

Beker, J. Christiaan. *Paul's Apocalyptic Gospel: The Coming Triumph of God.* Philadelphia: Fortress, 1982.

———. *Paul the Apostle: The Triumph of God in Life and Thought.* Philadelphia: Fortress, 1980.

Bird, Michael F. *An Anomalous Jew: Paul among Jews, Greeks, and Romans.* Grand Rapids: Eerdmans, 2016. [= 『혁신적 신학자 바울』, 새물결플러스, 2019]

Blackwell, Ben C., John K. Goodrich, and Jason Maston, eds. *Paul and the Apocalyptic Imagination.* Minneapolis: Fortress, 2016.

Boccaccini, Gabriele, ed. *Enoch and the Messiah Son of Man: Revisiting the Book of Parables*. Grand Rapids: Eerdmans, 2007.

———. *Middle Judaism: Jewish Thought, 300 BCE to 200 CE*. Minneapolis: Fortress, 1991.

———. *Roots of Rabbinic Judaism: An Intellectual History, from Ezekiel to Daniel*. Grand Rapids: Eerdmans, 2002.

Boccaccini, Gabriele, and Carlos A. Segovia, eds. *Paul the Jew: Rereading the Apostle as a Figure of Second Temple Judaism*. Minneapolis: Fortress, 2016.

Bock, Darrell, and James H. Charlesworth, eds. *Parables of Enoch: A Paradigm Shift*. London: Bloomsbury, 2014.

Boers, Hendrikus. *The Justification of the Gentiles: Paul's Letters to the Galatians and Romans*. Peabody, MA: Hendrickson, 1994.

Bousset, Wilhelm. *Die Religion des Judentums im neutestamentlichen Zeitalter*. Berlin: Reuther & Reichard, 1903; 2nd ed. 1906; 3rd rev. ed. *Die Religion des Judentums imspäthellenistischen Zeitalter*. Edited by Hugo Gressmann. Tübingen: Mohr Siebeck, 1926.

———. *Kyrios Khristos*: *Geschichte des Christusglaubens von der Anfängen des Christentums bis Irenaeus*. Göttingen: Vandenhoeck & Ruprecht, 1913. ET: *Kyrios Christos: A History of the Belief in Christ from the Beginnings of Christianity to Irenaeus*. Translated by John E. Steely. Nashville: Abingdon, 1970. [= 『퀴리오스 크리스토스』, 수와진, 2021]

Boyarin, Daniel. *The Jewish Gospels: The Story of the Jewish Christ*. New York: New Press, 2012. [= 『유대배경으로 읽는 바울』, 감은사, 2020]

———. *A Radical Jew: Paul and the Politics of Identity*. Berkeley: University of California Press, 1994.

Byrne, Brendan. *Paul and the Christian Woman*. Homebush, NSW: St. Paul Publications, 1988.

Campbell, Douglas A. *The Deliverance of God: An Apocalyptic Rereading of Justification in Paul*. Grand Rapids: Eerdmans, 2009.

Capes, David B. *The Divine Christ: Paul, the Lord Jesus, and the Scriptures of Israel*. Grand Rapids: Baker Academic, 2018.

Charles, Robert Henry. *Religious Development between the Old and The New*

Testaments. London: Williams & Norgate, 1914.

Chialà, Sabino. *Libro delle Parabole di Enoc: testo e commento.* Brescia: Paideia Editrice, 1997.

Collins, John J. *The Apocalyptic Imagination: An Introduction to Jewish Apocalyptic Literature.* 2nd ed. Grand Rapids: Eerdmans, 1998. 3rd ed. 2016.

―――. *The Apocalyptic Imagination: An Introduction to the Jewish Matrix of Christianity.* New York: Crossroad, 1984. 2nd ed.

―――. *The Invention of Judaism: Torah and Jewish Identity from Deuteronomy to Paul.* Oakland: University of California Press, 2017.

Davies, J. P. *Paul among the Apocalypses?: An Evaluation of the 'Apocalyptic Paul' in the Context of Jewish and Christian Apocalyptic Literature.* London: Bloomsbury T&T Clark, 2016.

Davies, William D. *Paul and Rabbinic Judaism: Some Rabbinic Elements in Pauline Theology.* London: SPCK, 1948.

Dunn, James D. G. *The New Perspective on Paul.* Grand Rapids: Eerdmans, 2007.

―――. *The Theology of Paul the Apostle.* Grand Rapids: Eerdmans, 1998. [= 『바울 신학』, CH북스, 2019]

Ehrensperger, Kathy. *That We May Be Mutually Encouraged: Feminism and the New Perspective in Pauline Studies.* London: T&T Clark, 2004.

Ehrman, Bart D. *How Jesus Became God: The Exaltation of a Jewish Preacher from Galilee.* New York: HarperOne, 2014.

Eisenbaum, Pamela Michelle. *Paul Was Not a Christian: The Original Message of a Misunderstood Apostle.* San Francisco: HarperOne, 2009.

Everling, Otto. *Die paulinische Angelologie und Dämonologie: ein biblisch-theologischer Versuch.* Göttingen: Vandenhoeck & Ruprecht, 1888.

Fee, Gordon D. *Pauline Christology: An Exegetical-Theological Study.* Peabody, MA: Hendrickson, 2007. [= 『바울의 기독론』, CLC, 2009]

Flusser, David. "The Dead Sea Sect and Pre-Pauline Christianity." In *Aspects of the Dead Sea Scrolls*, edited by Chaim Rabin and Yigael Yadin, 215–66. Jerusalem: Hebrew University Press, 1958.

Fredriksen, Paula. *Paul: The Pagans' Apostle.* New Haven: Yale University Press, 2017 [= 『바울 이교도의 사도』, 도서출판 학영, 2022]

Gager, John J. *Reinventing Paul*. Oxford: Oxford University Press, 2000.

———. *Who Made Early Christianity?: The Jewish Lives of the Apostle Paul*. New York: Columbia University Press, 2015.

Gaston, Lloyd. *Paul and the Torah*. Vancouver: University of British Columbia Press, 1987.

Gathercole, Simon J. *Where Is Boasting?: Early Jewish Soteriology and Paul's Response in Romans 1–5*. Grand Rapids: Eerdmans, 2002.

Hägerland, Tobias. *Jesus and the Forgiveness of Sins: An Aspect of His Prophetic Mission*. Cambridge: Cambridge University Press, 2012.

Hall, Sidney G. *Christian Anti-Semitism and Paul's Theology*. Minneapolis: Fortress, 1993.

Hurtado, Larry W. *Lord Jesus Christ: Devotion to Jesus in Earliest Christianity*. Grand Rapids: Eerdmans, 2003. [= 『주 예수 그리스도』, 새물결플러스, 2010]

Jewett, Robert. *Romans: A Commentary*. Minneapolis: Fortress, 2007.

Kabisch, Richard. *Die Eschatologie des Paulus in ihrer Zusammenhangen mit dem Gesamthegriff des Paulus*. Göttingen: Vandenhoeck & Ruprecht, 1893.

Kinzer, Mark. *Post-Missionary Messianic Judaism: Redefining Christian Engagement with the Jewish People*. Grand Rapids: Brazos Press, 2005.

Klausner, Joseph. *From Jesus to Paul*. London: Allen & Unwin, 1942.

Langton, Daniel R. *The Apostle Paul in the Jewish Imagination*. Cambridge: Cambridge University Press, 2010.

Lapide, Pinchas, and Peter Stuhlmacher, *Paulus: Rabbi und Apostel*. Stuttgart: Calwer, 1981. ET: *Paul: Rabbi and Apostle*. Translated by Lawrence W. Denef. Minneapolis: Augsburg, 1984.

Larsson, Stefan. "Just an Ordinary Jew: A Case Why Paul Should Be Studied within Jewish Studies." *Nordisk Judaistik / Scandinavian Jewish Studies* 29.2 (2018): 3–16.

Levine, Amy-Jill, ed. *A Feminist Companion to Paul*. London: T&T Clark, 2004.

Maccoby, Hyam. *The Mythmaker: Paul and the Invention of Christianity*. New York: Harper & Row, 1986.

Matlock, R. Barry. *Unveiling the Apocalyptic Paul: Paul's Interpreters and the Rhetoric of Criticism*. Sheffield: Sheffield Academic, 1996.

Montefiore, Claude G. *Judaism and St. Paul: Two Essays*. London: Max Goschen, 1914.

Moore, George F. "Christian Writers on Judaism." *HTR* 14 (1921): 197–254.

———. *Judaism in the First Centuries of the Christian Era: The Age of the Tannaim*. 3 vols. Cambridge: Harvard University Press, 1927–30.

Munck, Johannes. *Paulus und die Heilsgeschichte. Aarhus: Universitetsforlaget*, 1954. ET: *Paul and the Salvation of Mankind*. Translated by Frank Clarke. London: SCM, 1959.

Murphy-O'Connor, Jerome, ed. *Paul and Qumran: Studies in New Testament Exegesis*. London: Chapman, 1968.

Nanos, Mark D. *The Irony of Galatians: Paul's Letter in First-Century Context*. Minneapolis: Fortress, 2002.

———. *The Mystery of Romans*. Minneapolis: Fortress, 1996.

———. *Reading Paul within Judaism*. Eugene, OR: Cascade, 2017.

Nanos, Mark D., and Magnus Zetterholm, eds. *Paul within Judaism: Restoring the First-Century Context to the Apostles*. Minneapolis: Fortress, 2015.

Neusner, Jacob, William Scott Green, and Ernest Frerichs, eds. *Judaisms and their Messiahs at the Turn of the Christian Era*. Cambridge: Cambridge University Press, 1987.

Neutel, Karin B. A *Cosmopolitan Ideal: Paul's Declaration 'Neither Jew Nor Greek, Neither Slave Nor Free, Nor Male and Female' in the Context of First-Century Thought*. London: Bloomsbury T&T Clark, 2016.

Nickelsburg, George W. E. *1 Enoch 1*. Minneapolis: Fortress, 2001.

Nickelsburg, George W. E., and James C. VanderKam. *1 Enoch 2*. Minneapolis: Fortress, 2012.

Oliver, Isaac W., and Gabriele Boccaccini, eds. *The Early Reception of Paul the Second Temple Jew*. London: Bloomsbury T&T Clark, 2018.

Parkes, James. Jesus, *Paul, and the Jews*. London: SCM Press, 1936.

Patterson, Stephen J. *The Forgotten Creed: Christianity's Original Struggle against Bigotry, Slavery, and Sexism*. Oxford: Oxford University Press, 2018.

Penna, Romano. *L'apostolo Paolo: Studi di esegesi e teologia*. Milan: Paoline, 1991. ET: *Paul the Apostle: A Theological and Exegetical Study*. Translated by

Thomas P. Wahl. Collegeville, MN: Liturgical Press, 1996.

Peppiatt, Lucy. *Unveiling Paul's Women: Making Sense of 1 Corinthians 11:2–16.* Eugene, OR: Cascade, 2018.

―――. *Women and Worship at Corinth: Paul's Rhetorical Arguments in 1 Corinthians.* Cambridge: James Clarke, 2017.

Pesce, Mauro. *Le due fasi della predicazione di Paolo.* Bologna: Dehoniane, 1994.

Protho, James B. *Both Judge and Justifier: Biblical Legal Language and the Act of Justifying in Paul.* Tübingen: Mohr Siebeck, 2018.

Räisänen, Heikki. *Paul and the Law.* Tübingen: Mohr Siebeck, 1983.

Roetzel, Calvin J. *Paul: A Jew on the Margins.* Louisville: Westminster John Knox, 2003.

Rudolph, David. *A Jew to the Jews: Jewish Contours of Pauline Flexibility in 1 Corinthians 9:19–23.* Tübingen: Mohr Siebeck, 2011.

Sacchi, Paolo. *L'apocalittica giudaica e la sua storia.* Brescia: Paideia, 1990. ET: *Jewish Apocalyptic and Its History.* Translated by William J. Short. Sheffield: Sheffield Academic, 1997.

―――. *Storia del Secondo Tempio.* Turin: Marietti, 1994. ET: *The History of the Second Temple* Period. Translated by Thomas Kirk. Sheffield: Sheffield Academic, 2000.

Sanders, E. P. *Paul, the Law, and the Jewish People.* Philadelphia: Fortress, 1983. [= 『바울, 율법, 유대인』, 감은사, 2021]

―――. *Paul and Palestinian Judaism: A Comparison of Patterns of Religion.* London: SCM, 1977. [= 『바울과 팔레스타인 유대교』, 알맹e, 2018]

Sandmel, Samuel. *The Genius of Paul.* New York: Farrar, Straus & Cudahy, 1958.

Schweitzer, Albert. *Die Mystik des Apostels Paulus.* Tübingen: Mohr Siebeck, 1930. ET: *The Mysticism of Paul the Apostle.* Translated by William Montgomery. London: Adam and Charles Black, 1931.

―――. *Geschichte der Paulinischen Forschung.* Tübingen: Mohr Siebeck, 1911. ET: *Paul and His Interpreters: A Critical History.* Translated by William Montgomery. London: Adam and Charles Black, 1912.

Segal, Alan F. *Paul the Convert: The Apostolate and Apostasy of Saul the Pharisee.* New Haven: Yale University Press, 1990.

————. *Rebecca's Children: Judaism and Christianity in the Roman World*. Cambridge: Harvard University Press, 1986.

Sprinkle, Preston M. *Paul & Judaism Revisited: A Study of Divine and Human Agency in Salvation*. Downers Grove, IL: InterVarsity Press, 2013.

Stendahl, Krister. *Paul among the Jews and Gentiles*. Minneapolis: Fortress, 1976.

————. "Paul and the Introspective Conscience of the West." *Harvard Theological Review* 56 (1963): 199–215. [= 『유대인과 이방인 사이에 있는 바울』, 감은사, 2021]

Stowers, Stanley K. *A Rereading of Romans: Justice, Jews, and Gentiles*. New Haven: Yale University Press, 1994.

Stuckenbruck, Loren T., and Gabriele Boccaccini, eds. *Enoch and the Synoptic Gospels: Reminiscences, Allusions, Intertextuality*. Atlanta: SBL Press, 2016.

Thackeray, Henry St. John. *The Relation of St. Paul to Contemporary Jewish Thought*. London: Macmillan, 1900.

Thiessen, Matthew. *Paul and the Gentile Problem*. Oxford: Oxford University Press, 2016.

Thomas, Matthew J. *Paul's 'Works of the Law' in the Perspective of Second Century Reception*. Tübingen: Mohr Siebeck, 2018.

Thompson, Michael B. *The New Perspective on Paul*. Cambridge: Grove Books, 1976.

Tilling, Chris. *Paul's Divine Christology*. Tübingen: Mohr Siebeck, 2012.

VanLandingham, Chris. *Judgment & Justification in Early Judaism and the Apostle Paul*. Peabody, MA: Hendrickson, 2006.

Waddell, James A. *The Messiah: A Comparative Study of the Enochic Son of Man and the Pauline Kyrios*. London: T&T Clark, 2011.

Watson, Francis. *Paul and the Hermeneutics of Faith*. London: T&T Clark, 2004.

————. *Paul, Judaism, and the Gentiles: A Sociological Approach*. Cambridge: Cambridge University Press, 1986.

Weber, Ferdinand Wilhelm. *System der altsynagogalen palästinischen Theologie aus Targum, Midrasch und Talmud*. Leipzig: Dörffling & Franke, 1880. 2nd rev. ed. *Jüdische Theologie auf Grund des Talmud und verwandter Schriften*. Edited by Franz Julius Delitzsch and Georg Schnedermann. 1897.

Westerholm, Stephen. *Justification Reconsidered: Rethinking a Pauline Theme*. Grand Rapids: Eerdmans, 2013. [= 『칭의를 다시 생각하다』, IVP, 2022]

―――. *Perspectives Old and New on Paul: The "Lutheran" Paul and His Critics*. Grand Rapids: Eerdmans, 2004.

Witherington, Ben. *The Paul Quest: The Renewed Search for the Jew of Tarsus*. Downers Grove, IL: InterVarsity Press, 1998.

Wrede, William. *Paulus*. Halle: Gebauer-Schwetschke, 1904. 2nd ed. Tübingen: Mohr Siebeck, 1907. ET: Paul. Translated by Edward Lummis. London: Philip Green, 1907.

Wright, N. T. *Paul: A Biography*. New Haven: Yale University Press, 2017. [= 『바울 평전』, 비아토르, 2020]

―――. *Paul and His Recent Interpreters: Some Contemporary Debates*. Minneapolis: Fortress, 2015.

―――. *Paul and the Faithfulness of God*. Minneapolis: Fortress, 2013. [= 『바울과 하나님의 신실하심』, CH북스, 2015]

―――. *The Paul Debate: Critical Questions for Understanding the Apostle*. Waco, TX: Baylor University Press, 2015. [= 『바울논쟁』, 에클레시아북스, 2017]

―――. *What St. Paul Really Said: Was Paul of Tarsus the Real Founder of Christianity?* Grand Rapids: Eerdmans, 1997.

Yinger, Kent L., *The New Perspective on Paul: An Introduction*. Eugene, OR: Cascade, 2011. [= 『바울에 관한 새관점 개요』, 감은사, 2022]

―――. *Paul, Judaism, and Judgment According to Deeds*. Cambridge: Cambridge University Press, 1999.

Young, Brad H. *Paul the Jewish Theologian: A Pharisee among Christians, Jews, and Gentiles*. Peabody, MA: Hendrickson, 1998.

Zetterholm, Magnus. *Approaches to Paul: A Student's Guide to Recent Scholarship*. Minneapolis: Fortress, 2009.

.

Fredriksen, Paula 85, 89, 108, 271, 275
Fuchs-Kreimer, Nancy 47

G
Gager, John 60
Garbini, Giovanni 37
Gaston, Lloyd 60
Gieschen, Charles 38
Gitelman, Zvi Y. 76
Gitin, Seymour 119
Goodman, Martin 92
Grundmann, Walter 50
Gurtner, Daniel M. 72

H
Hägerland, Tobias 171
Hall, Sidney G. 57
Hanson, Paul 112
Harlow, Daniel C. 72
Harnack, Adolf von 192
Hart, David Bentley 80
Henze, Matthias 222
Heschel, Susannah 51
Hicks-Keeton, Jill 90
Hurtado, Larry 38

I
Ibba, Giovanni 116
Isaac, Jules 51

J
Jeremias, Joachim 259

K
Kabisch, Richard 111
Kinzer, Mark 38
Koch, Klaus 38
Kogel, Lynne Alcott 38
Kraus Reggiani, Clara 37
Kugler, Robert A. 290
Kvanvig, Helge S. 116

L
Lamb, Walter R. M. 195
Lang, Bernhard 203
Lange, Armin 129
Lapide, Pinchas 96
Larsson, Stefan 89
Lockwood, Wilfrid 48
Lummis, Edward 49

M
Maccoby, Hyam 48
Magness, Jodi 119
Martini, Carlo Maria 37
Martyn, Louis 112, 113, 337
McGrath, James F. 200
Meissner, Stefan 47
Montefiore, Claude G. 48
Montgomery, William 49
Moore, George Foot 50
Mullin, Robert Bruce 299
Munoa, Philip 38
Murphy-O'Connor, Jerome 54

N
Najman, Hindy 198
Nanos, Mark 35, 61, 84, 279
Nelson, H. Lindemann 116
Neusner, Jacob 37
Neutel, Karin B. 302
Nickelsburg, George W. E. 119
Nietzsche, Friedrich 44
Norich, Anita 224

O
O'Flaherty, James C. 44
Oliver, Isaac W. 73
Olson, Daniel 161

P
Parkes, James 50
Paul, Laurie Anne 103
Peppia, Lucy 303
Pérez Fernández, Miguel 144
Pesce, Mauro 97
Phillimore, Cecily Spencer-Smith 88

R
Rabin, Chaim 53
Räisänen, Heikki 57
Reed, Annette Yoshiko 77
Reinhartz, Adele 77
Reynolds, Benjamin E. 198
Richards, E. Randolph 44
Roetzel, Calvin J. 71
Rosen-Zvi, Ishay 124
Rowland, Christopher 112
Ruark, Ronald 38
Rubenstein, Richard 47

S
Sacchi, Paolo 147
Salaquarda, Jörg 44
Sanders, E. P. 24, 43, 55, 56, 58, 104,
Sandmel, Samuel 53
Schechter, Solomon 48
Schmithals, Walter 112
Schroer, Silvia 203
Schweitzer, Albert 111
Scott, Joshua 38
Sechrest, Love L. 296
Segal, Alan F. 341
Segovia, Carlos A. 35
Sestieri, Lea 38
Shaw, George Bernard 299
Soggin, Jan Alberto 37
Sprinkle, Preston M. 251
Stanton, Elizabeth Cady 299
Stendahl, Krister 98
Stowers, Stanley 60
Stuckenbruck, Loren T. 72
Stuhlmacher, Peter 96
Sung, Chong-Hyon 172

T
Thackeray, Henry St. John 219
Tigchelaar, Eibert 198
Torrance, Thomas F. 219

V
VanderKam, James C. 126
VanLandingham, Chris 244
Vidal-Naquet, Pierre 93
Vielhauer, Philipp 220

W
Waddell, James 38
Weber, Ferdinand Wilhelm 46
Werner, Martin 208
Westerholm, Stephen 219
Witherington, Ben 57
Wrede, William 49
Wright, Benjamin G. 278
Wright, N. T. 58

X
Xeravitz, Geza 38

Y
Yadin, Yigael 53

Yinger, Kent L. 231
Young, Brad H. 152

Z
Zetterholm, Magnus 46
Zurawski, Jason 38

역자 해설

서문

A 묵시적 세계관은 시초론, 죄론, 인간론, 구원론, 신정론, 계시론, 종말론, 천사론, 마귀론, 내세론 등을 아우르는 방대한 사상이다. 보카치니가 본서에서 특히 강조하는 묵시적 세계관의 요소들은 (1) 악의 초인간적 기원, (2) 인간의 집단적 부패, (3) 모든 것을 되돌릴 마지막 때에 관한 기대 등으로 손꼽을 수 있다. 묵시적 세계관에 대한 자세한 설명을 보려거든 Christopher Rowland, *The Open Heaven: A Study of Apocalyptic in Judaism and Early Christianity* (London: SPCK, 1982); Richard E. Sturm, "Defining the Word 'Apocalyptic': A Problem for Biblical Criticism," in *Apocalyptic and the New Testament: Essays in Honor of J. Louis Martyn*, eds. J. Marcus and M. L. Soards (Sheffield: Sheffield Academic, 1989), 17-48; R. Barry Matlock, *Unveiling the Apocalyptic Paul: Paul's Interpreters and the Rhetoric of Criticism*, JSNTSup 127 (Sheffield: Sheffield Academic, 1996); Douglas A. Campbell, *The Deliverance of God: An Apocalyptic Rereading of Justification in Paul* (Grand Rapids: Eerdmans, 2009); Walter Lowe, "Why We Need Apocalyptic," *SJT* 63 (2010): 41-53; Joshua B. Davis and Douglas Harink (eds), *Apocalyptic and the Future of Theology: With and Beyond J. Louis Martyn* (Eugene: Cascade, 2012), 118-36;

Jan Krans et al. (eds), *Paul, John, and Apocalyptic Eschatology: Studies in Honour of Martinus C. de Boer*, NovTSup 149 (Leiden: Brill, 2013); Richard B. Hays, "Apocalyptic Poiēsis in Galatians: Paternity, Passion, and Participation," in *Galatians and Christian Theology: Justification, the Gospel, and Ethics in Paul's Letter*, eds. M. W. Elliott et al. (Grand Rapids: Baker, 2014), 200–19; Ben C. Blackwell, John K. Goodrich and Jason Maston (eds), *Paul and the Apocalyptic Imagination* (Minneapolis: Fortress, 2016); John J. Collins, *The Apocalyptic Imagination: An Introduction to Jewish Apocalyptic Literature*, 3rd ed. (Grand Rapids, MI: Eerdmans, 2016); Benjamin E. Reynolds, *John Among the Apocalypses: Jewish Apocalyptic Tradition and the "Apocalyptic" Gospel* (Oxford: Oxford University Press, 2020); Joseph Longarino, "Apocalyptic and the Passions: Overcoming a False Dichotomy in Pauline Studies," *NTS* 67 (2021): 582–97; Cecilia Wassen and Tobias Hägerland, *Jesus the Apocalyptic Prophet* (New York: T&T Clark, 2021); Jamie Davies, *The Apocalyptic Paul: Retrospect and Prospect* (Eugene: Cascade Books, 2022) 등을 참고하라.

B "제2성전기"는 두 번째 성전이 완공된 주전 516년부터 헤롯 성전이 파괴된 주후 70년까지의 기간을 의미한다. 일부 기독교 진영에서는 "제2성전기"를 신구약 "중간기"(Intertestamental Period)와 동일한 의미로 사용하지만 이 표현들은 두 가지 이유로 혼용되어서는 안 된다. 첫째, 후자는 소위 "말라기 선지서"로부터 마가복음이 기록된 시점까지의 기간"인 약 400년을 의미하는 반면, 전자는 더 넓은 (그리고 후자를 포함하는) 약 600년의 기간을 의미한다. 즉, "신구약 중간기"는 "제2성전기" 안에 포함되는 기간이기 때문에 둘은 동의어가 될 수 없다. 둘째, 신구약 "중간기"는 신약성경에 구약성경과 같은 권위가 있음을 전제로 하는 표현이기 때문에 일부 진영에서는 기독교 편향적인 표현으로 여기기도 한다. 그러므로 "중간기"라는 표현은 유대인들의 역사, 사상, 그리고 문헌 등을 논하는데 적절하지 않다. 참고로 일부 진영에서는 "구약성경"이라는 표현도 기독교 편향적이라고 여겨 "히브리성경"으로 대체하여 사용할 것을 요구하기도 한다.

C "노아계 문서들"은 창세기 6장의 홍수사건 - 제2성전기의 유대인들이 가장 큰 관심을 보였던 히브리성경의 사건들 중 하나 - 의 확장된 이야기를 담고 있는 문서들을 의미한다. 확장된 이야기에 따르면 홍수는 단지 사람의 죄로 인한 결과가 아니었다. 오히려 "하나님의 아들들"로 불리는 천상의 존재들

(감찰자들)과 지상의 여인들, 그리고 이들 사이에서 태어난 거인들의 죄로 인한 결과였다. 독법과 전통에 따라 죄의 책임이 천상적 존재와 거인들에게만 있거나 혹은 인간들에게도 있다.

D 아우구스티누스가 속한 시대상과 그 시대상 속에서 유대교를 해석하려 했던 아우구스티누스에 대해서는 Paula Fredreksen, *Augustine and the Jews: A Christian Defense of Jews and Judaism* (New Haven: Yale University Press, 2010)를 참고하라.

E 신약성경에는 저자를 바울로 칭하고 있는 서신들이 13개가 있다. 그러나 비평학계에서는 13개의 서신들을 세 집단들로 구분한다 - (1) 바울 친서 (genuine-Pauline), (2) 제2바울서신(deutero-Pauline), [3] 바울 위서(pseudo-Pauline). 첫 번째 집단에는 갈라디아서, 데살로니가전서, 고린도전서, 고린도후서, 로마서, 빌립보서, 빌레몬서가 포함된다. 두 번째 집단에는 골로새서, 에베소서, 데살로니가후서가 포함된다. 세 번째 집단에는 디모데전서, 디모데후서, 디도서가 포함된다. 7개의 바울 친서 중에서 로마서, 고린도전서, 고린도후서, 갈라디아서는 다른 서신들에 비해 언어학적 및 신학적으로 고차원적이라는 이유로 "주요한 서신들"(Hauptbriefe) 혹은 "튀빙겐 사총사"(Tübingen Four)로 불리기도 한다. 일부 소수 진영에서는 "튀빙겐 사총사"만을 바울의 친서로 보기도 한다.

F 위의 역주에 언급했다시피 에베소서와 골로새서는 바울 친서가 아닌 제2바울서신(deutero-Pauline)에 속한다고 여겨진다.

G "마귀적 대리인"들에 대한 개괄적 접근을 원한다면 Michael S. Heiser, *Demons: What the Bible Really Says about the Powers of Darkness* (Bellingham, WA: Lexham Press, 2020) [= 『귀신을 말하다』, 좋은씨앗, 2022]를 참고하라.

H 아서 G. 팻지아, 앤서니 J. 페트로타, 『성서학 용어 사전』(IVP: 2021)는 "페리코페"를 이렇게 설명한다. "더 긴 서사에서 '절단'cut off되거나 '분리'cut out (그. περικόπτω 페리콥토)되어도 완전한 상태를 유지하는 짧은 부분이나 문학적 단위를 의미하는 전문 용어(라. Pericope; 영. Pericope페리코피)".

머리말

A 데이비드 벤틀리 하트가 서문에 언급했던 "노아계" 전통은 에녹계 전통에 포

함되는 하위 개념이다. 본서를 통해 곧 접하게 되겠지만, 노아계 전통을 중심
으로 에녹계 전통이 (특히 신정론과 마귀론 쪽으로) 방대하게 확장된다.

B   보카치니는 에녹계 문서들 - 특히 『에녹1서』를 구성하는 문서들 - 을 많이 인
    용한다. 이 문서들은 제2성전기 유대교를 연구하는 학자들이 가장 중요한
    문서들 중 하나로 손꼽지만 한국의 독자들에게는 널리 알려지지 않았다. 그
    러므로 앞으로 전개될 보카치니의 논증을 따라가기 위해서는 이에 대한 약
    간의 배경지식이 필요하다. 『에녹1서』는 5개의 독립적 문헌들을 한데 모아
    둔 묶음으로 총 108개의 장들로 구성되어 있다. 그러므로 『에녹1서』를 구분
    하자면 다음과 같다. 『감찰자의 책』(1-36장), 『비유의 책』(37-71장), 『천문학
    책』(72-82장), 『꿈 - 환상의 책』(83-90장), 『에녹의 서신』(91-108장). 네 번
    째 문헌인 『꿈 - 환상의 책』은 『동물 묵시록』(85-90 장)을 포함하고 있고, 마
    지막 문헌인 『에녹의 서신』은 『주간의 묵시』(93:1-10, 91:11-17)와 『후일담』
    (106-108)을 포함하고 있다. 보카치니는 독자들이 이러한 배경지식을 알고
    있다는 가정하에 논증을 전개하기 때문에 『에녹1서』를 구성하는 문헌들에
    친숙해진다면 그의 논증을 이해하는데 도움이 될 것이다.

C   "믿음에 의한 칭의"와 "믿음에 의한 구원"이 같은 의미를 지닌 표현이 아니
    라는 보카치니의 요점을 기억하는 것은 그가 본서를 통해 구축하는 논증을
    바르게 따라가는데 큰 도움이 된다. 보카치니는 "칭의"와 "구원"을 동일한
    표현으로 보는 기독교의 주류 전통을 비판하며 제2성전기의 에녹계 전통을
    통해 바울의 용어들을 정리하려 한다. 본서의 제7장 "믿음에 의해 칭의를 받
    고, 행위에 의해 심판을 받는다"를 보라.

제1장 유대인 바울과 기독교인 바울

A   팻지아와 페트로타의 『성서학 용어 사전』은 "랍비 유대교"를 다음과 같이 설
    명한다. "초기 기독교 시대에 모여 수집되고 문서화된 미쉬나, 탈무드, 미드
    라쉬 전통으로 대표되는 유대 현인들(sages; 랍비 = 선생)과 더불어 이 문헌
    들이 정의하는 신념과 관습을 뜻한다. 이 랍비들의 기원은 소페림(sopherim;
    서기관)이 등장한 (기원전 5세기) 페르시아 시대까지 거슬러 올라갈 수 있
    다. 그러나 1세기에 예루살렘이 파괴되고, 성전 예배와 제사장 및 정치적 계
    층이 없어져 유대교 내에서 극단적으로 새로운 방향 설정이 일어난 후에야
    권위 있는 위치를 확보하게 된다".

B   "Hellenistic Jew"는 전통적으로 "헬라파 유대인"으로 번역되었으나 최근 "헬레니즘계 유대인" 혹은 "헬레니즘적 유대인"으로 수정 및 번역되어야 한다는 목소리가 커지고 있다. 예컨대 팻지아와 페트로타의 『성서학 용어 사전』의 역자는 "헬레니즘[적/계] 유대교"(hellenistic Judaism)를 설명하는 부분에 다음과 같은 역주를 달았다. "한국어로 '헬라주의적 유대교' 혹은 '헬라파 유대교'라는 표현이나 용어는 적절치 않다." 그 이유는 "서양 고대사에서 고전 그리스 시대와 헬레니즘 시대를 통칭했던 용어인 '헬라'는 더 이상 사용하지 않"기 때문에 성서학에서도 용어 정리가 필요하다고 판단했기 때문이다. 박정수, 「신구약중간사와 관련된 번역용어, 그리스어 인명표기 및 유대교 문헌 표기법 통일제안」 신약논단 (2013): 537-71과 동일 저자의 『고대 유대교의 터·무늬』(새물결플러스, 2018), 41, 459를 참고하라. 본역서는 박정수의 의견에 따라 "Hellenistic Jews"를 "헬레니즘계 유대인"으로 번역했다.

C   Lawrence H. Schiffmann, *Reclaiming the Dead Sea Scrolls: The History of Judaism, the Background of Christianity, the Lost Library of Qumran* (Philadelphia: Jewish Publication Society, 1994)를 보라. 비록 약 30년 전에 출판되었지만 여전히 권위있는 연구물로 인정받고 있다.

D   팻지아와 페트로타의 『성서학 용어 사전』은 "개종자"를 다음과 같이 설명한다. "다른 종교로 개종하고 그 신앙 공동체의 일원이 된 사람. (특히, 신약학에서는 초대교회 시기에 유대교로 개종하고 할례를 받은 이방인을 가리키는 용어로 주로 사용됨.) 많은 구약의 법은 유대교 내의 '타향 사람'과 '거류 외국인'들의 권리와 특권을 인정했다. 그러나 여기에 속하는 사람들이 '완전히' 혹은 '온전히' 유대인으로 여겨졌는지에 대해서는 확실히 알 수 없다. 후대의 랍비 문헌(미쉬나)에 의하면 개종 절차는 율법 공부, (남자의 경우) 할례, 침례, 제사를 포함했다. 신약에도 개종자(προσήλυτος 프로셀뤼토스)에 대한 언급이 여러 차례 나온다(참조. 행 2:11; 6:5; 13:43). 개종자는 소위 '하나님을 경외하는 이방인'(Gentile God - fearers)으로 불리는 사람들과는 다른 개념으로, 후자는 (아마도 유일신 사상과 높은 도덕적 기준 때문에) 유대교에 대해 관심을 갖고 있으나 유대교 신앙과 그에 맞는 삶에 온전히 충실하지는 않았던 이들이다(참조. '하나님을 섬기는 사람', 행 16:14; 18:7)." 그래서 알랜 F. 시갈(Alan F. Segal)은 "하나님을 경외하는 이방인"(본 역서에서는 "하나님 경외자들"로 번역됨)들을 가리켜 "개종 중에 있는 사람들"로 이해하기도 했다.

E 팻지아와 페트로타의 『성서학 용어 사전』은 "할라카"를 다음과 같이 설명한다. "랍비 유대교에서 결정적이거나 구속력 있는 판정 기준으로 기능하는 법적 판결로(히브리어 단어는 '걷다'를 의미), 유대 관습의 모든 측면을 위한 길을 제시한다(참조. 출 18:20). 이 법적 판결의 전통은 오경에서 앞서 등장한 법에 대한 '해설' 기능을 하는 신명기('두 번째 율법')에서부터 발견되므로, 이 전통은 성경 자체로부터 시작되었다고 볼 수 있다. 할라카는 바빌론 유배 이후 에스라와 서기관들이 추진했고, 랍비들이 탈무드에서 성문화했다. 유대인의 삶과 실천에 관한 법적 판결 과정은 주석과 다른 글들을 통해 계속 진행되고 있다. 즉 할라카는 토라를 지속적으로 적용하는 것을 의미한다".

F "필로"라고도 알려져 있다. 발음이 다른 이유는 필로는 라틴어(Philo) 발음이고 필론은 그리스어(Φίλων) 발음이기 때문이다. 본역서는 팻지아와 페트로타의 『성서학 용어 사전』을 참고하여 신학적 용어들을 번역했기 때문에 필론을 선택했다.

G 예수 및 바울과 동시대를 살았던 인물로 바리새파의 지도자였으며 산헤드린 공회의 의장이었다고 전해지고 있다.

H "의(義)의 교사"는 사해 문서에 언급되는 지도자로 쿰란 공동체의 창시자로 간주되고 있다. 예컨대 『다마스쿠스 문헌』은 하나님께서 "의의 교사"에게 기름을 부으셨고 사람들을 의로운 길로 인도하는 사명을 맡기셨다고 말한다 (9:1-11).

제2장 개종한 적이 없는 개종자, 바울

A 『요셉과 아스낫』은 창세기에 등장하는 히브리인 요셉과 이집트인 아스낫의 이야기(창 41:45; 50-52; 46:20)를 미드라쉬적으로 확장한 소설로서 대략 주전 1세기와 주후 2세기 사이에 이집트의 디아스포라에 살던 유대인에 의해 쓰여졌다고 추정된다. 이 소설은 다른 인종들 간의 경쟁, 여성의 역할, 성별의 구성 등의 주제를 다룬다.

B 그리스어 메타노이아(μετάνοια)와 메타노에인(μετανοεῖν)은 신약성경에서 하나님을 향해 긍정적으로 마음을 바꾸는 행위, 즉 회심을 의미하기 위해 주로 사용된다.

제3장 묵시적 유대인, 바울

A 『감찰자들의 책』이라고 번역된 문헌은 『파수꾼의 책』, 『감시자의 책』 등으로 번역되기도 한다. 그러나 『에녹1서』에 등장하는 천상적 존재들을 지칭하기 위해 사용된 아람어와 그리스어의 고대 서아시아(고대 근동이라고 표현되기도 함)의 용례를 살펴보면, 언급된 천상적 존재들은 "파수꾼" 또는 "감시자"의 기능을 넘어 신과 인간 사이에서 "중재자"의 기능까지 수행함을 알 수 있다. 본역서는 이를 고려하여 "파수꾼," "감시자," "중재자"의 기능을 모두 아우르는 "감찰자"로 번역했다.

B 『감찰자들의 책』에 의하면 하늘로부터 타락한 감찰자들 200명이 헤르몬 산의 정상에 모여 본인들이 계획한 범죄의 행위들을 끝까지 이루고 그 계획으로부터 결코 돌아서지 않을 것을 맹세한다(6:3-5).

C 아사엘은 『에녹1서』에 등장하는 타락한 감찰자들(the Watchers) 중 하나로 지도자급 감찰자인 세미하자와 함께 인간들의 집단적 타락에 큰 기여를 했다. 아사엘과 세미하자가 동시에 타락했는지 혹은 아사엘이 먼저 타락했는지에 대한 에녹계 학자들의 이견이 있지만, 한 가지 확실한 부분은 『에녹1서』가 아사엘의 범죄 - 인간들에게 하늘의 금기된 지식을 불법적으로 전달한 범죄 - 에 큰 비중을 둔다는 점이다. 아사엘이 세미하자보다 먼저 타락했다고 보는 독법에 의하면, (1) 타락한 아사엘이 하늘의 금기된 지식을 인간들에게 전수해 줬고, (2) 그 지식에 영향을 받은 인간들이 타락했으며, (3) 타락한 인간들의 유혹을 받아 세미하자(와 그의 군대들이 함께) 타락했고, (4) 결국 타락한 감찰자들(아사엘, 세미하자, 그리고 세미하자의 군대들)과 타락한 인간들이 서로 시너지 효과를 내며 세상을 더욱 타락시켰다. 이러한 독법은 『에녹1서』가 아사엘의 처벌에 큰 비중을 두는 이유를 적절히 설명한다.

D 보카치니가 언급하는 "하나님의 아들들"은 창세기 6:1-4에서 "사람의 딸들"을 취해 자녀를 낳은 존재들을 가리킨다. "하나님의 아들들"이 누구인지에 대한 학계의 이견이 있지만, 제2성전기의 에녹계 전통은 이들을 천상의 존재들, 곧 "감찰자들"로 이해했다. 에녹계 독법에 의하면 천상의 존재들(남성 감찰자들)과 지상의 존재들(여성 인간들)이 성적으로 결합하여 자녀들(거인들)을 낳는 범죄를 저질렀고, 이를 통해 하늘과 땅의 경계가 허물어졌으며, 결국 세상에 죄악이 집단적으로 퍼지는 결과를 초래한 것으로 이해할 수 있다. 예컨대 감찰자들과 여인들은 몸을 섞어 서로를 더럽혔고, 인간은 감찰자

들로부터 야금학(冶金學)과 같은 금기된 지식을 배워 서로를 파괴했으며, 식욕이 왕성하고 난폭한 거인들은 폭식과 살생을 통해 생태계를 무너뜨렸다. 보카치니는 본서의 독자들이 창세기 본문의 에녹계 독법을 이미 알고 있다고 가정하기 때문에, 위에 역주로 언급한 내용을 어느 정도 이해하는 것은 보카치니의 논증을 따라가는데 큰 도움이 된다.

E   하늘과 땅의 경계를 일탈하는 행위 - 더 정확히 말하자면 신의 허락 없이 하늘과 땅의 경계를 일탈하는 행위 - 는 에녹계 전통 뿐만 아니라 그리스 신화에서도 가장 중대하게 다뤄지는 죄목(罪目)들 중 하나이다. 예컨대 프로메테우스는 천상의 불을 제우스의 허락 없이 지상의 인간들에게 전달해 주었기 때문에 제우스로부터 극형을 받았다. 탄탈로스는 천상의 음료와 음식 - 넥타와 암브로시아 - 을 제우스의 허락 없이 지상의 지인들에게 전달해 주었기 때문에 제우스로부터 극형을 받았다. 하늘의 요소들을 신의 허락 없이 지상으로 전달하는 행위는 크로노스의 율법(Κρόνιοι νόμοι)을 어기는, 즉 하늘과 땅을 구분하는 경계를 허무는 중죄(重罪)였기 때문에 제우스의 심판을 받아 마땅했던 것이다. 에녹계 전통에도 이와 같은 그리스 신화와 교차되는 지점이 분명히 있다. 감찰자 아사엘과 감찰자 세미하자는 천상의 지식을 하나님의 허락 없이 지상의 사람들(남자들 여자들 모두)에게 전달해 주었다. 아울러 천상의 씨앗을 지상의 여인들의 몸 속에 넣었다. 이러한 감찰자들의 행위는 하늘과 땅의 경계를 허무는 명백한 행위이다. 그러므로 그리스 신화를 알고 있던 원독자들은 에녹계 전통의 감찰자들에게 하나님의 필연적인 응보가 임할 것을 기대했을 것이다. 그리고 이들의 기대는 에녹계 전통 속에서 확실히 이루어졌다(에녹1서 10:4-6; 11-12). 그리스 신화와 에녹계 전통의 '죄와 벌' 관련 유사성에 대한 구체적인 설명을 원한다면 역자의 연구, Sanghwan Lee, "An Examination of the Punishment Motif in the Book of the Watchers 10:4-8 in Light of Greek Myths," *JAJ* 13 (2022): 27-51를 보라. 아울러 감찰자들을 향한 하나님의 응보형(應報刑) 심판을 보려거든 역자의 또 다른 연구, "Making Sense of the Optical Punishment of the Watchers in Light of Ancient Ocular Theories," *JAJ* 12 (2021): 360-390와 "An Examination of the Punitive Blindness of Asael in Light of the Triadic Relationship between Sight, Light, and Knowledge," *JAJ* 13 (2022) 151-185를 보라.

F   에녹계 전통에 의하면 하나님께서 지상에 홍수를 보내신 주된 이유는 인간을 벌하기 위함이 아니라 감찰자들과 여인들 사이에서 태어난 거인들을 벌

하기 위함이다. 이 세상에 있으면 안 될 존재를 물로 제거함으로써 세상을 정화시킨다는 개념이 홍수 사건에 반영되어 있다.

G   에녹계 전통은 소위 "귀신"으로 알려진 "악한 영," "더러운 영"의 근원을 하늘의 감찰자들과 땅의 여성들 간의 성적인 연합으로 봤다. 즉, 금기된 연합을 통해 하늘의 요소(불사의 영혼)와 땅의 요소(필멸의 육신)를 함께 물려 받게 된 거인들은 육신의 죽음 후에도 영혼으로 세상에 남아 이리저리 떠돌며 노아의 남은 자손들에게 부정적인 영향을 끼친다고 여겨졌는데, 그들의 영혼이 바로 "귀신"이다.

H   머리말의 역주에 언급했다시피 『주간의 묵시』는 『에녹1서』를 구성하는 다섯 개의 문헌들 중 하나인 『에녹의 서신』에 포함되어 있다(에녹1서 91:11-17; 93:1-10). 한글로는 『7일간의 묵시』, 『주의 묵시서』, 『주묵시록』, 『주간 묵시록』, 『주중 묵시록』, 『주의 묵시서』 등으로 번역되기도 한다.

I   에녹계 유대교는 인간의 집단적 타락의 이유를 천상의 감찰자들 - 아사엘, 세미하자, 그리고 세미하자의 군대들 - 에게 돌린다. 아사엘이 먼저 타락했다고 보는 독법에 의하면 아사엘이 타락의 원흉이 되고, 아사엘과 세미하자가 함께 타락했다고 보는 독법에 의하면 두 감찰자들(과 세미하자의 군대들)이 타락의 원흉이 된다. 두 독법들 모두 천상의 감찰자들에게 타락의 근본적 원인을 돌린다는 점은 중요하다. 개신교인들은 아우구스티누스계 "원죄"라는 개념에 근거하여 타락의 원흉을 아담[과 하와와 뱀]으로 보지만, 유대교에는 이와 같은 "원죄" 개념이 없다. 그러므로 제2성전기의 에녹계 전통은 인간의 집단적 타락의 원인을 천상의 감찰자들로 봤다.

J   "스킬라"와 "카립디스"는 그리스 신화에 등장하는 두 괴물이다. 하지만 두 개의 극단적인 상황 속에서 하나의 선택을 내려야만 하는 딜레마를 의미하는 문학적 관용어구로도 쓰인다. 보카치니는 후자의 의미로 "스킬라"와 "카립디스"의 이야기를 사용했다.

K   『꿈 - 환상의 책』은 하늘의 감찰자들과 땅의 여인들 사이에 태어난 거인들을 코끼리, 낙타, 그리고 당나귀로 표현한다. 언급한 세 종류의 동물들이 선택된 이유는 신켈루스(Syncellus)판 『에녹1서』를 근거로 추정해 볼 수 있다. 신켈루스판에는 세 종류의 거인들이 그리스어로 언급되어 있는데 이들의 발음이 아람어의 코끼리, 낙타, 그리고 당나귀와 유사하다. 네피림(ναφηλείμ), 기보림(γίγαντες), 그리고 엘리우드(ἐλιούδ). 이러한 청각적 유사성이 거인들을 코

끼리, 낙타, 당나귀로 비유한 이유로 추정된다.

L   결국 세 종류의 동물들(코끼리, 낙타, 당나귀) - 세 종류의 거인들 - 은 황소로 묘사된 인간들을 이빨로 물고, 뿔로 들이받으며, 심지어 게걸스럽게 잡아먹기도 한다(에녹1서 86:5-6). 난폭한 거인들의 모습은 『감찰자들의 책』에 등장하는 거인들의 모습과 흡사하다.

M   *Yetzer hara*는 인간의 "악한 충동," "사악한 성향," "악의 잠재력," "악한 욕망" 등으로도 번역되지만 "악에 끌리는 성향" 정도로 번역하는 것이 표현의 본뜻을 바르게 전달한다고 판단된다. 랍비 유대인들은 인간에게 *yetzer hara*와 더불어 *yetzer hatob*("선에 끌리는 성향")이 공존한다고 봤는데, 인간은 *yetzer hatob*을 통해 *yetzer hara*를 억제해야만 한다고 믿었다. 시프레 신명기(Sifre Deuteronomy) 32를 참고하라. 그리고 『에스라4서』에 따르면 인간은 본성적으로 "사악한 마음"(*cor malignum*)을 지니고 있지 않다. *Cor malignum*은 아담이 *yetzer hara*에 스스로 굴복한 결과로 인해 생성된 후천적 마음이다.

N   Anathea Portier-Young, *Apocalypse Against Empire: Theologies of Resistance in Early Judaism* (Grand Rapids: Eerdmans, 2011)을 참고하라.

O   『비유의 책』은 『에녹1서』 37-71장을 구성하고 『에녹의 서신』은 91-108장을 구성한다. 참고로 보카치니는 『비유의 책』을 지칭하기 위해 여러가지 표현들, "The Book of Parable," "The Parables of Enoch," 그리고 "The Book of Parables of Enoch"을 바꾸어 가며 사용한다. 하지만 역자인 나는 본역서를 읽는 독자들이 다른 용어 사용으로 인한 혼선을 피하게 하기 위해 앞에 언급한 영어 표현들을 모두 『비유의 책』으로 번역했다.

제4장 메시아를 믿는 유대인, 바울

A   학자들에 따라 제2이사야서를 구분하는 범위가 다르다. 두 명의 저자설을 수용하는 학자들은 40-66장으로, 세 명의 저자설을 수용하는 학자들은 40-55장으로 구분한다.

B   "다윗의 자손"으로 번역된 그리스어 표현(υἱὸς Δαυίδ)과 "사람의 아들"로 번역된 그리스어 표현(υἱὸς ἀνθρώπου)에는 동일한 그리스어(υἱός)가 사용된다. υἱός가 '아들' 및 '자손'까지 의미할 수 있기 때문이다. 그러므로 앞에 언급한 두 표현을 그리스어로 읽을 경우 한국어 번역에는 나타나지 않는 청각적 평행구도 - '위오스 다비드'와 '위오스 안뜨로푸'(개정된 코이네 그리스어 발

음) 혹은 '휘오스 다비드'와 '휘오스 안뜨로푸'(에라스미안 발음) - 가 만들어
진다. 이러한 평행구도를 살리기 위해 "다윗의 자손"을 "다윗의 아들"로 번
역할까 잠시 고민했으나 원문의 의미를 살리기 위해 "다윗의 자손"으로 번
역했다. 아울러 예수의 또 다른 호칭인 "하나님의 아들"에도 υἱός가 사용되어
'위오스 떼우' 혹은 '휘오스 떼우'(υἱὸς θεοῦ)라는 또 하나의 청각적 평행구도
를 만들어진다.

C 문자적으로 "소망을 거스르는 소망"란 의미의 라틴어 어구다. 본서에는 "모
든 세상적 소망을 거스르는 종말적 소망"이나 "모든 세상적 소망이 없는 상
황에서도 가질 수 있는 종말적 소망"을 의미한다.

D 다니엘서에 등장하는 인자(人子)의 정체에 대한 학자들의 의견은 다양하다.
천사장 미가엘, 아벨, 셋, 에녹, 메타트론(에녹의 천상적 형태), 상징적 이스
라엘, 그리고 하늘의 두 번째 권세 등이 대표적인 예들이다.

E "영들의 주"(The Lord of Spirits)는 에녹계 문헌이 가장 높은 신(야웨)를 지
칭하기 위해 사용하는 호칭들 중 하나이다. 이 호칭에 대한 배경지식 연구
를 보기 원한다면 Fiodar Litvinau, "A Study of the Background of the Divine
Title the 'Lord of Spirits' in the Parables of Enoch," *JAJ* 13 (2022): 388-451를
보라.

F "날들의 주"(The Before-Time)는 영원적 속성을 부각시키는 하나님의 호칭
으로 "날들의 (우두)머리"(The Head of Days)로 번역되기도 한다. 종종 다니
엘서 7:9, 13, 22에 등장하는 "옛적부터 계신자"(The Ancient of Days)와 함께
연결된다.

제5장 용서의 종말적 선물

A 창세기 3장에 등장하는 하나님, 남자, 여자, 그리고 뱀의 대화도 인상적이다.
선악과 사건 후 하나님께서 남자에게 먼저 질문을 던지신 후 여자에게 다시
질문을 던지신다. 그러나 뱀에게는 질문을 던지지 않으신다. 일부 학자들은
하나님의 질문을 회개의 기회로 해석하기도 하는데, 만약 그렇다면 하나님
께서 남자와 여자에게는 회개의 기회를 주신 반면 뱀에게는 주지 않으신 것
으로 해석된다. 여기에서 대두되는 문제는 뱀의 정체이다. 뱀을 일개의 들짐
승으로 봐야 하는지 혹은 천상적 존재로 봐야 하는지 대한 이견이 있는데,
후자의 경우 창세기 3장의 심판은 "천사들의 죄는 용서가 안된다"는 에녹계

사상과 동질성을 갖는다. 뱀으로 표현된 창세기의 천상적 존재와 감찰자들로 표현된 에녹계 하나님의 아들들은 모두 회개의 기회조차 받지 못했기 때문이다. 『비유의 책』의 69:6을 참고하라.

B "영광의 주"(The Lord of Glory)는 "영들의 주"와 "날들의 주"와 같이 가장 높은 하나님을 지칭하는 호칭들 중 하나이다.

C 보카치니는 주기도문에 사용된 "악"(마 6:13)이라는 표현을 형이상학적 개념으로 보지 않고 초자연적인 악한 존재, 즉 마귀로 이해하고 있다. 이러한 접근은 "악"으로 번역된 그리스어 표현이 '관사(τοῦ) + 형용사(πονηροῦ)'의 구조로 되어 있다는 문법적 관찰을 통해 지지를 받는다. 그러므로 마 6:13은 "악한 자," 곧 마귀로부터의 건짐을 간청하는 기도로 볼 수 있다.

제6장 유대인 바울의 신적 기독론

A 보카치니는 Segal의 책만 인용했지만 Segal 이후로 적지 않은 수의 학자들이 "하늘의 두 권세"라는 주제를 연구했고, 그 결과 Segal의 견해는 일부 수정 및 보완되었다. Adiel Schremer, "Midrash, Theology, and History: Two Powers in Heaven Revisited," *JSJ* 39 (2008): 230-54; Alon Goshen-Gottstein, "Jewish–Christian Relations And Rabbinic Literature-Shifting Scholarly And Relational Paradigms: The Case Of Two Powers," in *Interaction between Judaism and Christianity in History, Religion, Art and Literature* (Leiden: Brill, 2009), 13–44; Daniel Boyarin, "Beyond Judaisms: Metatron and the Divine Polymorphy of Ancient Judaism," *JSJ* 41 (2010): 323–65; Andrei A. Orlov, *The Glory of the Invisible God: Two Powers in Heaven Traditions and Early Christology*, JCTCRS 31 (London: Bloomsbury, 2019); Peter Schäfer, *Two Gods in Heaven: Jewish Concepts of God in Antiquity, trans. Allison Brown* (Princeton: Princeton University Press, 2020); David M Grossberg, "One God, Two Powers, and the Rabbinic Rejection of Subordinationism," *JSJ* 53 (2022): 405–36을 보라.

B "벤 아담"과 "벤 에노쉬"는 사람의 아들(人子)을 의미하는 히브리어의 음역이다. 그러므로 "예수 벤 아담"은 "인자인 예수" 정도로 번역할 수 있다.

C 로고스와 소피아는 각각 "말씀"(λόγος)과 "지혜"(σοφία)를 뜻하는 그리스어의 음역이다.

제7장 믿음에 의해 칭의를 받고 행위에 의해 심판을 받는다

A "노아계 율법"(Noahide Laws)은 랍비들이 모든 사람에게 구속력이 있는 우주의 기본 원칙으로 간주했으며, 신성 모독, 우상 숭배, 성, 살생, 절도, 피, 정의에 대한 사항들을 포함하고 있다. 전통에 따라 마법에 관한 사항이 들어가 있는 경우도 있다. 보다 자세한 설명을 원한다면 David Novak, *The Image of the Non-Jew in Judaism: The Idea of Noahide Law* (Lewiston, NY: Mellen, 1983), 3-51, 107-65; N. Cohen, "Taryag and the Noahide Commandments," *JJS* 43 (1992): 51-53; Moshe Lavee, "The Noahide Laws: The Building Blocks of a Rabbinic Conceptual Framework in Qumran and the Book of Acts," Meghillot 10 (2013): 73-114를 보라.

B "노아계 율법"이 주어진 이유들 중 하나는 최후의 심판이 도래하기 전에 열방에게도 공평한 경고를 주기 위함이라고 여겨졌다.

C "로기아"(λόγια)는 "로기온"(λόγιον)의 복수형으로 "모으다"는 의미의 동사(λογεύω)에서 유래됐다. 그러므로 "로기아"는 초대 교회에서 회람되었다고 추정되는 예수의 어록 묶음을 지칭하는 성서학 용어로 사용된다.

D 제2성전기의 에녹계 전통이 죄가 발생한 시점을 "야렛의 시대"로 특정하는 이유는 언어유희 때문이다. "내려가다"는 의미의 동사와 "야렛"이라는 고유명사에 동일한 알파벳들(요드[י], 레쉬[ר], 달렛[ד])이 사용되었다. 앞에 언급했다시피 에녹계 전통은 인류의 집단적 타락의 원흉을 하늘에서 땅으로 "내려온" 감찰자들로 보고 있다. 그러므로 "야렛의 시대"는 "감찰자들이 땅으로 '내려온' 시대"라는 의미를 담아내는 문학적 장치로 쓰인 셈이다.

E 『비유의 책』은 가드리엘이 하와를 어떤 식으로 미혹했는지 구체적으로 밝히지 않는다. 그래서 『감찰자의 책』에 근거하여 뱀이 하와를 성적으로 유혹했을 가능성을 제기하는 학자들도 있다. 이럴 경우 『감찰자의 책』에 등장하는 감찰자들은 여인들(복수)을 성적으로 유혹했지만, 『비유의 책』에 등장하는 가드리엘은 여인(단수)을 성적으로 유혹했던 것으로 읽힐 수 있다. 그러나 『비유의 책』의 관심사는 가드리엘이 하와를 유혹한 방식이 아니라 **천상적 존재가 지상적 존재를 유혹했다는 점**이다. 여기에서도 인간의 죄 - 비록 여인 한 명[단수]이라 할지라도 - 를 타락한 천상의 존재와 연결하는 에녹계 전통을 볼 수 있다.

F 보카치니는 요한계시록 12장과 『아담과 이브의 생애』를 연결하지만, 바

로 앞에 언급된 『비유의 책』도 요한계시록 12장과 연결될 수 있다. Loren T. Stuckenbruck, *The Myth of Rebellious Angels* (Tübingen: Mohr Siebeck, 2014), 301을 보라. 스투켄브루크의 연구는 에녹계 전통이 신약성경에 사용된 여러가지 배경들 중 하나로 작동했음을 보여준다. 에녹계 전통과 초기 교회의 전통 사이의 연결에 대해서는 Michael A. Knibb, "Christian Adoption and Transmission of Jewish Pseudepigrapha: The Case of 1 Enoch," *JSJ* 32 (2001): 396–415; Annette Y. Reed, *Fallen Angels and the History of Judaism and Christianity: The Reception of Enochic Literature* (Cambridge: Cambridge University Press, 2005); Loren T. Stuckenbruck, "The Book of Enoch: Its Reception in Second Temple Jewish and in Christian Tradition," *EC* 4 (2013): 7–40; John C. Reeves and Annette Y. Reed, *Enoch from Antiquity to the Middle Ages: Sources from Judaism, Christianity, and Islam* (vol. I; Oxford: Oxford University Press, 2018); James M. Scott, *The Apocalyptic Letter to the Galatians: Paul and the Enochic Heritage* (Minneapolis: Fortress, 2021)를 보라

제8장 열방 중에 있는 잃어버린 양들을 위한 사도, 바울

A 보카치니는 정반합(正反合)의 원리, 즉 테제(명제)와 안티테제(반명제)가 만나 진테제(합명제)를 생성한다는 원리로 요약될 수 있는 헤겔의 변증법을 말하고 있다. 보카치니가 바우어의 사유를 헤겔의 정반합의 원리와 연결하여 설명하는 이유는 바우어가 헤겔의 제자였기 때문이다. 바우어(와 튀빙겐학파)는 헤겔의 정반합 원리를 방법론으로 삼아 초기 기독교의 발전 과정을 해석하려 했다.

B 본서가 출판된 후에 제사장의 가운이 함의하고 있는 우주적 개념을 심층적으로 분석한 아티클이 *Journal for the Study of the Judaism*에서 출판됐다. 이러한 관점에 대해 보다 깊은 연구를 원한다면 Joabson Xavier Pena, "Wearing the Cosmos: The High Priestly Attire in Josephus' Judean Antiquities," *JSJ* 52 (2021): 359–387를 보라.

C 『집회서』 서문의 저자는 타나크, 즉 토라, 느비임, 그리고 케투빔으로 구분되는 히브리성경을 말하고 있다. 그러므로 토라는 토라, 예언서는 느비임, 그리고 "나머지 책들"은 케투빔, 곧 성문서를 의미한다.

D 제우스는 올림피안 신들 중에 가장 높은 위치에 있는 반면 헤르메스는 제우

스의 아들로 제우스보다 낮은 위치에 속한다. 게다가 그레코-로만 시대의 자료에 따르면 헤르메스는 제우스의 전령자로 여겨지기도 했다. 그러므로 바나바를 제우스로, 바울을 헤르메스로 인식했다는 의미는 바나바가 바울보다 높은 위치에 있는 자로 여겨졌다는 의미로 해석할 수 있다.

E   "기만하는 일곱 영들"은 음란의 영, 싸움의 영, 교만의 영, 거짓의 영, 만족하지 못하는 영, 아첨의 영, 그리고 불평등의 영이다.

F   팻지아와 페트로타의 『성서학 용어 사전』은 "게헨나"를 다음과 같이 설명한다. "기드론 계곡과 연결되는 예루살렘 남동쪽 골짜기인 '힌놈 계곡'(그. Γέεννα 게엔나; 라. gehenna)으로, 악인들이 멸망하는 곳을 상징한다. 구약에서 어린아이를 몰록 신에게 희생 제물로 바치고 태우던 곳으로 나온다(왕하 23:10; 대하 28:3; 33:6). 하지만 죽은 동물과 쓰레기를 태우던 곳이기도 했다. 신약에서 게헨나는 악인들이 멸망하고 벌을 받는 시각적 상징물이었는데(마 5:22; 10:28; 23:33; 막 9:43-47; 참조. 사 66:24), 그에 따라 영역본에서는 'hell'(지옥)로 자주 등장한다"

바울이 전하는 세 가지 구원의 길

초판1쇄	2023. 02. 28
저자	가브리엘레 보카치니
번역자	이상환
편집장	박선영
편집자	박이삭 이학영
디자이너	이학영

발행자	이학영
발행처	도서출판 학영
이메일	hypublisher@gmail.com
총판처	기독교출판유통

ISBN	9791197769665 (93230)
정 가	22,000원